MARTIN LIMBECK

Ein Hund namens Ego und die großen Fragen des Lebens

MARTIN LIMBECK

EIN HUND NAMENS EGO

UND DIE GROSSEN FRAGEN DES LEBENS

Eine Geschichte über wahre Freundschaft,
inneren Reichtum
und die Suche nach
dem Glück

Unter Mitarbeit von Thilo Baum

ARISTON

Bibliografische Information der Deutschen Bibliothek

Die Deutsche Bibliothek verzeichnet diese Publikation in der Deutschen Nationalbibliografie; detaillierte bibliografische Daten sind im Internet unter www.dnb.de abrufbar.

MIX
Papier | Fördert gute Waldnutzung
FSC® C014496

Penguin Random House Verlagsgruppe FSC® N001967

Redaktion: Jordan Wegberg
Illustrationen: Elisabeth Andersch
Umschlaggestaltung: Nele Schütz Design
unter Verwendung eines Motivs von Elisabeth Andersch
Satz: Satzwerk Huber, Germering
Druck und Bindung: GGP Media GmbH, Pößneck
Printed in Germany

ISBN: 978-3-424-20301-1

INHALT

VORWORT

»Weißt du«, sagte Ego zu Marc, »die meisten Leute denken viel zu viel mit dem Kopf.«

Noch vor einigen Jahren konnte Marc wenig mit diesen Sprüchen anfangen, mit denen ihm sein Hund Ego immer wieder kam. Womit sollte ein Mann denn sonst denken, wenn nicht mit dem Kopf? Ach so, klar: mit dem Autoschlüssel und dem Kontostand. Doch geht es darum?

In diesem Buch liest du die Geschichte von Marc. Marc ist Mitte fünfzig, hat eine ganze Menge erreicht in seinem Leben und ist an einem Punkt angelangt, an dem er sich andere Fragen zu stellen beginnt als vorher.

Ist er wirklich bei sich selbst angekommen? Hat ihm seine lange Reise im Außen auch innerlich etwas gebracht?

Die Menschen, mit denen er sich umgibt – sind das wirklich Freunde?

Hat Marc sich befreit? Als Mensch? Als Mann? Ist er er selbst?

Da ist ein tiefes Bedürfnis in Marc, das große Feld der Spiritualität für sich zu entdecken. Er will erkennen, was ihn selbst ausmacht, sein Verhältnis zur Welt und zum Leben, doch ihm fehlt irgendwie der Ansatz. Er weiß, dass hier noch etwas Wichtiges liegt, und das will er finden.

Typische Fragen in Marcs Leben waren bisher: Wie gelingt es ihm, diesen oder jenen Kunden zu überzeugen? Wie organisiert er das Auslandsjahr seines halbwüchsigen Sohnes? Und wie gelingt das beste Tomahawk-Steak?

Es sind Fragen, wie sie sich viele Menschen in Mitteleuropa stellen. Wir leben in einer erfolgsorientierten Kultur, das heißt: Wir wollen in Schule und Ausbildung möglichst gute Abschlüsse haben, wir strengen uns an. Wir setzen uns Ziele, wollen Rechtsanwalt werden oder Chirurgin. Und im Beruf wollen die meisten dann gut performen. Wir sind leistungsbereit und wollen Ziele erreichen.

Auch bei Marc geht es um Ziele, es geht um Wohlstand und Genuss, um Statussymbole wie Autos und Uhren und auch um so etwas wie gehobene Freizeitgestaltung, also Fliegenfischen, mit Boliden auf dem Nürburgring Rennen fahren oder mit anderen Geschäftsleuten bei Bundesligaspielen über Fußball und Geschäfte reden.

Und jetzt – der konkrete Auslöser war der Tod eines nahestehenden Menschen, von dem du später lesen wirst – steht Marc vor viel existenzielleren Überlegungen. Vor Überlegungen, die nicht mehr sein finanzielles Vermögen berühren oder seinen beruflichen Erfolg, sondern das, was den Menschen an sich ausmacht. Am Ende betreffen diese Fragen jeden Menschen, ob er nun mitten im Leben steht oder nicht, ob er nun reich ist oder arm. Jeder Mensch geht den letzten Weg bekanntlich ohne sein angehäuftes Vermögen. Und ohne seine Schulden. Es mag zwar sein, dass die Schulden jemanden ins Grab bringen, aber er nimmt sie nicht mit ins Jenseits.

Und genau darum geht es Marc in diesem Buch. Wer ist er? Also: Wer ist er wirklich? Jenseits seiner Rollen, Namen, Titel, Preise und anderer Etiketten, die sich Menschen so anheften? Wer ist er, einmal losgelöst von seinem Beruf und seinem Erfolg?

In diesem Buch wirst du sehen: Marc ist kein einfacher Typ. Marc ist ein Charakter mit Ecken, Kanten und auch weichen Seiten, die er früher gerne verheimlicht hat. Aber das macht nichts. Wir alle sind Individuen. Menschen haben Macken, Fehler, Defizite, auch wenn sie sie vor anderen gerne verstecken. Niemand dürfte perfekt sein – und von wem du das glaubst, bei dem hast du es erfahrungsgemäß eher mit Inszenierung zu tun als mit Authentizität. Auch perfekt inszenierte Menschen sind oft von nagenden Selbstzweifeln geplagt. Marc hat das irgendwann erkannt und macht sich nun auf den Weg zu seinem wahren Wesen.

Ganz unabhängig von Marc kann dieses Buch vielleicht auch dir die eine oder andere Inspiration mitgeben – über das Leben und die Liebe, die Freundschaft und das Glück. Und lass dir ein Geheimnis verraten: Die Hauptfigur in dieser Geschichte ist im Grunde gar nicht Marc.

Die Hauptfigur bist du.

DER DENKENDE UND SPRECHENDE HUND

Auch ein Hund spielt in diesem Buch eine Rolle. Dieser Hund heißt Ego.

»Ego« ist Lateinisch und heißt »ich«. Wir kommen später noch zu dem Gedanken, dass in der Spiritualität gern zwischen dem »Ego« und dem »Selbst« unterschieden wird, wobei das Ego im Außen spielt und das Selbst im Innen. In dieser Geschichte ist das alles etwas einfacher: Für Marc ist sein Hund Ego die Verbindung zu seinem Ich.

Und vielleicht denkst du auch an den Philosophen Friedrich Nietzsche, der einmal gesagt hat: »Wo immer ich gehe, folgt mir ein Hund namens Ego.« Dieser Idee folgt Marc und will mithilfe seines Hundes herausfinden, wer sein Ich ist.

Dieses Buch ist übrigens auch dann etwas für dich, wenn du keinen Hund hast. Oder jedenfalls keinen Hund, der sprechen kann. Selbst wenn du lieber Katzen magst, lohnt es sich, dich auf Marcs und Egos Geschichte einzulassen. Denn wie du natürlich schon erkannt hast, ist Ego ein Denkmodell. Modelle können uns helfen, Zusammenhänge zu verstehen.

Und das Buch ist auch etwas für dich, wenn du eine Frau bist. Marc mag hin und wieder ein Macho sein, doch seine Reise zum Verstehen ist nicht geschlechtsspezifisch. Was Marc infolge seiner Gespräche mit Ego erkennt, ist für alle Menschen interessant – denn es ist die Reise zu sich selbst.

Dank seinem Hund Ego versteht Marc am Ende sein inneres Wesen und seine Rolle in der Welt. Das gelingt nicht auf einmal, sondern Marc gewinnt von Episode zu Episode immer weitere Erkenntnisse hinzu. Vielleicht hast du Lust, daran teilzuhaben.

WAS BLEIBT VOM LEBEN?

Marc stand »mitten im Leben«, wie es so schön heißt. Von außen betrachtet galt er vielen als Macher und als Vorbild. Er war ziemlich erfolgreich, hatte mehrere Unternehmen gegründet und ordentlich verdient. In seiner Garage standen diverse feine Exemplare einer schwäbischen Nobelsportwagenmarke, er liebte seine Uhrensammlung und besuchte jedes Finalspiel seiner Lieblingsmannschaft Eintracht Frankfurt, auch wenn es in Liverpool stattfand. Marc flog hin.

Was die meisten Menschen erreichen wollen, hatte Marc erreicht. Haus gebaut, Kind gezeugt und so manchen Obstbaum gepflanzt. Dazu kamen spannende Reisen, etwa auf die Malediven, nach Las Vegas oder New York und auch Grenzerfahrungen wie die Besteigung des Kilimandscharo. Wenn Marc Lust hatte, in Los Angeles shoppen zu gehen oder in Lappland Polarlichter zu bestaunen, dann konnte er das jederzeit machen.

Marc reiste beruflich schon so viel, dass für private Reisen kaum noch Zeit war. Und die Reisen, die er machte, verliefen nach dem Schema Flug-Taxi-Hotel-Seminar-Hotel-Taxi-Flug. Wenn er in einer fremden Stadt ein Seminar gab oder besuchte, sprach im Grunde nichts dagegen, sich diese Stadt auch anzuschauen – aber das Timing ließ es nicht zu.

So lernte er von Deutschland, Österreich und der Schweiz durch seine Geschäftsreisen eine Art Zerrbild kennen. Natürlich verschloss Marc die Augen nicht, aber selbst in New York oder auf Mallorca – in der Seminarszene ein »place to be«, weil es für viele Teilnehmer einfach am preiswertesten erreichbar war – lief ständig Business. Wenn Marc mit seiner »Masterclass«, einer kleinen Gruppe erlesener Premiumkunden, zum Beispiel nach Lappland flog, fragte er sich auf dem Rückflug, warum er das Erlebnis nicht genießen konnte. Nördlich vom Polarkreis den kalten Winter mit Schlittenhunden und Polarlichtern zu erleben, war einzigartig. Und trotzdem empfand Marc eine Art Belanglosigkeit. Er sah das Grün am polaren Himmel wabern, aber irgendwie war er nicht da.

»Du bist nicht gegenwärtig«, sagte sein Hund Ego zu ihm. »Du bist nicht wirklich hier.«

»Ja, vermutlich«, antwortete Marc. »Ich sehe das Polarlicht, aber ich erlebe es nicht.«

Und immer mehr kam Marc auf den Gedanken, dass das Wesentliche im Leben gar nicht so sehr in den exotischen Ecken dieser Welt zu finden war, sondern in ihm selbst.

Überhaupt stellte er sich die Frage: Kann der Sinn des Lebens erreicht sein? Und wenn ja, was kommt danach?

Was Marc empfand, war eine gewisse Leere, obwohl er in der Fülle lebte.

Sollte er einfach gehen?

Marc war bewusst, dass Suizid vor allem unter Männern verbreitet war, die nicht mehr klarkamen. Ob Schulden, familiäre Probleme, Süchte oder traumatische Ereignisse – etwas trat ins Leben, was nicht zu bewältigen war, jedenfalls dachten die Betroffenen das. Einmal war Marc auf der Seite einer Suizidpräventionsorganisation gelandet. Dort las er, dass niemand einem Freund erklären würde, der ideale Ausweg aus irgendeinem Problem sei der Freitod.

Darüber hatte Marc lange nachgedacht. Es stimmte. Niemandem würde er raten, angesichts seiner Probleme einen solchen Schlussstrich zu ziehen.

Marc ging bisher davon aus, dass mit dem Tod alles vorbei war. Hatte jemand den Planeten verlassen, konnte er im Nachhinein keine Fehler mehr korrigieren, und auch die Hinterbliebenen – also sämtliche lebenden Menschen – konnten an ihm nichts mehr wiedergutmachen. Der Tod war für Marc endgültig.

Insofern hing Marc am Leben. Allerdings nicht auf genusssüchtige Art und in der Angst, irgendwas zu verpassen. Er hatte das Leben durchaus ausgereizt und wirklich viel mitgenommen. Er hing am Leben wie an einem Geschenk, bei dem es sich nicht gehört, es in den Mülleimer zu werfen. Vor allem wenn es einen solchen Wert hat wie das Leben auf dieser Welt mitsamt der Chance, tolle Menschen zu treffen, Erfahrungen zu machen, Dinge zu verändern und auch ein wenig zum Guten beizutragen.

So wusste Marc auch, dass die Antworten auf seine Fragen nicht im Jenseits lagen oder in der Religiosität mit der Hoffnung auf einen gütigen und erlösenden Gott. Die Antwort lag bei ihm, im Hier und Jetzt. Es ging darum, aus den gegebenen Umständen – dem Leben – das Beste zu machen.

Dazu musste Marc herausfinden, was das war, das Beste. Und wer er war.

DIE BUCKETLIST

Vor vielen Jahren war Marc in einem Seminar der Begriff der »Bucketlist« begegnet. Gemeint ist damit eine Liste von Dingen, die wir noch tun oder erleben wollen, bevor wir den Eimer umtreten (engl. »to kick the bucket«), also den Löffel abgeben.

Marc wusste, dass viele Leute so eine Liste führten – er hatte keine. Sollte er darauf Lust verspüren, am Lake Winnipeg in Kanada angeln zu gehen, könnte er das tun. Er hatte in seinem bisherigen Leben viele solche Vorhaben umgesetzt.

Marc fragte sich, ob er eine Midlife-Crisis erlebte. Und er fragte sich im gleichen Atemzug: Ist eine Midlife-Crisis nicht eher was für Leute, die ihrer Jugend hinterhertrauern und sich nicht mit der Realität abfinden können? Also etwas für Uncoole?

Marc trauerte seiner Jugend nicht hinterher. Sein Leben war bisher wunderbar gewesen, fand er. Nur fehlte eben etwas. Doch was war das genau?

An diesem Tag saß Marc mit seinem Hund Ego auf einer Bank am See. Auf *seiner* Bank an *seinem* See, um genau zu sein. Es war ein warmer, bedeckter Frühsommertag. Da saß also ein gestandener Mann mit Hund am See und fragte sich, ob er eine Midlife-Crisis hatte.

»Es ist doch eigentlich egal, wie du es nennst«, sagte Ego.

»Was verstehst du denn unter einer Midlife-Crisis?«, fragte Marc.

»Na ja, dass sich jemand in der Lebensmitte fragt, wo er steht und wie es weitergeht. Ob er alles richtig gemacht hat und was er versäumt hat. Welche Wünsche offen sind, aus welchen Wünschen nichts wurde und so weiter.«

»Versäumt habe ich eigentlich nichts«, sagte Marc. »Was ich machen wollte, habe ich gemacht. Es gibt vielleicht ein paar Dinge, die ich anders machen würde, aber bei wem ist das nicht so? Wenn ich jetzt abtreten sollte, würde ich sagen: Danke, liebes Universum, es war ein schönes Leben. Jetzt bitte das Dessert.«

Marc stellte sich den Himmel gerne als exklusiven Club vor, der einen Türsteher namens Petrus hatte. In frühen Jahren hatte Marc sein Geld selbst als Türsteher verdient – er entschied, wer reindurfte und wer nicht. Würde Petrus ihn also fragen, was er versäumt habe, würde er am liebsten antworten: gar nichts.

»Aber das wäre nicht die Wahrheit, oder?«, fragte Ego.

»Ich hätte noch ein paar Geschäftsfelder erschließen können, aber wozu?«

»Klingt doch nach dem perfekten Leben, oder? Was willst du mehr?«, fragte Ego.

Für einen Moment fühlte sich Marc geschmeichelt.

»Okay, Marc«, hob Ego an. »Wozu das Gespräch hier? Wenn alles in Butter ist, dann schwing doch ein Steak in den Beefer, gib mir auch was davon ab und genieß deine Erfolge bei einem Glas trockenen Rotwein.«

Genau das hatte Marc auch vor für den Abend – und trotzdem wollte er herausfinden, woher diese Unzufriedenheit kam.

»Darf ich eine Vermutung äußern?«, fragte Ego.

»Nur zu.«

»Vielleicht denkst du eher ans Geschäftliche, obwohl das nicht du selbst bist?«

Marc überlegte.

»Klar, das Privatleben hätte ich bestimmt mehr würdigen können«, sagte Marc. »Ich habe mein Leben bisher schon sehr dem Beruf untergeordnet und das Ganze durch Erfolg kompensiert. Ich hätte auch viel mehr mit meinem Sohn sprechen und unternehmen müssen, als er kleiner war.«

»Das sagen viele am Ende ihres Lebens«, warf Ego ein. »Du kennst ja den Spruch, dass niemand auf dem Sterbebett sagen dürfte: ›Oh, wäre ich doch öfter zur Arbeit gegangen.‹«

»Über den Spruch habe ich mich lange lustig gemacht.«

»Warum eigentlich?«

»Für mich war der Sinn des Lebens immer die Arbeit«, antwortete Marc. »Weil ich mein Ding gemacht habe. Es waren immer *meine* Projekte, die ich verfolgt habe. Ich habe immer gerne gearbeitet.«

So hatte Marc sein Leben von Anfang an empfunden. Er war immer gerne »ins Büro« gegangen. Auch als er zu Beginn seiner Karriere angestellt gewesen war – als Verkäufer von Kopiergeräten –, war seine Tätigkeit für ihn kein »Job«, sondern die große Freiheit gewesen. Zu seinem Grundgehalt von 1500 Mark kamen Provisionen und als guter Verkäufer machte er so jedes Jahr eine sechsstellige Bilanz.

Viele Menschen fragten sich irgendwann, ob es das gewesen war, und bereuten den Raubbau an ihrem Seelenleben, obwohl sie ihr Ding gemacht hatten.

Und irgendwie ärgerte sich Marc auch. Was sollte das, dass er sich jetzt existenzielle Gedanken über das Leben machte? Unzählige Coachings hatte Marc in seinem Leben durchlaufen, Seminare besucht, Bücher gelesen. Mehrfach hatte er gehört, dass ein Hamsterrad von innen wie eine Karriereleiter aussieht. Den ganzen Persönlichkeitsentwicklungskram rauf und runter durchgekaut. Das hatte irgendwann begonnen, als Marc tiefer in die Seminarszene eingetaucht war. In dieser Branche begegnet man den Achtsamkeitsleuten unweigerlich. Sie lauern an jeder Ecke. Viele waren so achtsam, dass sie alle Menschen umarmten, auch wenn die das gar nicht wollten. Aber gute Trainer und Coaches besuchen nun einmal auch Seminare und lassen sich von Inhalten inspirieren, weil ein wesentliches Prinzip das »lebenslange Lernen« war.

»Midlife-Crisis« war wirklich ein blödes Wort. Es klang nach dem Anfang vom Ende und danach, alles falsch gemacht zu haben. Marc hatte nicht den Eindruck, so vieles falsch gemacht zu haben. Und er hatte auch nicht das Gefühl, dass er irgendwas verpassen würde.

BURN-OUT?

»Die Frage ist doch auch«, sagte Marc, »ob wir überhaupt aufhören sollen, das zu tun, was wir gerne tun. Hört ein Komponist mit dem Komponieren auf, nur weil er das Rentenalter erreicht? Oder ein Schriftsteller mit dem Schreiben?«

»Oder ein Macher mit dem Machen?«, fügte Ego hinzu.

»Das meine ich. Auf der einen Seite erfüllt dich das, was du tust, und auf der anderen Seite leiden Beziehungen und Freundschaften.«

Wie sehr andere unter seinen Prioritäten gelitten hatten – die Frauen, mit denen er zusammen oder auch verheiratet war, sein Sohn Jannis. Immerhin: Zu jedem Geburtstag seines Sohnes war er da und auch heute noch fuhr er mit Jannis zu jeder Menge Auswärtsspielen der Eintracht, ligabedingt europaweit. Marc redete sich das schön, indem er von »Qualitätszeit« statt von »Quantitätszeit« sprach. Doch selbst wenn er nur für Jannis da sein wollte, machte sein Sohn ihm Vorwürfe – bloß weil er hin und wieder ans Handy ging.

Zugleich erinnerte sich Marc an ein Trennungsgespräch mit einer Frau. Sie hatte ihm vorgeworfen, viel zu wenig für sie da zu sein. Mitten ins Gespräch platzte der Anruf eines Kunden. Kunden bedeuteten Geschäft und waren wichtig. Also war Marc ans Telefon gegangen.

»Und noch etwas leidet«, ergänzte Ego. »Der Bezug zu dir selbst. Also nicht nur die anderen sind betroffen, sondern du selbst auch.«

»Wie meinst du das?«, fragte Marc.

»Du kannst dich auch im Kontakt mit dir selbst ständig unterbrechen lassen«, antwortete Ego. »Dann bist du zwar im Außen bei dir, aber die innere Verbindung verlierst du in dem Moment.«

Marc atmete durch und fragte: »Habe ich einen Burn-out?«

Bisher hielt Marc Burn-outs für ebenso abwegig wie Lebenskrisen. Ein Burn-out war etwas, was nur Menschen bekommen konnten, die einen Job machten, der ihnen nicht lag. Oder Verlierertypen nach dem Motto: »Ist der Job zu hart, bist du zu schwach.«

Jetzt merkte Marc, dass er ähnliche Symptome erlebte: Die Energie fehlte. Die Sinnfrage wurde lauter. Und obwohl Marc seine Arbeit immer gerne gemacht hatte, empfand er nun zunehmend eine Müdigkeit.

Marc stand auf und ging ein paar Schritte an das grasbewachsene Ufer. Ein leichter kühler Wind bewegte das Wasser.

»Vielleicht genügt es ja nicht, einmal im Jahr für den Sohn da zu sein«, rief Ego zum Ufer.

»Frotzelst du jetzt?«, fragte Marc.

»Du sagst zu Petrus, dass du gar nichts bereust«, rief Ego. »Wie Edith Piaf in ihrem Lied ›Non, je ne regrette rien‹, in dem sie auf die Vergangenheit pfeift. Das Gute ist ihr egal, das Böse ist ihr egal, alles ist bezahlt und vergessen. Das singt sie. So würdest du gerne vor deinen Schöpfer treten, mit einer reinen Weste und einem bestellten Hof. Keine Schulden mehr zu tilgen, keine Aufgaben mehr zu erledigen. Weil du ein Ehrenmann bist. Ist es das?«

»Jetzt beruhige dich mal«, sagte Marc.

Ego trabte ans Ufer und setzte sich.

»Du sagst dem Kollegen Petrus und mir, dass dein Leben völlig in Ordnung war und nichts mehr zu erledigen ist? Ich sag dir was. Du erzählst uns, wie du dich gerne sehen würdest, aber nicht, wie du bist.«

Marc schwieg. Der Unterschied zwischen Selbstbild und Fremdbild war ihm bekannt.

»Der Bezug zu dir selbst gelingt nur, wenn du ehrlich gegenüber dir selbst bist«, sagte Ego.

»Okay, Hund. Wie heißt das jetzt, was ich habe? Midlife-Crisis? Burn-out?«

»Es ist völlig egal, wie das heißt«, sagte Ego. »Begriffe sind Etiketten. Lass uns über die Sache reden, nicht über ihre Bezeichnung.«

»Sollte ich nicht wissen, woran ich bin?«

»Das wirst du«, sagte Ego, »aber Begriffe wie ›Krise‹ oder ›Burn-out‹ helfen da nicht weiter. ›Burn-out‹ zum Beispiel beschreibt ein Krankheitsbild. Du bist jedoch nicht in dem Sinne krank oder behandlungsbedürftig. Lass uns also bitte von einem gesunden Menschenbild ausgehen, also davon, dass du die Zukunft durch deine freien Entscheidungen beeinflussen kannst, zu denen du durch sorgfältiges Nachdenken kommst.«

»In der Vergangenheit zu wühlen, bringt ja auch wenig«, sagte Marc. »Die ist vorbei.«

»Wobei die Vergangenheit dir verraten kann, warum du damals so gehandelt hast, wie du gehandelt hast«, gab Ego zu bedenken.

»Mir geht es um diese Leere, Ego«, sagte Marc. »Die Leere, von der ich nicht weiß, was darin fehlt.«

»Das empfinden viele Menschen so«, sagte Ego. »Und doch kann etwas diese Leere füllen.«

»Nur was?«, fragte Marc.

»Das gilt es herauszufinden.«

VERGANGENHEIT, GEGENWART UND ZUKUNFT

»Was die Gegenwart betrifft«, sagte Ego, »kannst du an jeder Stelle deines Lebens entscheiden, was du tust und was du nicht tust. In die Vergangenheit geblickt, ist das Leben eine Gerade, in die Zukunft ein Strauß an Möglichkeiten. Die Gegenwart kanalisiert diesen Entscheidungsbaum zu einer Historie. Wie ein Serviettenring.«

Marc formulierte für sich einen Gedanken, den er verblüffend fand: Die Vergangenheit ist fix, nur die Zukunft ist flexibel.

»Genau«, bestätigte Ego. »Und die Gegenwart ist der Augenblick, in dem die Zukunft zur Vergangenheit wird. Aus den Möglichkeiten wird dann eine Realität. Und du ziehst den Serviettenring. Darum ist es wichtig, dass du gegenwärtig bist und heute bestimmst, was einmal Vergangenheit sein wird. Damit du in der Zukunft mit Erfüllung darauf zurückblicken kannst, ohne sagen zu müssen, dass du was vergessen oder versäumt hast.«

Marc hatte an diesem Tag das Gefühl, dass in seinem Leben etwas Besonderes beginnen würde.

»Ich mache dir einen Vorschlag«, sagte Ego.

»Und zwar?«

»Wir gehen zum Beginn deines reflektierten Lebens zurück und schauen uns Schritt für Schritt an, wie du warum gedacht und gehandelt hast. Wir bewegen uns dabei bis zur Gegenwart, bis ins Heute. Vielleicht steht am Ende dieser Reise ja die Klarheit, die du dir wünschst und die du für deine Entscheidungen brauchst.«

»Einverstanden«, sagte Marc.

Aus diesem Commitment entstand an diesem Tag ein besonderes Vorhaben in Marcs Leben – ein Strategie-Workshop, wie er ihn zuvor nie erlebt hatte. Gemeinsam mit seinem Hund Ego würde er sich auf eine Reise in die Vergangenheit begeben und die Chance haben, sein Leben zu verstehen. Marc war überzeugt: Er würde seinen inneren Frieden und sein Glück nie im Außen finden, sondern nur in sich selbst.

AUF DEM CAMPINGPLATZ

Als Marc auf die Welt kam, arbeiteten die Beatles gerade an ihrem Song »Strawberry Fields Forever«. Ein Austin Mini Standard kostete 4 850 D-Mark. In Zeitschriften machte Telefunken Werbung für einen Anrufbeantworter, der sogar Nachrichten entgegennahm. Jedenfalls, wenn wir ein Tonbandgerät anschlossen.

Vielen Menschen ist nicht bewusst, dass sie Epochen erleben. Erst im Rückblick erkennen wir, dass wir Geschichte durchlebt haben. Und erst dann besinnen sich die meisten Menschen darauf, wo sie herkommen.

Das Spannende an Kindheit und Jugend ist, dass wir uns dabei selten von außen sehen. Wir werden, was wir werden, und wir hinterfragen selten, wo wir durch unsere Geburt landen.

»Wann sind wir da?«, fragte Ego. Der Hund lag auf der Rückbank.

»Viertelstunde noch«, antwortete Marc.

Der Gedanke der Herkunft war für Marc mit einem Ort verbunden – mit einem Campingplatz an der niederländischen Grenze. Die Familie lebte üblicherweise in ihrer Wohnung in Essen, doch am Wochenende war das Zuhause ein geräumiger Wohnwagen auf einem Platz für Dauercamper. Für Marc als Kind ein riesiger Abenteuerspielplatz: andere Kinder, viele Möglichkeiten zum Klettern und zum Basteln, wundervoll.

»War dieses Leben im Wohnwagen für dich damals eigentlich Freiheit oder Begrenzung?«, fragte Ego.

»Freiheit«, sagte Marc. »Ganz klar.«

Die Welt, die wir als Kinder erleben, ist groß und klein zugleich. Gehen wir davon aus, dass wir nicht im Elend oder im Krieg aufwachsen, und haben wir keine gewalttätigen Eltern, die uns einsperren, dann kann eine Kindheit auch heute noch paradiesisch sein.

Manche Eltern sagen ja, heute würden sie ihre Kinder nicht mehr frei im Wald herumlaufen lassen, weil alles viel gefährlicher geworden sei. Marc konnte sich allerdings auch sehr gut an Warnungen schon in den Siebzigern erinnern: »Steig nicht zu fremden Leuten ins Auto«, »Lass dir keine Süßigkeiten von Fremden schenken« – das war allgegenwärtig. Und trotzdem waren Marc und auch andere Kinder sehr viel draußen unterwegs.

Marc fand es wichtig, dass er als Kind diese Räuberphase gehabt hatte, in der er ständig an der Luft war. Klettern, Feuer machen, heimlich rauchen, Lager bauen und Schnitzeljagd mit anderen. Wer Tage auf dem Campingplatz zubringt, wird auch einigermaßen wetterfest.

Überhaupt: Wenn Marc an die Siebziger und Achtziger auf dem Campingplatz zurückdachte, dann empfand er den sozialen Umgang damals irgendwie klarer als heute. Du konntest dich auf das verlassen, was jemand sagte.

»Vielleicht kommt es mir auch nur so vor«, sagte Marc zu Ego. »Damals hast du was vereinbart, und das hat dann gegolten. Wenn du heute was vereinbarst, heißt es später, das war ganz anders gemeint.«

»Denkst du, beides hängt zusammen?«, fragte Ego. »Das Draußensein und die Verbindlichkeit?«

»Ich glaube schon«, antwortete Marc. »Das Draußensein sorgt für Erdung. Da erlebst du einfach eine konkrete Wirklichkeit, mit der du umzugehen hast.«

»Und Kinder von Helikoptereltern sind weniger realitätstauglich?«

»Na ja, stell dir vor, du sitzt den ganzen Tag drin und wischst auf dem Smartphone herum. Und wenn du mal rausgehst, bist du in Watte gepackt, weil alle ständig auf dich aufpassen. Da hast du ja gar keine Chance, die konkrete Realität zu erleben.«

Ego dachte ein wenig nach. Als Hund durfte er ständig draußen sein – Marcs riesiges Seegrundstück war ein Paradies. Dort wurde trainiert, und dort durfte Ego auch seine Seele baumeln lassen und den Wildgänsen beim Überflug zuschauen, während Marc auf dem Steg saß, die Angel in den See hängte und Karpfen mit Schwimmbrot angelte. Andere Hunde saßen stundenlang drinnen und durften nur zwei Mal pro Tag raus und um den Block. An der Leine.

»Ich denke einfach«, fuhr Marc fort, »dass die alte Bodenständigkeit verloren geht.«

Marc empfand Nordrhein-Westfalen, speziell Essen, die Bergmannsherkunft seiner Familie, als so etwas wie die Heimat der Ehrlichkeit. Da wurde Klartext gesprochen. Das konnte aus dem Selbstverständnis der Kumpel kommen – da müssen sich alle aufeinander verlassen können. Zugleich war das Ruhrgebiet nicht Bullerbü, der Ton war eher rau. Der *Tatort*-Kommissar Horst Schimanski, gespielt von Götz George, war so eine Ruhrpottfigur. Ehrlich, zupackend, hart und herzlich, verlässlich. Er nahm kein Blatt vor den Mund.

ELVIS, DER FAULE HUND

Mensch und Hund rollten in den Campingplatz ein. Marc parkte seinen Wagen vor dem hölzernen Rezeptionsgebäude und ließ Ego erst mal ins Gebüsch springen.

Ein bulliger Glatzkopf trat aus der Tür. »Hey, Marc!«

Marc und Elvis kannten sich schon seit Jahren. Natürlich gab es die alten Pächter aus Marcs Kindheit nicht mehr, aber den Campingplatz hatte Marc immer wieder besucht, auch nachdem seine Eltern die Zelte dort abgebrochen hatten. So waren Marc und Elvis Freunde geworden. Elvis hieß eigentlich Elmar, aber weil Elmar Gitarre spielte, hatten Freunde ein paar Buchstaben getauscht.

Elvis öffnete den Glaskühlschrank neben der Tür und nahm zwei Flaschen Bier heraus. Er öffnete sie mit dem Feuerzeug und drückte eine Marc in die Hand.

Ego kam aus dem Gebüsch dazu, schnupperte an Elvis' Jeans und machte sich über den Wassernapf her, der für Hunde auf der Terrasse stand.

»Und? Wie isses?«, fragte Elvis.

»Danke«, sagte Marc.

Beide stießen an.

»Ach, ich wollte mal mit dir quatschen«, sagte Marc. »Passt es bei dir?«

»Nichts los«, sagte Elvis.

Sie setzten sich an einen der Holztische auf der Terrasse.

»Aber das Geschäft läuft, oder?«, fragte Marc.

»Klar. Wie immer die Stammgäste.«

»Cooles Leben«, sagte Marc. »Irgendwas mache ich falsch.«

Elvis schaute Marc erstaunt an. »Na ja, du machst aber auch immer drei Sachen gleichzeitig. Und dann muss es ganz schnell gehen. Jede Idee, die dir in den Kopf kommt, musst du sofort umsetzen. Mich würde das irre machen.«

Marc schwieg. Ego kam dazu und legte sich unter den Tisch.

»Wir können ja mal tauschen«, sagte Marc schließlich.

»Ich will nicht tauschen«, sagte Elvis. »Ich soll mir deinen Stress antun, damit du meine Ruhe genießt? Na danke.«

Freunde sagen einander, was sie denken, dachte Marc.

»Warum hörst du nicht einfach auf?«, fragte Elvis. »Hast doch genug Kohle.«

Marc antwortete: »Die Frage ist: Was ist dann?«

Marc dachte an Heinrich Bölls Geschichte von dem Berater, der dem glücklichen und faulenzenden Fischer am Strand erklärt, wie er reich werden kann, um dann glücklich zu sein und am Strand zu faulenzen. Marc mochte die Geschichte nicht, weil er als ihr Grundmotiv den Egoismus sah. Böll wollte sagen, dass nicht die Arbeit der Sinn des Lebens ist, sondern das Leben der Sinn der Arbeit. Doch Marc sah gar keinen Unterschied zwischen Arbeit und Leben. Böll wollte den Leuten weismachen, dass Leistung unnötig sei, weil wir alle ja auch genügsam leben könnten. Marc dagegen war davon überzeugt, dass wir Werte schaffen sollten, die das Leben anderer Menschen bereichern.

In Marcs Augen war es noch nie darum gegangen, reich zu werden. Wer etwas anbot, was anderen etwas brachte, dem floss das Geld in aller Regel automatisch zu. Erst geben, dann nehmen. So funktionierte Wirtschaft. Für Marc war sein Wohlergehen immer auch das Wohlergehen in seinem Business. Er blühte auf beim Arbeiten.

Marc hatte sich noch nie aufraffen oder dazu zwingen müssen, »zur Arbeit zu gehen«. Er kannte diesen Horror vor dem Montag nicht. Stattdessen tat er, was er konnte und was ihm Spaß machte – Seminare geben und Unternehmen beraten. Ob Sonntag war oder Mittwoch, war für Marc einerlei.

So ein fauler Hund wie der Fischer, der nur an sich selbst dachte, obwohl er auch für andere sorgen könnte, indem er beispielsweise Arbeitsplätze schuf, wollte Marc nie sein.

»Na ja«, sagte Elvis. »Du könntest dich mal auf die faule Haut legen.«

Kurz überlegte Marc, ob Elvis vielleicht dieser Fischer war. Aber Elvis war auch eher ein Macher. Er hielt den Platz hervorragend in Schuss, irgendwo war immer was zu schrauben. Er bekochte seine Gäste gerne und gut. Und er hatte für alle stets ein offenes Ohr.

»Also wenigstens mal für ein paar Wochen«, ergänzte Elvis. »Andere Leute machen Sabbaticals über ein ganzes Jahr.«

Waren Sabbaticals ein Zeichen für Faulheit?

»Die Kunst ist, mal zur Ruhe zu kommen«, sagte Elvis. »Jedenfalls bei dir.«

»Erzähl mir mal, wie du das machst«, sagte Marc. »Du führst ein lockeres Leben und könntest viel mehr machen. Du könntest weitere Wohnwagen aufstellen, das Nachbargrundstück dazukaufen ...«

»Ja, das stimmt. Aber so, wie ich es mache, genügt es«, antwortete Elvis. »Ich habe hier meine Dauergäste, ab und zu kommen Touristen, der Laden wirft Geld ab, es passt. Kennst du die Geschichte von dem Berater, der ans Meer kommt und den Fischer trifft, der ...«

»Kenne ich«, unterbrach ihn Marc.

»Das ist wichtig«, sagte Elvis. »Du darfst dich vor lauter Arbeit nicht selbst aus den Augen verlieren. Sonst brichst du irgendwann vor deinem Seminarpublikum oder deiner Videokamera zusammen.«

»Wuff«, stimmte Ego zu.

»Und alles ruhiger anzugehen oder Pause zu machen, bedeutet noch lange nicht, dass du dich dann gehen lässt.«

DER GEGENPOL

Marc und Ego schlenderten über den Platz. Sie besuchten die Stelle, an der früher der Wohnwagen von Marcs Eltern gestanden hatte.

»Vielleicht ist ja auch das Wort ›Pause‹ nicht treffend«, sagte Ego. »Die meisten Menschen verbinden damit Nichtstun. Faulheit.«

»Ich kann nicht nichts tun«, sagte Marc. Er hatte es mit Meditationen versucht, was für seine Begriffe zwar gar nicht so schlecht klappte, doch am Ende verfolgte er dabei auch ein Projekt, nämlich eine Meditation. Er konzentrierte sich dann dabei darauf, sich auf nichts zu konzentrieren.

Sie setzten sich auf einen Baumstamm.

»Es geht, glaube ich, um den Gegenpol und um den Ausgleich«, sagte Ego.

»Wie meinst du das?«, fragte Marc.

»Der Gegenpol von Aktivität ist nicht die Pause«, sagte Ego, »sondern die Passivität. Also nichts tun, sondern die Dinge geschehen lassen.«

»Na, das ist doch Nichtstun«, sagte Marc.

»Das denke ich nicht«, erwiderte Ego. »Wenn du nichts tust, liegt dein Fokus immer noch auf dir. Du betrachtest dich bei dem, was du unterlässt. Streng genommen ist sogar das, was du nicht tust, ständig da. Weil du nämlich die ganze Zeit darüber nachdenkst, was du nicht tust. Dadurch ist es in deinem Kopf.«

»Krasse Philosophie«, sagte Marc.

»Eigentlich nur ein bisschen Sartre«, antwortete Ego. »Du wartest stundenlang auf jemanden und fragst dich, wo er bleibt – und genau deswegen ist dieser Jemand schon die ganze Zeit da. Jedenfalls in deinem Kopf.«

»Sage ich doch: krasse Philosophie.«

»Jedenfalls: Wenn du die Dinge einfach geschehen lässt, sind deine Wahrnehmung und deine Aufmerksamkeit bei dem, was geschieht. Und nicht bei dem, was du nicht tust.«

»Okay«, sagte Marc und rieb sich die Stirn. »Klingt alles kompliziert.«

»Jedenfalls ist die Frage: Was geschieht? Und was geschieht dabei mit dir? Du hörst auf, Akteur zu sein. Damit öffnest du deinen Blick für die Dinge um dich herum.«

»Aber das ist doch das Außen«, sagte Marc. Marc hatte im Kopf, dass er die Antworten auf seine Fragen im Innen finden würde, nicht im Außen – doch da hatte er zunächst einmal die Rechnung ohne den Hund gemacht.

»Ach, ›außen‹, ›innen‹ – das sind nur Begriffe«, sagte Ego. »Auch wenn die Lösung in deinem Innen liegt, bist du dem Außen ausgesetzt. Nimm zum Beispiel den Jakobsweg.«

»Was meinst du?« Marc kannte natürlich den Jakobsweg, und er hatte natürlich auch Hape Kerkelings Buch *Ich bin dann mal weg* gelesen, in dem dieser seine Pilgertour beschreibt und dabei mal seine soziale Rolle als Komiker verlässt. Aber worauf wollte dieser neunmalkluge Hund nun schon wieder hinaus? Innen, außen, Jakobsweg?

»Manche Menschen gehen den Jakobsweg, um Abstand zu gewinnen«, hob Ego an. »Abstand zu ihren Problemen zum Beispiel. Sie wollen aus der Distanz draufschauen und machen eine physische Reise im Außen. Und dann merken sie auf der dritten Etappe, dass sie sich selbst auf diese Reise mitgenommen haben und gar keinen Abstand zu sich gewinnen.«

Den Gedanken kannte Marc. Er erinnerte sich daran, dass er auch beim Meditieren oft nicht wirklich zu sich kam. Nur: Wie sollten wir uns von uns selbst lösen?

»Andere erleben den Jakobsweg schon am zweiten Tag als Trance, in der sie Antworten über sich selbst finden«, fuhr Ego fort. »Das gelingt nur durchs Loslassen.«

Marc kannte das. Es war diese Ungeduld, die ihn immer fragen ließ, wann es nun endlich ein Ergebnis gab.

Ego fuhr fort: »Und auch auf dem Jakobsweg warten viele konzentriert darauf, dass endlich etwas Mentales passiert. Sie denken sich: ›Jetzt laufe ich schon drei Tage den Jakobsweg und habe immer noch keine Erleuchtung oder Selbsterkenntnis! Verdammt noch mal, wann wird das denn endlich mal was?‹«

»Okay, das heißt, dass diese üblichen spirituellen Ansätze nichts bringen, meinst du das?«

»Das kommt darauf an«, erwiderte Ego.

»Worauf denn?«

»Das Einstein-Zitat, wonach du ein Problem nicht mit derselben Methode lösen kannst, mit der du es geschaffen hast, kennst du ja.«

»Klar.«

»Also. Das ist zwar mit Vorsicht zu genießen, aber es ist eine schöne Faustregel. Wenn dein Thema die Getriebenheit ist, der ständige Fokus, das andauernde Anstrengen, dann hat es wenig Sinn, sich zu einer Meditation zu zwingen. Du löst damit das Problem nicht, sondern praktizierst es weiter.«

»Ich zwinge mich zum Meditieren.«

»Genau. Und weil dein Thema die Aktivität ist und es um den Gegenpol geht, sprechen wir bei dir über Passivität. Also über etwas, was du gar nicht magst.«

»Stimmt.«

»Das ist die Nuss.«

Marc überlegte, ob er sich mit seinen bisherigen Überlegungen zum Thema Meditation und Selbstsuche getäuscht hatte. Dabei hatte er so schöne Buddhastatuen im Haus. Er hatte sogar eine Klangschale.

»Es geht um dein Innen«, sagte Ego. »Nur führt eben der Weg dorthin nicht über das Erzwingen, sondern über eine saubere Wahrnehmung.«

»Okay«, sagte Marc. »Ich sollte mich weniger ablenken lassen, richtig?«

»Ja«, antwortete Ego. »Es geht nur um das, worum es geht.«

»Jetzt erzählst du Unsinn«, sagte Marc. »Das ist eine Aussage wie ›1=1‹.«

»Du weißt, was ich meine«, erwiderte Ego. »Der Punkt ist nicht das überfordernde Chaos, um das es nicht geht. Da ist etwas Wichtiges, worum es geht, völlig verschüttet. Und das findest du nur mit einem sinnvoll ausgerichteten Fokus.«

»Das Mikrofon abschalten, den Kopfhörer einschalten.«

»Und dabei stellst du dir immer wieder drei Fragen: Wer bin ich? Was fühle ich? Und: Was brauche ich?«

»Okay«, sagte Marc. »Und wenn ich ein Bier brauche, trinke ich das dann halt?«

»Ich sagte: ›Was brauche ich?‹ Nicht: ›Was will ich?‹.«

»Verstehe.«

Marc stand auf, legte sich rechtwinklig zum Baumstamm auf den Boden, klemmte seine Füße unter den Stamm und begann, einige Sit-ups zu machen.

»Übrigens hattet ihr vorhin bei der Fischergeschichte einen kleinen Denkfehler«, sagte Ego.

»Ach? Welchen denn?«, stöhnte Marc.

»Der Punkt ist, dass der Fischer von der Hand in den Mund lebt«, sagte Ego. »Das macht Elvis nicht.«

»Stimmt«, sagte Marc.

Also der faule Fischer, der gemäßigte Elvis und der getriebene Marc.

»Spirituelle Menschen, die eins sind mit sich selbst, erkennst du nicht unbedingt. Die tragen nicht alle sandfarbene Leinenklamotten und Heilsteine um den Hals.«

»Elvis ist ein spiritueller Mensch?«, fragte Marc ungläubig.

»Ich denke schon«, sagte Ego. »Vielen siehst du das nicht an.«

Marc dachte eine Weile nach und fragte dann: »Und warum ist das Einstein-Zitat mit Vorsicht zu genießen?«

»Weil wir oft nicht die Methode ändern müssen, nur weil wir einen Fehler finden«, antwortete Ego. »Wenn du dich einmal verrechnet hast, ist die Mathematik deswegen nicht unbedingt die falsche Methode.«

»So dürfte Einstein das auch nicht gemeint haben«, sagte Marc.

»Wie auch immer«, erwiderte Ego. »Menschen missverstehen die einfachsten Modelle. Die Kunst besteht darin zu erkennen, ob wir das gesamte Konzept umwerfen oder ob nur ein Detail zu korrigieren ist.«

Marc dachte einen Augenblick nach. »Okay ... dann heißt das: Pausemachen ändert nicht das Konzept, sondern ist ein Detail.«

»Exakt«, sagte Ego.

»Und Passivität wäre der Paradigmenwechsel.«

»Korrekt. Das Loslassen. Das Geschehenlassen.«

»Wobei sich der Gedanke ans Pausemachen dann erübrigt.«

»Wenn's gut läuft.«

DER UHU

Nach einer mittellangen Joggingrunde durch den Wald am Campingplatz stellte Marc das Zelt auf. Ego bekam Futter, legte sich vors Zelt auf seine Decke und hielt Wache. Marc ging im Sanitärhäuschen duschen und machte sich dann zu Elvis und seiner Holzhütte auf, um etwas zu essen. Er beobachtete Elvis und glaubte, eine Entdeckung zu machen: Elvis tat alles sehr differenziert, ihm geriet nichts durcheinander. Er tat immer nur eine Sache, nichts nebenher. Entweder er konzentrierte sich auf den Teller Nudeln, den er einem Gast vor die Nase stellte, oder er blickte dem Gast in die Augen und sprach mit ihm.

Die Nacht war klar und trocken, es war kalt und Hund und Mensch schliefen draußen. Marc hatte seine Isomatte so platziert, dass er ins Zelt hineingreifen konnte. Während Ego sich einrollte und tief ausatmete, um den Tag zu seinem Ende kommen zu lassen, beantwortete Marc seine E-Mails. Dann schloss er das Smartphone an die Powerbank an, legte beides ins Zelt und wünschte Ego eine gute Nacht.

»Gute Nacht«, sagte Ego.

Einige Zeit später erwachte Marc, weil er ein Geräusch hörte. »Uuuu-hu!«, rief es aus einem der Bäume über Marc. »Uuuu-hu!«

Noch nie in seinem Leben hatte Marc einen Uhu so nah über sich erlebt. Er schaute nach oben, doch erkannte im Dunklen nichts.

In dem Baum über ihm raschelte es leicht, und dann sah Marc die Umrisse eines riesigen Vogels sich erheben und einige Meter weiterfliegen in den nächsten Baum. »Uuuu-hu!«, rief der Uhu. Auch Ego war erwacht und blickte ehrfurchtsvoll nach oben.

Es war ein Moment, in dem Marc so etwas wie Glück empfand. Da war der Uhu in der Nacht, und auch Ego war da, mit dem er das Erlebnis teilte. In Marcs Geist war kein einziger Gedanke, der gestört hätte. Und Marc stellte fest: Dieses Glück war völlig ungeplant. Es geschah einfach so. Eigentlich wollte Marc schlafen, aber das Leben entschied, dass ihm jetzt etwas begegnen sollte, was er genießen durfte.

Der Uhu rief noch einige Male und flog dann weiter. Marc dachte: Oft sind die Dinge, die uns uns selbst näherbringen, gar nicht so groß. Und schlief wieder ein.

EIN LEBEN IM STÄNDIGEN WANDEL

»War das eigentlich eine gute Zeit damals, als du Kind warst?«, fragte Ego.

»Was meinst du?«, fragte Marc. »Die Siebziger?«

Marc und Ego waren im Auto unterwegs; sie waren auf dem Weg zu einem Geschäftstermin in Marcs alter Heimatstadt Essen.

»Ja, die ganze Zeit damals. Deine Schulzeit auch.«

Marc hatte als Kind und Jugendlicher die Schule durchlaufen wie alle anderen auch, und immer wieder hatte er gehört, er solle »etwas Ordentliches« lernen. Gegen Ende der Schulzeit war es Klassengespräch, was die Schüler »später mal werden« wollten, und Marc hatte damals irgendwie das Gefühl, dass das Setting merkwürdig war. Die Art zu denken. Was sollte das heißen, was »jemand mal wird«?

DIE WEICHE FÜRS LEBEN

Sollte der Mensch wirklich in jungen Jahren einmal die alles entscheidende Weiche für den Rest seines Lebens stellen? Marc hatte das Glück, dass sein Vater Unternehmer war. Unternehmer sein – das bedeutete, Geschäftsideen zu finden oder zu entwickeln, sie zu prüfen und in die Tat umzusetzen, wenn sie Potenzial versprachen.

Natürlich brauchen Unternehmen Fachleute, die sich um die Details kümmern. Ganz gleich, ob es dabei um Chemiker oder

Juristen ging: Die meisten Fachleute hatten am Anfang ihres Lebens etwas gelernt, was sie dann durchzogen. Ein Anwalt, der sich mit Mitte vierzig verändern will, schult meist nicht um zum Filmregisseur, sondern macht vielleicht eine Fortbildung zum Fachanwalt. Er bleibt meistens als Jurist tätig.

Marc dagegen roch Möglichkeiten und betrachtete das Leben als Abenteuerspielplatz wie damals den Campingplatz. Er überlegte ständig: Was lässt sich entwickeln, wovon andere Menschen etwas haben? Mit welchem Potenzial konnte Marc etwas anbieten, woraus sich ein Lebensunterhalt verdienen ließ?

Und so war Marc mit einem völlig anderen gedanklichen Briefing aufgewachsen als die meisten seiner Mitschüler. Die Frage »Was willst du später mal werden?« beantwortete er mit: »Ich will was aus meinem Leben machen.«

Die Schule erlebte Marc sozusagen als das Hochamt des korrekten Prozessdenkens. Nichts gegen Korrektheit, aber die Schule legte allerhöchsten Wert auf Fachkompetenzen, während das, worum es im Leben ging, eine Nebenrolle spielte oder gar nicht stattfand. Sicher interessierte sich Marc für Mathematik, doch sie war für ihn eben kein Selbstzweck. Marc hatte schon immer reich werden wollen und das war ohne Mathematik undenkbar.

»Weißt du, was ich für eine der wichtigsten Schlüsselkompetenzen halte?«, fragte Ego.

»Hm?«

»Kompetenzen zu überschreiten.«

Marc erinnerte sich an seine Zeit als Klassensprecher, in der er mit zahlreichen Lehrern und auch der Schulleitung aneinandergeraten war. Er sagte zu Ego: »Damit kriegst du schnell Ärger.«

»Und das ist das Wichtige dabei«, sagte Ego. »Weil du dabei lernst.«

IMMER WIEDER NEUES, UND DAS MIT LANGEM ATEM?

»Und an diesem Punkt stehst du jetzt«, sagte Ego. »Du überlegst, ob du nicht mal was anderes machen solltest. Was ganz anderes. Du willst deine Kompetenz überschreiten, weißt aber nicht genau, welche und wie.«

»Nur, wie geht das zusammen?«, fragte Ego. »Etwas Neues zu machen, ohne genau zu wissen, was, und dabei dann einen langen Atem zu beweisen?«

Ego hatte einen wunden Punkt getroffen. Tatsächlich war das etwas, worüber Marc nachdachte. Er rechnete sogar nach. In Gedanken brach er einen Zollstock bei 58 Zentimetern ab – er würde bald 58 Jahre alt werden. Und er brach ihn bei 74 Zentimetern ab – der durchschnittlichen Lebenserwartung von Männern. Auch wenn Marc natürlich vorhatte, älter zu werden als der männliche Durchschnitt, blieben ihm zumindest statistisch sechzehn Jahre. Das war nicht viel. In sechzehn Jahren erlebte ein junger Mensch eine intensive Zeit, doch später im Leben, wenn die meisten Menschen in einen Trott verfallen waren, verrann die Zeit weniger ereignisreich und war plötzlich vorbei.

Sollte Marc diese Zeit dem Zufall oder dem Schicksal überlassen? Oder in den Tag hineinleben?

Und: Wenn er sich für etwas entschied – würde sich diese Entscheidung im Nachhinein als Fehler herausstellen? Wäre es dann möglicherweise besser gewesen, eine andere Wahl zu treffen?

»Dafür hast du doch bestimmt eine Lösung«, sagte Marc.

»Sicher«, sagte Ego. »Aber sie wird dir jetzt noch nicht gefallen.«

»Was meinst du damit?«, fragte Marc. »Die Lösung wird mir jetzt noch nicht gefallen? Wird sie mir denn später gefallen?«

»Ich denke schon«, sagte Ego.

Marc grübelte nach. Worin konnte die Lösung für das Dilemma bestehen, dass wir in einem Jahr nicht Dinge für zwei

Jahre tun konnten? Konnte Ego etwa fürs ewige Leben im Diesseits sorgen?

»Abwarten«, sagte Ego.

INNERER UND ÄUßERER REICHTUM

Bei dem Termin hatte Marc ein sehr gutes Geschäft gemacht und war auf der Rückfahrt so groß, dass er fast mit dem Kopf den Dachhimmel berührte. Er sah sich nach Ego um, der auf der Rückbank lag. Marc fragte: »Meinst du, der Erfolg ist weniger wert, weil er im Außen stattgefunden hat?«

Ego hob den Kopf. »Nein. Es ist nicht so, dass das Außen nicht wichtig wäre. Erfolge im Außen wirken natürlich nach innen.«

»Dann bin ich ja beruhigt«, sagte Marc.

»Das Innen ist insgesamt nicht in dem Sinne wichtiger als das Außen«, sagte Ego. »Du bist im Außen. Du bewegst dich durch die Welt.«

»Ich dachte nur an den Unterschied zwischen Selbstbewusstsein und Selbstwert«, sagte Marc. Er spielte auf etwas Kompliziertes an, das er immer wieder gehört hatte: Manche spirituellen Lehrer sagten, Selbstbewusstsein sei »nur« im Außen, während der Selbstwert das eigentlich Erstrebenswerte sei und ausschließlich von innen komme. Wahre Größe komme also niemals aus äußeren Erfolgen. Das war eine Theorie, mit der Marc schon immer gehadert hatte. Denn sie sprach Menschen, die im Außen erfolgreich waren, innere Größe offenbar ab. Wer erfolgreich war und vielleicht auch ein Vermögen angehäuft hatte, stand von Anfang an im Verdacht, kein spiritueller Mensch sein zu können.

Überdeutlich hatte er dieses Gefühl einmal gespürt, als er auf einer spirituellen Veranstaltung war, bei der es um Selbstwert ging, Achtsamkeit und all diese Dinge, für die Marc erst so langsam ein Interesse zu entwickeln begann. Er betrat einen Seminarraum, weil ihn auf einem Weiterbildungskongress ein paar Achtsamkeitstrainer in ihren Kurs eingeladen hatten. Auf dem Boden saßen auf Strohmatten einige Kongressteilnehmer, die sich später alle als Coaches und Trainer vorstellten und alle mit einem spirituellen Thema unterwegs waren. Marcs Intuition meldete sich sofort und sagte: Die sind alle pleite. Keiner von denen hat Geld.

Auch Ego erinnerte sich gut an die Situation. »Du hast die einfach nicht ernst genommen. Du hast dich dazugesetzt und gefragt, was wir jetzt machen.«

Die Situation war spannend, weil sozusagen das Außen in den Raum des Innen gekommen war. Deswegen war Marc eingeladen worden. Im Nachhinein ergaben viele Dinge einen Sinn.

»Du hast dich gefragt, was das hier soll«, erinnerte Ego Marc. »Bis ein Gespräch anfing und du plötzlich von etwas berührt warst.«

Es war bei dem Gespräch im Seminarraum nicht um Geld gegangen, um gar nichts Äußeres. Es ging nur ums Innen. Marc dachte erst, er sei hier falsch, und langsam erfasste er, dass es in diesem Gespräch um ihn ging. Die Gruppe fragte ihn aus, bot aber an, dass Marc ebenfalls Fragen stellte. Zuerst fiel ihm nichts ein, was er fragen könnte, weil er im Grunde kein Interesse an diesen Menschen und ihrem Denken hatte. Also beantwortete er die Fragen der Gruppe aus Höflichkeit und kam dann bei einer Frage ins Schleudern.

Marc erinnerte sich noch genau daran. Die Frage lautete: »Wer bist du?«

Es war nicht so, dass diese Menschen sich für Marcs Geld interessierten. Sie wollten kein Geld. Sie wollten ihn ein bisschen ausfragen, nach welchen Prinzipien er zu seinem Geld gekommen war und was er ihnen riet, damit das auch bei ihnen klappte. Marc antwortete, so gut er konnte: nicht ans Produkt denken, sondern an den Nutzen; in Möglichkeiten denken, nicht in Versagensängsten – und vor allem: selbstbewusst rausgehen. Mit erhobenem Haupt und durchgestrecktem Kreuz. Stolz.

»Genau in dem Moment hat bei dir der Dialog zwischen Innen und Außen begonnen«, erinnerte sich Ego. »Du wolltest Menschen des Inneren zeigen, wie sie mit Methoden des Äußeren erfolgreich sind.«

»Ja, das hat denen ja auch gefehlt«, bemerkte Marc.

»Und in dir entstand die Frage, wie du mit den Methoden im Innen zu so etwas wie Glück findest«, sagte Ego.

Und es stimmte: In diesem Seminarraum hatte Marc zum ersten Mal eine Vorstellung davon bekommen, dass es neben dem ihm bekannten äußeren Reichtum auch inneren Reichtum gab. Der eine war nicht besser als der andere. Marc war ohne Erwartungen in diesen Raum hineingestolpert, er hatte sich nichts davon versprochen. Eher noch waren es seine Vorurteile, die ihn geleitet hatten.

Was Marc an diesem Tag zu verstehen begann: Das eine braucht das andere. Das Außen braucht das Innen, weil sich der Mensch sonst leer fühlt. Und zugleich braucht das Innen das Außen, weil sonst im schlechtesten Fall kein Geld auf dem Konto ist.

Das Delta zwischen Selbstbewusstsein im Außen und dem Selbstwert im Innen war gar kein Delta, wie Marc bislang gedacht hatte. Es war eine Wechselwirkung. Viele Menschen, die innerlich stark waren und sich beispielsweise uneigennützig für den Tierschutz oder Kinderrechte einsetzten, hatten wenig Geld. Sie waren innen reich und außen arm. Andere dagegen, die betriebswirtschaftlich orientiert waren und viel arbeiteten, litten irgendwann unter der inneren Leere, die auch Marc so stark spürte – sie waren außen reich und innen arm.

Natürlich spendete Marc auch viel von seinem Geld. Und das tat er nicht wegen der Spendenquittung. Marc spendete viel für

Kinder in Not, weil es ihm in der Seele wehtat, wenn wehrlose junge Menschen unter irgendetwas leiden mussten.

»Da war also doch schon immer ein Innen«, gab Ego zu bedenken. »Du bist manchmal so frustriert über deine innere Leere, dass du vieles, was du an Reichtum in deinem Inneren trägst, offenbar vergisst.«

Marc überlegte, was er in seinem Inneren nicht sah. Sein Selbstbewusstsein hielt er für hoch, seinen Selbstwert für gering. »Obwohl dein Selbstwert im Grunde sehr hoch sein sollte«, sagte Ego. »Du denkst nur, du musst dir alles verdienen, und dann glaubst du natürlich, du tust nie genug.«

Es war viel für Marc. Viel zum Nachdenken. Irgendwo musste ein Schlüssel sein.

Und immer wieder kam ihm die Frage in den Sinn: »Wer bist du?«

EBBE UND FLUT

Am nächsten Tag gingen Marc und Ego gemeinsam schwimmen. Marc durchquerte den See sechs Mal. Ego schwamm drei Mal mit und planschte dann am Ufer herum. Anschließend machte sich Marc am Ufer ein Bier auf und Ego nagte an einem Galloway-Rinderknochen.

Nach dem ersten Bier legte Marc zwei Steaks in den Beefer, und beide aßen auf der Terrasse zu Abend. Ego fraß aus seiner Schüssel und bekam auch ein Stück vom Steak. Die Haushälterin Anneliese hatte Salat gemacht.

Marc fand das Setting ungemein praktisch: Wer einen See hatte, brauchte auf der Terrasse und im Garten keinen Wassernapf für den Hund.

Das Leben war leicht, wenn sich jemand über solche Dinge Gedanken machen musste.

Und das war dann auch das Widersprüchliche daran: Alles war auf der einen Seite zu leicht und auf der anderen Seite zu schwer. Das Materielle war gegeben, das Haus bezahlt, das Konto voll, doch beim Ideellen kam Marc nicht weiter. Was war wirklich wichtig? Einmal abgesehen von diesem wundervollen englisch gegrillten Steak des Galloway-Rindes vom Nachbarhof?

»Die Frage ist doch auch, ob es emotionale Ausgeglichenheit überhaupt gibt«, gab Ego zu bedenken. »Die Menschen wünschen sich das, nur ist das Leben eben meistens keine Monotonie, sondern ein Auf und Ab und ziemlich abwechslungsreich und vielfältig.«

»Soll ich mich damit abfinden?«, fragte Marc. Manche Bemerkungen seines Hundes verstand er einfach nicht. Es ging hier um ein Missverhältnis zwischen dem Außen und dem Innen. Dafür musste sich sein philosophischer Hund doch interessieren.

»Erinnerst du dich an die Szene, in der Mackenzie vor die Weisheit tritt?«

Nach kurzem Nachdenken begriff Marc: Ego meinte den Bestseller *Die Hütte* von William P. Young. Die Hauptfigur, ein Mann mit einer sehr verletzten Seele infolge des Verlustes seiner kleinen Tochter, begegnete in einer Höhle der Weisheit.

»In dem Film sagt die Weisheit: Ein Leben ohne Schmerz gibt es nicht«, sagte Ego. »Und das ist es möglicherweise, was du suchst. Ein Leben ohne Schmerz.«

Marc dachte einen Moment nach. Mackenzie war in der Geschichte ein ganz normaler Amerikaner, dessen Frau sehr religiös war und der selbst mit dem Glauben so seine Schwierigkeiten hatte. Als auf einem Campingplatz seine Tochter verschwand und sich herausstellte, dass sie einem Mörder zum Opfer gefallen war, veränderte sich Mackenzies Leben völlig. Alles war weg. Nichts mehr hatte Sinn. Alles Materielle, was Mackenzie besaß, bedeutete ihm plötzlich nichts mehr. In ihm war nur noch dieser Schmerz. Und dann sagt ihm eine Frau namens Sophia, also »Weisheit«, ein Leben ohne Schmerz gebe es nicht.

Was sollte denn der Sinn eines solchen Lebens sein? Eines Lebens voller Schmerz?

Natürlich wusste Marc, dass er weit weg war von einem solchen Empfinden. Als Ego und er auf der Terrasse Steak aßen, war in Marc kein Schmerz wie in Mackenzie in dieser Erzählung. Auch wusste Marc, dass es vielen Menschen viel schlechter ging als ihm, sie waren schlimmer dran, sowohl physisch als auch mental, auf ihren Kontoauszügen und Elektrokardiogrammen, beim Arbeiten und in ihrer Freizeit und auch seelisch.

Sicher gab es auch Menschen mit viel üblerem Karma, sofern wir an das Konzept »Karma« glauben wollen. Das Karma, wonach alle unsere Handlungen Folgen haben und sich letztlich wieder auf uns auswirken, beschrieb Ego gerne als »Kerbholz«. Darauf ließ sich ablesen, welche Verbrechen jemand begangen hatte. Wobei es sich – verstehen wir es westlich als Liste unserer Taten – natürlich auch Gutes merkte. Und in dieser Hinsicht standen viele seiner Zeitgenossen schlechter da als Marc. Davon war er überzeugt.

ALLES WIRD GUT

Was Marc hier hatte, ein gesunder Mensch zu sein mit einem gesunden Hund als Gesprächspartner, war schon für sich genommen ein unfassbarer Reichtum. Er hatte keine offenen Rechnungen mit jemandem, er stand in niemandes Schuld, er brauchte wegen nichts ein schlechtes Gewissen zu haben. Er konnte jederzeit etwas Neues beginnen. Aber wohin sollte die Reise gehen?

Aufbruch war immer mit Ungewissheit verbunden. Viele Abenteurer liebten den Aufbruch gerade deswegen. Die einen liebten das Spontane, die anderen den Plan. Die Spontanen übernachteten auch mal im Freien, die Planer wollten Schmerz vermeiden, indem sie schon lange vor ihrer Reise die Hotels buchten. Es waren zwei Lebenskonzepte, und Marc hatte von beidem etwas.

Insgesamt gab Marc Ego recht. Marc war auf der Suche nach einem Leben ohne Schmerz. Obwohl er schon ahnte, dass es ein Leben ganz ohne Schmerz dann vermutlich nur im Tod gab. Und den wünschte sich Marc nicht. Im Gegenteil: Marc wollte ja in der Zeit, die ihm noch blieb, das Beste aus allem machen. Doch wie ging das zusammen: Abenteuer ohne Schmerz?

»Lass uns über das Thema Balance sprechen«, regte Ego an.

Marc überlegte einen Augenblick. »Über die Balance zwischen dem Innen und Außen, dem Materiellen und Ideellen?«

»Auch«, sagte Ego. »Lass mich dich dazu etwas ganz Einfaches fragen. Ist die Welt gut oder schlecht?«

»Gut«, antwortete Marc wie aus der Pistole geschossen. »Ganz klar. Die Welt ist gut.«

Marc war überzeugter Optimist. Griesgrämigkeit und Haare in der Suppe suchen – das war nicht seine Sache. Marc wollte, dass die Dinge gelangen, und das klappte in seinen Augen nur, wenn er zuversichtlich war. Also war die Welt gut. Im Zweifel galt hier das Prinzip »Fake it till you make it«: Wer lange genug so tut, als wäre er Profi, wird irgendwann Profi. Na ja, auch nicht jeder, dachte Marc.

»Wenn die Welt immer gut ist«, warf Ego ein, »dann ist es doch im Grunde egal, was du tust. Immer wird alles gut.«

Marc verstand natürlich, was Ego meinte. Aber wollte er ihn auf den Arm nehmen? Marc hatte schließlich eine Krise! Marc stand an einem Punkt in seinem Leben, an dem er die Richtung der letzten Kilometer festlegen wollte.

»Also, ich finde schon«, sagte Marc, »dass ich die Regie darüber behalten sollte, was ich tue und wohin die Reise geht.«

»Nichts dagegen«, erwiderte Ego. »Nur wirst du eben am Ende deines Lebens zahlreiche Optionen *nicht* gewählt haben. Und trotzdem kann alles gut und in Ordnung sein.«

Marc fühlte sich an einem ganz entscheidenden Punkt berührt. Er ahnte zum ersten Mal, was so etwas wie Gottvertrauen sein konnte. Sein Hund hatte ihn zu einem Gedanken geführt, wie ihn gläubige Menschen pflegen: Alles wird gut. Nina Ruge hatte diesen Satz immer am Ende ihrer Fernsehshow gesagt, so wie Ulrich Wickert den Menschen am Ende der *Tagesthemen* eine »geruhsame Nacht« gewünscht hatte. Es waren Zaubervokabeln aus einer fernen Welt, schien es Marc.

»Alles wird gut«, sagte Ego.

Marc hörte diesen Satz mit der Stimme von Nina Ruge, fühlte sich wohlig aufgehoben und fragte zugleich, ob das überhaupt stimmte.

Marc dachte an die Redensart »Balsam für die Seele« und das Buch *Hühnersuppe für die Seele* von Jack Canfield. Hühnersuppe ist das, was viele ihren Kindern geben, wenn sie krank oder traurig sind.

Und Marc dachte: Es war nicht alles gut. Würde jemals alles gut werden? Wie überhaupt um alles in der Welt konnte jemand behaupten, alles würde gut werden?

»Das Gute in einem Leben besteht nicht darin, dass du alle Optionen abgrast und das Optimum rausholst«, sagte Ego. »Es geht um Qualität. Damit ist immer auch verbunden, dass wir etwas nicht getan oder nicht erlebt haben. Manche Menschen empfinden das als Verlust, andere nicht.«

DAS AUẞEN LOSLASSEN

Marc fand es schon spannend, welchen beruhigenden Effekt ein Satz wie »Alles wird gut« hatte. Oder die »geruhsame Nacht«. Da draußen tobten Krieg und Terror und in der warmen Wohnstube vor dem Fernseher mit einer Kuscheldecke über den Knien fühlten sich die Menschen in der westlichen Welt wohl. War das nicht verlogen?

»Ich glaube«, sagte Ego, »dass es nicht um die Information geht, dass alles gut wird. Es ist nicht der Punkt, ob du das verifizierst oder falsifizierst. Der Punkt ist, dass du es als generelle Gewissheit erkennst.«

»Oft genug gehen Dinge böse aus«, sinnierte Marc.

»Ja, sicher«, antwortete Ego. »Das Gefühl der Zuversicht aber bedeutet, dass du selbst in schwierigen Lagen das Leben annimmst. Und ganz am Ende, da wird alles gut.«

»Mit dem Tod?«

»Vielleicht auch schon früher«, sagte Ego. »Wobei du mit dem Übergang der Seele in die Welt des Universums ohnehin vermutlich alles anders sehen wirst. In diesem Augenblick lassen die Leute das Außen ja los. Sie nehmen nur das Innen mit.«

»Woher weißt du das denn alles?«, fragte Marc seinen Hund. »Hattest du schon mal eine Nahtoderfahrung?«

»Die brauchst du dazu nicht«, antwortete Ego. »Es ist pure Logik: Das Außen bringt die Menschen dazu, Dinge anzuhäufen, von denen sie sich lösen müssen, wenn sie diese Welt verlassen. Sie wandern dann ohne ihre Armbanduhr in die Welt der Seelen.«

»Klingt sinnlos«, sagte Marc.

»Ist es aber nicht. Du hast im Außen und im Diesseits eine Menge Möglichkeiten, durch die richtigen Entscheidungen etwas zum Lauf der Welt beizutragen.«

»Wer weiß denn, was richtig ist?«

»Das Universum weiß es«, sagte Ego. »Und am Ende ist alles genau so, wie es geschieht, einfach in Ordnung. Auch wenn es manchmal wehtut.«

»Vielleicht funktioniert eine Formulierung wie ›Alles wird gut‹ auch gut als Mantra«, warf Marc ein.

»Gute Idee«, antwortete Ego. »Das kannst du beim Meditieren ja mal ausprobieren.«

»Mache ich.«

»Noch mal zur Balance«, sagte Ego. »Du hast gesagt, die Welt sei gut.«

»Ja, das ist mein Optimismus«, sagte Marc.

»Und ich hatte gesagt, wenn ohnehin alles gut ist, dann ist es auch egal, was du die nächsten sechzehn Jahre machst«, sagte Ego.

»Das ist aber nicht egal«, sagte Marc.

»Natürlich ist es das nicht«, gab Ego zu. »Niemals ist irgendetwas egal. Alles, was wir tun oder lassen, ist entscheidend. Es ist wichtig. Auch, wenn es im Außen stattfindet.«

Marc verstand nicht. »Soll ich nun bewusst entscheiden und handeln oder nicht?«

»Vielleicht solltest du überlegen, ob diese ständigen Gut-schlecht-Wertungen sinnvoll sind.«

»Na gut«, sagt Marc, »das verstehe ich. Indem ich werte, hefte ich der Welt ein Etikett an. Das ist mir schon klar. Und das fesselt gedanklich.«

»Das mit dem Etikett ist eine gute Metapher«, sagte Ego. »Auf einem Etikett steht, was etwas angeblich ist. Was es sein soll. Wenn nicht drin ist, was draufsteht, hast du es mit einer Mogelpackung zu tun.«

»Du meinst, wie bei Kalbsleberwurst.«

»Wie bitte?«, fragte Ego.

»Na ja, da ist ein ganzer Batzen Schwein drin und trotzdem steht groß nur ›Kalbsleberwurst‹ drauf«, erklärte Marc. »Viele Kunden wissen nicht, dass sie Schweinefleisch kaufen und essen. Sie denken, sie essen Kalb.«

Ego war baff. Das hatte er tatsächlich nicht gewusst. Ihm war bekannt, dass die Industrie im Tierfutter jede Menge Müll verarbeitete, und er war auch glücklich über das eine oder andere Steak. Aber Schweinefleisch in der Kalbsleberwurst? Dass Menschen einander so sehr für dumm verkaufen würden, verblüffte ihn. Da waren Hunde definitiv ehrlicher zueinander. Gehörte die Welt vielleicht dann doch in Hundepfoten?

»Ist wirklich so«, sagte Marc. »Deswegen kriegst du ja keine Kalbsleberwurst aus dem Supermarkt.«

»Ich glaub's dir ja«, sagte Ego. »Jedenfalls: Wenn es bei dem Etikett um etwas im Zusammenhang mit dir selbst geht, ist das möglicherweise Selbstbetrug.«

Marc dachte für einen Moment darüber nach, warum Betrug strafbar war, Selbstbetrug aber nicht. Der Mensch durfte sich selbst schaden, wie er wollte. Er hatte die Wahl, Nützliches oder auch Schädliches zu tun, und niemand hinderte ihn daran.

»Der Punkt ist, dass diese Etiketten das Werten ins Leben bringen«, sagte Marc. »Und damit entfernt sich der Mensch von seinem Selbst.«

Marc wusste: Sein Selbstbild war voller Etiketten. Marcs Selbstbild war eine Inszenierung, kam ihm in den Sinn.

»Und wenn ich etwas im Leben mit dem Etikett ›gut‹ oder ›schlecht‹ versehe, überlagert die Bewertung die Sache«, sagte Marc. »Ich versuche dann die ganze Zeit, dem Etikett zu entsprechen.«

»So ungefähr könnte es sein«, sagte Ego. »Während du zum Beispiel in einer Meditation diese Etiketten weglässt und nur du selbst bist.«

Marc rieb sich die Stirn.

»Müde?«, fragte Ego.

»Weiter«, sagte Marc.

»Hast du's eilig?«

»Es ist spannend.«

»Noch ein Bier?«, schlug Ego vor.

»Ich hol eins«, sagte Marc.

SPIRITUELL ODER ESOTERISCH?

Als Marc vom Kühlschrank zurückkam, trank Ego gerade Wasser aus dem See. Ego sah, dass Marc nicht nur ein Bier, sondern auch seine Hundedecke dabeihatte, und kam schwanzwedelnd auf ihn zu. Marc drapierte die Decke vor der Bank.

»Danke sehr«, sagte Ego, legte sich auf die Decke und sagte: »Ich glaube ja, dass die Welt gut und schlecht zugleich ist.«

»Sicher«, sagte Marc. »Es ist ja auch subjektiv, was wir über die Realität denken.«

Paul Watzlawick, Niklas Luhmann – es gab eine Menge Literatur dazu, dass wir nicht die eine Welt haben, die so ist, wie sie ist, sondern Milliarden von Sichtweisen auf diese Welt, die sich deutlich unterscheiden. Deswegen gab es ja überhaupt Konflikte und Kriege.

»Und trotzdem«, warf Ego ein, »finden sich immer wieder Wellenbewegungen. Die Bewegung geht rauf und runter, es ist ein ständiges Auf und Ab oder auch Gut und Schlecht.«

Marc kannte den Gedanken vor allem durch die Konjunktur. Viele wirtschaftliche Phänomene verliefen in Wellenbewegungen.

»Das Leben ist eine Sinuskurve«, sagte Ego. »Ständig gleicht das eine Extrem das andere aus. Es ist wie bei einem Pendel, das hin- und herschwingt. Wir könnten das Pendel vielleicht anhalten, sodass es in der Mitte zum Stehen kommt, aber wie langweilig wäre das?«

Marc hatte ein wenig den Faden verloren. Er trank einen Schluck aus seiner Bierflasche und fragte Ego, worauf er hinauswolle.

Ego antwortete: »Nun ja, du wünschst dir ein Leben in dieser Mitte. Obwohl es ein Leben ohne Schmerz nicht gibt und auch kein Leben in völliger emotionaler Ausgeglichenheit. Du willst, dass das Pendel stillsteht. Aber das wird es niemals tun.«

»Jetzt mal ganz davon abgesehen, was ich will oder nicht will«, sagte Marc. »Was ist das eigentlich für eine Regel? Ist das ein Naturgesetz? Ist das das Universum?«

»Du stellst Fragen«, sagte Ego. »Was hängt denn von der Antwort ab? Wir wissen doch, dass es so ist. Es wird schon das Universum sein. Oder ein Naturgesetz. Warum auch nicht?«

Marc war erstaunt und auch ein wenig verärgert. Was sprach dagegen, einfach mal etwas Philosophisches zu überlegen? »Was stört dich denn an der Frage?«, fragte er Ego.

»Wir sind mit dieser Frage kurz davor, die Spiritualität zu verlassen und esoterisch zu werden.«

Der Unterschied war Marc nicht klar.

»Spiritualität bedeutet, dass du dich selbst findest und dein Verhältnis zur Welt ergründest«, erklärte Ego. »Esoterik sucht dagegen nach den großen Zusammenhängen und findet dabei meistens obskure Kräfte, die auf geheimnisvolle Weise die Welt lenken. Insofern neigen spirituelle Menschen nicht so sehr zu Verschwörungstheorien wie Esoteriker. Und wer an einen Verschwörungsmythos glaubt, lässt auch nicht los, sondern hält sich an einer Vermutung fest. Im Spirituellen dagegen vertraust du dem Universum auch dann, wenn du etwas nicht verstehst.«

Ego machte eine Pause und sah zu Marc, um zu prüfen, ob er gedanklich folgte.

»Gut«, sagte Marc. »Es ist das Universum, das diese Dinge vorgibt.«

»Genau«, sagte Ego. »Das reicht.«

»Wir geben dem Ganzen kein Etikett.«

»Du hast es«, sagte Ego. »Die Esoterik ist voller Etiketten. Esoterik braucht Requisiten, Kostüm und Maske. Um spirituell zu sein, brauchst du dagegen keine Klangschalen. Eine Klangschale stört nicht, sie unterstützt, nur brauchen tust du sie nicht. Und auf der Ebene der Spiritualität erkennst du neben dir selbst auch diese ständigen Wellenbewegungen. Nenn es den ›Fluss des Lebens‹, der das Geschehen beschreibt, das ist ja auch ein gängiger Begriff. Aber die Spiritualität endet in dem Moment, in dem du nach der Kraft suchst, die diesen Fluss mit Wasser füllt.«

»Aber es gibt diese Kraft doch«, sagte Marc.

»Sicher gibt es diese Kraft«, gab Ego zurück. »Diese Kraft heißt Gott, Universum, das Höhere, wie auch immer. Ich will nicht sagen, es sei verboten, Gott zu suchen oder auch zu hinterfragen, nur ändert es nichts an deinem Verhältnis zur Welt und auch nichts an deinem Verhältnis zu dem höheren Wesen, das den Fluss mit Wasser füllt oder die Sinuskurve in Schwingung bringt.«

Marc bekam eine Ahnung, worum es Ego gehen könnte. »Es geht ums Loslassen«, spekulierte Marc.

»Immer«, gab Ego zurück. »Vor allem ums Loslassen dieser vielen Etiketten.«

Marc überlegte. Vielleicht war gar nicht wichtig, wer er war? Jedenfalls im Außen?

»Denk noch mal an *Die Hütte*«, fuhr Ego fort. »Da ist die Szene, in der Jesus mit Mackenzie über den See läuft.«

»Ich erinnere mich«, sagte Marc.

»Jesus macht sich über den Begriff ›Religion‹ lustig, erinnerst du dich daran auch noch?«

»Vage.«

»Lass uns den Film noch mal anschauen.«

»Vielleicht nicht unbedingt heute«, sagte Marc.

»Religion ist der Versuch, Gott zu fassen«, sagte Ego. »Aber Gott lässt sich nicht fassen. Ganz egal, wie du ihn nennst. Religion ist nur ein Etikett. Mit dem Etikett dringst du nicht zum Inhalt vor, es klebt deinen Fokus an die Verpackung.«

Marc hatte den Film *Die Hütte* bisher zwei Mal gesehen – beim ersten Mal hatte er geheult, beim zweiten Mal nachgedacht. Ein drittes Mal könnte beim Verstehen helfen.

»Und ich habe noch einen wichtigen Gedanken für dich«, fuhr Ego fort.

»Na dann.«

»Auch das Bewusstsein ist – wie Gott – fühlbar«, sagte Ego. »Nur kann der Verstand leider nicht fühlen. Mit dem Verstand erfasst du weder Gott noch dich selbst.«

Marc musste einen Moment abwarten, bis die Überlegung in den Bereich seines Gehirnes hinabgesunken war, der Überlegungen operationalisieren konnte.

»Das heißt: Alle rationalen Versuche, Gott oder das Universum zu erklären, scheitern«, sagte Marc. »Oder?«

»Exakt«, sagte Ego. »So, wie auch alle Versuche, dass du dich dir selbst rational erklärst.«

»Verstehe.«

SPIRITUELLE VERBUNDENHEIT

»Und dennoch wendest du deinen Verstand an, um die Dinge zu tun, die du eben tust.«

»Natürlich«, erwiderte Marc.

»Und am Ende gleicht das Universum alles aus«, sagte Ego.

»Das ist mir irgendwie zu viel«, entgegnete Marc und ließ einige Sekunden die vielen Gedanken sacken.

»Hat also nichts einen Sinn, was ich tue?«

»Doch, sicher«, sagte Ego. »Indem der Mensch handelt, stößt er Dinge an. Alles, was du berührst, gerät in Bewegung. Ob das Gegenstände sind, Menschen oder auch Ideen. Du bist aktiv, du kannst handeln. Und weil du nicht im luftleeren Raum in einem Vakuum ohne Widerstände herumfuchtelst, bringst du Moleküle in Bewegung oder eben auch Gedanken und Informationen. Alles, was du in Bewegung versetzt, bewegt sich irgendwohin. Mal langsamer, mal schneller, mal mit mehr Drehmoment, mal mit weniger. Ein Gedanke trifft auf einen Menschen und bewirkt in diesem eine Resonanz. Der Mensch reagiert, indem er sich ebenfalls in Bewegung setzt. Und das machen Millionen Menschen. So ist die ganze Welt in Schwingung.«

»Es ist alles eins, willst du sagen?«

»Wir sind vielleicht nicht alle eins, aber wir bilden eine Gesamtheit. Eine Schicksalsgemeinschaft. Es hat keinen Sinn, unser Handeln isoliert zu betrachten.«

»Alles hängt mit allem zusammen?«

»In gewisser Weise. Spirituell sind wir alle miteinander verbunden, und damit zählt auch alles, was du tust. Es wirkt sich auf andere aus und auf das Universum insgesamt. Wobei das Pendel nicht einheitlich schwingt, sondern in verschiedenen Dingen verschieden.«

»Wie meinst du das?«, fragte Marc.

Ego überlegte eine Weile. Dann hatte er ein Beispiel gefunden. »Waren die Siebziger für dich eher eine gute oder eine schlechte Zeit?«

»Auf Anhieb würde ich sagen, eine schlechte Zeit. Schmutzige Luft, viel Gewalt auf dem Rummel. Obwohl ich eine coole Kindheit hatte.«

»Also war die Zeit gut und schlecht?«

»Sozusagen.«

»Das meine ich«, sagte Ego. »In der einen Hinsicht ist das Pendel hier, in der anderen dort. Es gibt nicht diesen einen, objektiv festzuhaltenden Zustand der Welt.«

»Klingt widersprüchlich.«

»Nennen wir es ›ambivalent‹.«

»Einverstanden.«

»Das ist eben auch so ein Ding bei euch Menschen: Ihr wünscht euch vollkommene Klarheit. Dabei ist das Leben diffus und chaotisch. In ein und derselben Gesellschaft hast du positive und negative Zustände, harte und weiche Zeiten. Bei einigen gibt es Wellenbewegungen, bei anderen nicht. Es kann also sein, dass du in der einen Dimension verweichlichst und in der anderen härter wirst. Zur selben Zeit.«

Marcs Bier war leer. Um Hund und Mensch herum hatte sich die Nacht breitgemacht. Marc fröstelte. Am Himmel stand der zunehmende Mond, es war leicht bewölkt.

»Wie fühlst du dich?«, fragte Ego.

»Durcheinander.«

»Meinst du ambivalent?«

Ego gelang es immer wieder, auch das Chaos zu ordnen. Irgendwie waren alle möglichen Dinge dann doch eine Frage der Sichtweise.

Vielleicht lag die Lösung – oder *eine* Lösung – darin, diesen Wunsch nach einer perfekten Antwort endlich einmal abzulegen.

Ego gähnte. »Lass uns morgen weitermachen.« Er stand auf, streckte und schüttelte sich und ging rasch in den Busch.

Marc stand auf, raffte die Hundedecke zusammen und klaubte seine leere Bierflasche aus dem Gras. Ego kam herangetrottet und begleitete Marc ins Haus. Oder andersherum.

SCHLECHTES ENGLISCH, GUTES ENGLISCH

Ganz früher war Marc Schalke-Fan gewesen.

Heute sagte er das nicht mehr so laut, gerade weil er inzwischen der Eintracht Frankfurt die Treue geschworen hatte. Doch auch an einer großen Liebe ging es eben nicht spurlos vorüber, wenn jemand vom Ruhrgebiet in den Taunus zog. Marc erwischte diese Veränderung in seiner Schulzeit. Verändern sich Menschen, erfährt auch so mancher Treueschwur die Relativität des Daseins. Und plötzlich konnten Dinge anders werden, von denen wir das nie gedacht hätten.

Marc war durch den Umzug in eine neue Schule gekommen. Im Englischunterricht war er ganz, ganz schlecht. »I have goes to the school« und so. Unterirdisch.

Marc war so schlecht in Englisch gewesen, dass er sich mit sechzehn Jahren für ein USA-Jahr beworben hatte. Dort würde er Englisch am besten und am schnellsten lernen, dachte er. Allerdings sahen die deutschen Bestimmungen vor, dass Marc einen Sprachtest machen sollte. Um an dem Programm teilnehmen zu dürfen, wurden seine Englischkenntnisse abgefragt. Marc bewarb sich also mit seinem schlechten Englisch und fiel prompt durch.

»Seltsame Logik bei euch Menschen«, sagte Ego.

»In den USA war das Denken völlig anders«, fügte Marc noch hinzu.

Marc hatte es am Ende doch in das Programm geschafft, weil er dem Oberboss dort einen Liebesbrief geschrieben hatte. Darin stand der Satz: »Wenn ich Englisch könnte, müsste ich nicht nach Amerika.« Das hatte den Oberboss überzeugt. Nur die Richtlinien des Programms hatte er deswegen nicht geändert.

Also war es nach New Jersey gegangen. Für ein Jahr hatte Marc in Vineland gelebt, einer typischen amerikanischen Stadt ein wenig südlich von New York City mit damals etwas mehr als 50 000 Einwohnern. Dort besuchte er für ein Jahr die Highschool. Und dort war Marc einem Lehrer begegnet, der ihn für den Rest des Lebens begleiten würde: Samuel, genannt Sam.

GESELLSCHAFTLICHE GEGENPOLE

Sam war damals ein junger Mathelehrer, ungefähr zwanzig Jahre älter als Marc. Der Spitzname »Uncle Sam« passte allerdings nicht so ganz, weil der sprichwörtliche »Uncle Sam« in aller Regel ein Weißer war, in den Nationalfarben der USA gekleidet, mit einem Zylinder mit »Stars and Stripes«. Marcs Sam war schwarz. Und er war anders als alle Lehrer, die Marc bis dahin gekannt hatte.

Es war Anfang der Achtziger, der Film *Der Club der toten Dichter* war noch nicht im Kino. Gleichzeitig waren viele Vertreter des Bildungssystems in einem Umdenken begriffen und damit auch einer dieser Wellenbewegungen ausgesetzt, mit denen Ego den Wandel der Zeit beschrieb. Wie stark eine Gegenreaktion in einer solchen Wellenbewegung sein konnte, demonstrierte die Story: Der fortschrittliche Lehrer John Keating, im Film gespielt von Robin Williams, wird am Ende suspendiert. Der Vater eines Jungen in dem Film ist dagegen, dass sein Sohn in der Schule eine Rolle in William Shakespeares *Sommernachtstraum* spielt, und droht damit, ihn auf eine Militärakademie zu schicken.

Sam war ein glücklicher Mathelehrer mit Familie. Mit seiner Frau Mary hatte er zwei Kinder, einen Sohn und eine Tochter, und in seiner Freizeit spielte er Football. Das Momentum bestand darin, dass die Schulleitung der Highschool Marc nach seiner Ankunft in eine höhere Klasse steckte als geplant. Grund waren Marcs hervorragende Mathematikfähigkeiten. Und so landete er in Sams Klasse.

Marcs schlechtes Englisch störte an der Highschool niemanden. Marc hatte sich eine Weile lang gefragt, warum das so war, bis er die Sichtweise ein wenig verändert und festgestellt hatte: Für die amerikanischen Lehrer und Schüler war Englisch keine Fremdsprache, mit der jemand angeben konnte. Da konnte einfach jemand kein Englisch. Es war nicht peinlich.

Außerdem wussten die Lehrer an dieser Highschool: Kam ein fremdsprachiger Schüler mit schlechtem Englisch ins Haus, würde sich das Problem mit der Zeit von alleine erledigen. Niemand musste Druck ausüben. Wer sich in den USA bewegte, lernte automatisch Englisch.

Es hatte insgesamt wenig Sinn, in Dingen Druck auszuüben, die von alleine geschahen.

Und genauso betrachteten die Lehrer Marcs schlechtes Englisch. »Lass es laufen«, hatte Sam immer wieder gesagt. »Es kommt von alleine.«

DIE VATERFIGUR

Für Marc war es sonderbar, sich seine USA-Zeit als Schüler in Erinnerung zu rufen. Dort hatte er erkannt, dass es neben dem problemorientierten und abstrakten Denken auch ein lösungsorientiertes und konkretes Denken gab. Lernen konnte quasi autodynamisch sein. Von der Art zu denken und zu lernen abgesehen, war es für ihn vor allem mental eine Wohltat. »Zum ersten Mal hat mich niemand runtergemacht«, sagte Marc zu Ego. Darum war dieses Jahr in Amerika für ihn so wichtig.

Sam war für Marc damals genau der richtige Lehrer gewesen. Auch nach seinem Amerikajahr hatte er Sam immer wieder in New Jersey besucht. Sam war für Marc ein Mentor fürs Leben geworden, der ihm sein Wissen weitergab.

Ob Sam eine Art Zweitvater war?

Marc war überzeugt, dass Männer Vaterfiguren brauchten, gerade zur Selbstvergewisserung. Das Mannsein hatten Männer immer wieder zu üben. Es gab Männerseminare, da lernten Jungs und Männer so etwas. Schreien im Wald. Rückbesinnung auf den Urzeitmenschen und Jäger und Sammler. Weg mit der Etikette, den sozialen Rollen, einfach nur Mensch sein. Oder auch Tier. Marc hatte diese Seminare immer belächelt, weil er auch an seinem See Urschreie ausstoßen konnte, wenn er wollte.

Doch hinter der oft kuriosen Fassade der schreienden Seminarmänner fand eben dann doch etwas Existenzielles statt: Selbstvergewisserung.

Im Laufe der Zeit war Marc zu einer Erkenntnis gelangt, die auch viele Männerseminare vermittelten: Der junge Mann braucht einen alten Mann als Leitbild. Wobei im klassischen Verständnis der »junge Mann« der Mann auf der Suche ist, noch ohne konkreten Lebensentwurf, auf Brautschau, in den ersten Beziehungen, noch nicht gefestigt. Der »alte Mann« kann dann durchaus erst um die dreißig sein, es hängt vom Tempo ab, mit dem er sich etabliert hat.

Die Begriffe sagen also weniger über das Alter als vielmehr über die Erfahrung: Marc war überzeugt, dass Menschen vor allem ältere Freunde brauchten. Mentoren, die ihr Wissen weitergeben, und zwar nicht nur im Beruflichen, sondern auch in allem Privaten und Menschlichen.

»Weißt du, dass ich es meinem Vater immer beweisen wollte?«, fragte Marc Ego eines Tages. »Ich hatte ihm gesagt, mit vierzig verdiene ich doppelt so viel wie er.«

»Ich weiß«, sagte Ego. »Du hast dann schon mit sechsundzwanzig das Doppelte verdient.«

Langweilte Marc seinen Hund mit diesen Geschichten? Ihm war das wichtig! »Das war doch ein Erfolg, oder nicht?«

»Es war ein Erfolg, ohne Frage«, gab ihm Ego recht. »Ehrgeizgetrieben, am Vater als Vorbild und Maßstab orientiert und mustergültig durchgezogen. Ein Ziel, ein Plan, ein Vorgehen.«

Marc war davon überzeugt: Vater und Mutter spielten auch im Leben von Erwachsenen noch eine große Rolle. Er hatte einmal gehört, dass Frauen sich Männer aussuchen, die wie ihre Väter sind, und Männer wählen Frauen nach dem Vorbild ihrer Mütter. Ob das stimmte, wusste Marc nicht, aber er vertrat diese Haltung.

Und so sah er auch Sam immer mehr als seinen Vater an.

ERST GEBEN, DANN NEHMEN

Wenn du New York und Umgebung kennst, ob Bundesstaat oder Stadt, dann weißt du, dass es dort sehr harte Winter geben kann. Vielleicht brachte tatsächlich das harte Winterklima in New Jersey Marc einen der wichtigsten Mentalitätsunterschiede zwischen den USA und Europa bei.

Marc war in der Familie von Rick zu Gast, der bald zu einem guten Freund wurde. Marc brachte Rick Deutsch bei und erzählte ihm, wie vielseitig das kleine Europa war. Sie hörten gemeinsam Supertramp, die Pet Shop Boys, Genesis, Paul Young und Meat Loaf. Als Marcs Eltern einen Besuch ankündigten, bat er sie, CDs von Bands der Neuen Deutschen Welle mitzubringen, also Trio, Nena und Ideal. Und auch von Marius Müller-Westernhagen. Es war eine Welt ohne iTunes. CDs hatten gerade die Vinylschallplatte abgelöst.

Als Rick und Marc gemeinsam diese Musik hörten, gelang es Marc, etwas zurückzugeben und Rick einen Eindruck zu geben von einer Kultur, die für Rick so weit weg war wie militärische Märsche für Marc. Es war eine Jugendfreundschaft mit allem, was dazugehörte – nur dass sie sich in Amerika viel weniger Streiche erlauben konnten, als das damals in Deutschland möglich war.

Von seinem Vater hatte Marc mitgegeben bekommen, immer tatkräftig zuzupacken. »Von nichts kommt nichts«, hatte ihm sein Vater immer wieder gesagt. Und durch Rick erkannte Marc plötzlich, auf welche wundervolle Weise so ein Prinzip auf fruchtbaren Boden fallen konnte.

Der war allerdings in jenem Winter meterhoch zugeschneit.

Wer im Staat New Jersey in einem der typischen Einfamilienhäuser lebte, hatte damals nicht unbedingt eine Schneefräse in der Garage. Die meisten Leute mussten morgens zur Arbeit. Erkannten sie nach dem Weckerklingeln, dass die Einfahrt zugeschneit war, hatten sie Stress. Ricks und Marcs Idee war darum ganz einfach: Sie wollten den Nachbarn die Garageneinfahrten freischaufeln.

Und Rick hatte auch einen Plan: Die beiden wussten, wer in der Nachbarschaft früh losmusste. Also würden die Jungs einfach extrem früh aufstehen und damit anfangen, die Einfahrten einiger betroffener Nachbarn vom Schnee zu befreien. Ohne Auftrag.

»Die müssen wir doch vorher fragen!«, hatte Marc in seinem inzwischen schon besseren Englisch eingewandt.

»Ach, Unsinn«, sagte Rick. »Wir fangen einfach an.«

Marc versuchte einzuordnen, worum es hier ging. Er sollte also als minderjähriger Ausländer in den USA Hausfriedensbruch begehen. In mehreren Fällen. Geplant und vorsätzlich. Durften die Amerikaner ihr Grundstück nicht auch persönlich mit Waffengewalt verteidigen? Bestimmt würde ihn ein mürrischer Nachbar mit Cowboyhut zumindest anschießen. Außerdem nahm doch auch das amerikanische Recht Verletzungen des Eigentums viel ernster als das deutsche. Marc sah sich schon mit Fußfesseln an einer Anklagebank stehen, wie er es aus den amerikanischen Justizfilmen kannte, den Oberarm wegen der Schussverletzung verbunden. Ein grimmig dreinblickender Richter würde ihn von seinem erhöhten Eichenpult mit US-Flagge lautstark tadeln, hinter sich das Große Siegel der USA an der Wand, darüber der Schriftzug »In God We Trust«. Mürrische und schweigsame Geschworene würden Marc ernst und vorwurfsvoll anblicken, sich mit vielsagenden Blicken zur Beratung zurückziehen und dann auf »schuldig« plädieren. Dann würden ihn boshafte Justizbeamte erst einmal monatelang in seiner Zelle schimmeln lassen. Bestimmt landete Marc am Ende in einem Heim für schwer erziehbare Jugendliche. Die deutsche Botschaft würde sagen: Wer im Ausland Straftaten begeht, dem können wir nicht helfen. Marc hätte es verdient.

»Los jetzt«, sagte Rick.

Was Marc an diesen frühen Wintermorgen erfuhr, brachte sein bisheriges Weltbild zum Einsturz. Kein einziger der Nachbarn beschwerte sich über das unerlaubte Betreten des Grundstücks. Alle waren hocherfreut, dass da zwei unverlangte Dienstleister antraten und ihnen die Arbeit abnahmen. Und alle bezahlten dafür mehr, als Marc sich hätte träumen lassen: mal 10 Dollar für beide, mal 10 Dollar für jeden, einmal sogar 20 Dollar für jeden.

Marc hatte verstanden, wie Wertschöpfung funktioniert: Er musste etwas tun, was anderen etwas bringt. Beim Preis zählte nicht die Arbeitszeit, sondern alleine der Nutzen, den der Kunde davon hatte. Was Marc und Rick getan hatten, war vielleicht nicht richtig, aber es war das Richtige. Das Konzept eignete sich wegen des Betretens der Grundstücke nicht unbedingt für ein formvollendetes Businessmodell, doch das Prinzip war Marc klar geworden: erst geben, dann nehmen. Erst schaufeln, dann scheffeln. Ein Motto, das sich stringent durch Marcs späteres Leben zog.

In einer Unterrichtspause hatte Marc Sam stolz von seiner aufregenden Erfahrung erzählt. Der lächelte nur und sagte: »Willkommen in Amerika.«

ALLEINE ODER GEMEINSAM?

»Wir bekommen Besuch heute Abend«, sagte Marc.

»Ach. Wer denn?«, wollte Ego wissen.

»Annika.«

»Im Ernst? Ich dachte, ihr seht euch jetzt nicht mehr so oft.«

»Wir haben telefoniert«, erklärte Marc.

Von Annika hatte sich Marc vor wenigen Jahren getrennt, weil sie sich zu sehr in sein Leben eingemischt hatte, wie er sagte. Ego hatte damals gesagt, Annika wäre einfach nur davon ausgegangen, sie hätten eine Beziehung miteinander, und vor diesem Hintergrund war sie Marc eben näher gewesen als andere Menschen. Das Ergebnis war eine lange Diskussion über Bindungsangst gewesen und darüber, ob eine Beziehung überhaupt eine Beziehung war, wenn alles ständig nach Marcs Spielregeln ablief und immer er entschied, ob die beiden dieses oder jenes unternehmen würden. Oder ob sich die Ernährung zu Hause so allmählich in Richtung »vegetarisch« und »vegan« umstellte, wie Annika sich das wünschte.

Marc konnte da schon eine gewisse Rigorosität an den Tag legen und trotzdem hatte Annika ihn nie als zu dominant oder herrschsüchtig beschimpft. Annika war ein sanftes Wesen und sie betrieb ihr »Nudging« auf sehr zurückhaltende Weise. Sie wollte zwar auch Erfolge erzielen, sie war als Grafikerin ebenfalls in der Geschäftswelt zu Hause, sie wollte ihre Projekte erfolgreich durchziehen, aber sie wollte andere nicht besiegen und erst recht nicht über sie triumphieren.

Marc war von dem Gedanken geprägt, ein Erfolg habe automatisch mit Sieg und Triumph zu tun. Vor diesem Hintergrund war es für ihn durchaus eine Herausforderung, sich auf andere Menschen einzulassen.

»Und worüber habt ihr gesprochen?«, fragte Ego.

»Über Nähe und Distanz«, antwortete Marc.

»Riesiges Thema«, erwiderte Ego.

»Annika wollte Nähe, ich Distanz«, sagte Marc. »Vereinfacht gesagt.«

»Und was hat sich verändert?«

Marc holte Luft und überlegte. »Vereinfacht gesagt akzeptiere ich ab sofort mehr Nähe und sie ab sofort mehr Distanz.«

»Das klingt gut«, sagte Ego.

»Ich hatte gedacht, du sagst jetzt, das sei ein Kompromiss, und niemand wolle Kompromisse«, sagte Marc.

»Interessanter Gedanke«, sagte Ego. »Komm, wir gehen zum See runter.«

GUTE UND FAULE KOMPROMISSE

Ego trabte hinaus auf die Terrasse.

Marc hatte einen Stock in der Hand und warf ihn in Richtung See, Ego hechtete hinterher. Er schnappte den Stock noch auf der Wiese und rannte erst mal mit dem Stock im Maul in den Haselnussstrauch. Dann gingen Marc und Ego gemeinsam am Ufer entlang, Ego mit dem Stock im Maul.

»Gmmmjgnmmgnja«, sagte Ego.

»Ich verstehe dich nicht«, erwiderte Marc. »Nimm mal den Stock aus dem Maul.«

Ego ließ den Stock vor Marcs Füße fallen und Marc hob ihn auf.

»Ich sagte: Kompromisse«, hob Ego an. »Wann sind Kompromisse Unsinn und wann klug?«

»Kannst du das erklären?«, fragte Marc mit dem Stock in der Hand.

»Kennst du den demokratischen Bus?«, fragte Ego.

»Nein«, sagte Marc. Was war das jetzt schon wieder? Von dem Modell hatte er tatsächlich noch nie etwas gehört.

»Im demokratischen Bus hat jeder Fahrgast ein Lenkrad«, erklärte Ego. »Jeder lenkt in die Richtung, in die der Bus seiner Meinung nach fahren soll. Ein Computer errechnet dann den Mittelwert, und dahin fährt der Bus.«

»So ein Blödsinn«, sagte Marc.

»Warum?«

»Na, der Bus fährt doch gegen die Wand.«

»Richtig«, gab Ego zurück. »Sagen wir mal so: Wenn 50 Prozent der Fahrgäste nach links wollen und 50 Prozent nach rechts, fährt der Bus geradeaus. Also möglicherweise gegen eine Mauer oder in ein Schaufenster oder gegen eine Straßenlaterne.«

»Oder es passiert Schlimmeres«, sagte Marc.

»Und das ist ein schlechter Kompromiss, der niemandem etwas bringt«, sagte Ego.

»Ja«, sagte Marc. »Das ist dann aber auch klar.«

»Na ja«, warf Ego ein. »Manche Leute denken so. Sie denken, sie müssten sich in der Mitte treffen.«

Marc dachte nach. Tatsächlich waren viele Kompromisse so eine Art Mittel dessen, was die einzelnen Parteien wollten.

»Stell dir vor, Annika und du wollt übers Wochenende wegfahren«, sagte Ego. »Du willst nach London und sie nach Paris. Was passiert, wenn ihr euch in der Mitte trefft? Ihr verbringt euer Wochenende im Ärmelkanal. Mitten im Wasser.«

»Das verstehe ich«, sagte Marc. »Solche Kompromisse sind Unsinn.«

»Genau«, sagte Ego. »Und zwar, weil solche faulen Kompromisse keiner Position wirklich gerecht werden. Je weiter auseinander die Positionen sind, desto unsinniger ist die Mitte. Will der eine 120 Euro und der andere bietet 100 Euro, ist der Kompromiss ›110 Euro‹ klüger, als wenn der andere 0 Euro bietet und der Kompromiss ›60 Euro‹ lautet. Da hat dann der Käufer den Verkäufer über den Tisch gezogen.«

Marc erinnerte sich an eine Situation in Ägypten – da wollte ein Kitschhändler für eine kleine Kleopatrafigur 100 Ägyptische Pfund haben und Marc hatte ihn auf 10 Pfund runtergehandelt. Die Sicht des Verkäufers verstand Marc sogar, denn niemandem brachte es etwas, wenn er ständig nur Ware gegen den Wert tauschte, den die Ware hatte. Wovon sollte ein Händler ohne Marge leben?

Ego las den Gedanken und sagte: »Ja, nur holt sich hier eben auch eine ärmere Welt etwas von der reicheren Welt und es tut der reicheren Welt nicht wirklich weh.«

Marc hatte es damals als Erfolg verstanden, einen arabischen Straßenhändler, der es sicher faustdick hinter den Ohren hatte, um 90 Prozent heruntergehandelt zu haben. Er hatte den Verhandlungserfolg wie einen kleinen Sieg als Triumph gefeiert. Obwohl er vermutlich immer noch »zu viel« bezahlt hatte für das kleine Stückchen bemaltes Epoxidharz mit ein bisschen Steinmehl.

»Und damit kommen wir zu den sinnvollen Kompromissen«, sagte Ego.

»Schieß los«, sagte Marc.

»Beim demokratischen Bus entscheidet einfach nur ein Rechner, wohin die Reise geht. Er ermittelt schlicht den Mittelweg.«

»Ungefähr so klug wie das Wochenende im Ärmelkanal«, sagte Marc.

»Genau. Bei klugen Kompromissen geht es darum, dass wir unseren Werten treu bleiben, also dem, was wirklich wichtig für uns ist. Bei einem klugen Kompromiss verrät sich niemand selbst. Und kluge Kompromisse finden wir nie durch Sturheit und auch niemals, wenn wir die Werte unseres Gegenübers ignorieren.«

Marc überlegte, was das mit Annika und ihm zu tun hatte.

»Bei einem klugen Kompromiss gehen wir auf den anderen zu, ohne unsere Werte aus dem Blick zu verlieren«, fügte Ego hinzu. »Und trotzdem geben wir manchmal unsere Position auf und geben dem anderen, was er oder sie will.«

Marc verstand. Wollte ein Partner lieber Städtereisen machen und der andere im Gebirge wandern, so lag die Lösung nicht in einer Pension am Stadtrand von Paderborn. Stattdessen wechselten solche Pärchen ihre Städte- und Wanderreisen eben ab. Beim Wandern öffnete sich der Stadtfreund der Natur und beim Städtetrip öffnete sich der Naturfreund der Stadt.

»Die Lösung ist nicht, irgendetwas halb zu machen«, sagte Ego. »Entweder wir tun etwas richtig oder lassen es. Und das eben einmal in die eine und dann in die andere Richtung.«

»Das ist ja schon wieder eine ständige Bewegung wie bei einem Pendel«, sagte Marc.

»So kannst du das sehen«, antwortete Ego. »Ich denke ja, wir sind niemals am Ziel. Wenn du deinen Willen durchgesetzt hast, was dann? Das Leben ist doch eben das ständige Hin und Her, das ständige ›Hin zu‹ und ›Weg von‹ verschiedenen Polen und Extremen.«

»Auch beim Thema Nähe und Distanz?«, fragte Marc.

»Auch da«, antwortete Ego. »Es geht nicht darum, einen ständigen, gleichbleibenden Kompromiss zu finden, der dein Bedürfnis nach Distanz verletzt und Annikas Bedürfnis nach Nähe. Viele Menschen denken, sie müssten hier eine Lösung für immer finden und sich festzurren, obwohl das Leben ohnehin in ständiger Bewegung ist.«

Marc erkannte, dass er tatsächlich dazu neigte, die Dinge festzuzurren. Oft wollte er ein für alle Mal Regeln aufstellen. Das war einfach, denn sobald eine Regel aufgestellt war, war darüber nicht mehr zu diskutieren. Alle müssten sich nur noch daran halten.

Marcs Hund Ego schlug ihm dagegen vor, das Denken in Regeln zu lockern und die Dinge eher von Fall zu Fall zu betrachten, statt sie so wichtig und ernst zu nehmen, wie Marc das bisher gewohnt war.

»Es geht einfach darum, sich auch manchmal hinzugeben«, sagte Ego. »Und das hat immer mit Loslassen zu tun.«

»Die Frage ist doch, ob ich das kann, loslassen«, erwiderte Marc.

»Alle Menschen können loslassen. Sie tun es mindestens auf dem Klo und beim Orgasmus.«

Was Ego immer für Erklärungen hatte, dachte Marc – doch es stimmte. Menschen waren zumindest zeitweise bereit, die Kontrolle abzugeben. Warum also nicht auch Marc?

Was das Verhältnis zwischen Marc und Annika betraf, kam Marc zu dem Zwischenfazit, dass die Unterschiede zwischen beiden gar nichts heißen mussten. Es war eine Lektion, die vielleicht auch noch Annika zu lernen hatte – für Annika bedeutete die Reaktivierung der Beziehung, perspektivisch ihre Wohnung aufzulösen und zu Marc zu ziehen.

Bisher hatte Marc gedacht, dass er Bedingungen aufstellen musste: Annika sollte ihn nicht mehr so vereinnahmen wie früher. Jetzt war er der Meinung, er könne Annika auch mal mehr nachgeben.

»Genug gequatscht«, sagte Marc.

»Okay«, sagte Ego. »Musst ja auch noch Rouge auflegen.«

Marcs Smartphone piepste, er griff in die Hosentasche und zog es hervor. »In einer Stunde ist sie da.«

WEM GEHÖRT DER KÜHLSCHRANK?

Als Annika angekommen war und sich sofort wie zu Hause durch Marcs Räume bewegte, lümmelte Ego auf einem der großen Kissen herum und Marc bereitete einen Salat vor. Annika hatte aus dem Städtchen einige tierleidfreie Alternativen für die tierischen Nahrungsmittel in Marcs Kühlschrank mitgebracht. »Du hast ja schon wieder den gleichen Müll eingekauft wie vor meiner Zeit«, hatte sie nach einem Blick in Marcs Kühlschrank gesagt und war dann noch mal einkaufen gefahren. »Laufen lassen«, hatte Ego geraten. »Einfach annehmen. Die Richtung ist gut.«

Marc überlegte. Wäre vielleicht ein zweiter Kühlschrank klug? Einer für ihn und einer für sie? Also neben dem im Keller für die Getränke? Wie war das mit dem Zusammenleben, machte da jeder sein Ding und beide trafen sich zum Zähneputzen? Oder ging es hier möglicherweise um so etwas wie Gemeinsamkeit und Zweisamkeit? Es war ein Spannungsfeld, das Marc immer wieder beschäftigte. Sollten wir uns nun auf andere oder auf uns selbst verlassen? Es ging um die Frage, welche Rolle andere Menschen in unserem Leben spielten. Auch die neue Situation mit Annika machte die Frage für ihn spürbar: Wessen Kühlschrank war das hier?

»Es ist ja nicht so, dass entweder das eine oder das andere gilt«, hatte Ego noch gesagt, als sie Annika wieder an der Haustür hörten. »Beides ist wichtig. Manchmal musst du dich auf andere verlassen können und manchmal bist du auf dich alleine gestellt. Die Kunst ist zu unterscheiden, wann was gilt.«

Wenig später saßen Annika und Marc an Marcs großem Esstisch – oder inzwischen ja an beider großem Esstisch – einander gegenüber. Für Ego hatte Annika eine Beinscheibe mitgebracht, deren Fleisch und Fett Ego rasch verschlungen hatte. Jetzt lag er mit dem Knochenstück auf seinem Kissen und nagte und leckte daran herum.

Marc hatte Zwiebeln mit Pinien- und Kürbiskernen für den Salat angeröstet. Annika hatte ein Dressing aus Kürbiskern- und Walnussöl zubereitet. Daneben gab es Nürnberger Würstchen mit Kartoffelpüree und Sauerkraut, allerdings komplett vegan. Die Würstchen waren eines dieser neuen veganen Convenience-Produkte, die inzwischen die Supermärkte erobert hatten, und das Püree bestand aus selbst gekochten Kartoffeln, Margarine und Hafermilch. Das Sauerkraut war einfach Sauerkraut, wie früher. Damals wie heute ohne tierisches Beiwerk.

»Großartig«, sagte Marc.

»Danke sehr«, sagte Annika. Sie freute sich ehrlich und offen, dass Marc von ihrer veganen Kochkunst begeistert war. Da war keine Ironie in der Antwort, da war kein Niedermachen ihrer Leistung, da war kein Relativieren des Wertes dessen, was sie gezaubert hatte. Sie machte ihre Liebe nicht klein, mit der sie das Essen zubereitet hatte, und Marc fühlte sich in keiner Weise in eine soziale Rolle gedrängt, in der er sich nicht sehen wollte, etwa in die des konservativen Fleischessers, der das Ganze jetzt auch noch gut zu finden hatte.

Er hatte tatsächlich keinen Wunsch nach Fleisch, sondern genoss die veganen Würstchen mit dem scharfen Senf aus Monschau, den er für Bratwurst immer nahm. Ego dagegen lutschte aus seinem Knochen das Knochenmark heraus und dankte Mutter Natur dafür, dass er ein Jäger und Fleischfresser geworden war und keine Fliege, die sich der Frosch holt.

Zugleich widerstrebte Marc der Gedanke, dass wir uns digital für oder gegen Fleisch entscheiden sollten. Als Mensch war er Allesfresser, so betrachtete er die Sache. Der Mensch aß Fleisch *und* Gemüse. Nicht das eine *oder* das andere. So tierfreundlich, ökologisch sinnvoll und wohlschmeckend die vegane Ernährung auch sein mochte – für Marc schloss das das eine oder andere Steak nicht aus.

In der Beziehung mit Annika dachte Marc immer wieder über den uralten Konflikt zwischen Natur und Kultur nach, zwischen Wildnis und Zivilisation. Und da fand er Annika ideal. Weil er auch Wert auf saubere Handtücher legte, war er mit Annika kompatibel, und weil Annika auch gerne im Freien schlief und den riesigen Königspudel Ego mit seiner nassen Schnauze an sich herumschnüffeln ließ, war sie mit ihm kompatibel.

DIE PROGRAMME DURCHBRECHEN

Ein neues Miteinander also, ein Team. Und das für einen Einzelkämpfer wie Marc. Mit der Zeit hatte Marc die Erkenntnis entwickelt, dass Projekte besser liefen, wenn er sie alleine aufsetzte. Das war auch ein Rat seines Vaters gewesen, der einmal einem betrügerischen Geschäftspartner aufgesessen war und dabei ziemlich viel Geld verloren hatte. Der Glaubenssatz lautete: Verlasse dich in allererster Linie auf dich selbst, nicht auf andere. Was du anfängst, solltest du möglichst alleine anfangen.

Ego überlegte, ob das Dasein als Solist für Marc insgesamt eine sinnvolle Entscheidung war und wie es ihm als Solisten dabei ergehen würde, wenn sich eine Beziehung zu einer Frau abzeichnete. Sah Marc, nach welchen Prägungen er handelte? Oder sah er es nicht? Die wenigsten Menschen waren sich ihrer Prägungen bewusst, sie handelten ihr Leben lang einfach nur nach den Konzepten, die in ihren Köpfen angelegt waren. Nach den »Programmen«, könnte Ego auch mit Bezug auf NLP sagen. Wer ein Leben auf Autopilot führte und bestimmten Programmen folgte, ohne sich ihrer bewusst zu sein, war für Ego ein armer Hund. Und da er für Marc zuständig war, wollte Ego hier für Klarheit sorgen.

Für Marc bedeutete Annikas Wiedereinzug auch nach den vielen Gesprächen mit Ego einen neuen Lebensabschnitt. Marcs Leben war in den als musterhaft geltenden Sieben-Jahres-Schritten verlaufen: Mit sieben Jahren der erste Umzug im Ruhrgebiet, mit vierzehn Jahren nach Hessen, mit einundzwanzig Jahren in den Vertrieb, mit achtundzwanzig Jahren in die Selbstständigkeit, mit fünfunddreißig Jahren die erste Company gegründet und die Trennung von seiner Frau, mit zweiundvierzig von Bad Homburg nach Königstein, mit neunundvierzig der Umzug an den Niederrhein. Jetzt, mit fast achtundfünfzig Jahren, war er an dem Punkt, an dem er möglicherweise die finale Richtung einstellte. Annika war erneut in sein Leben gekommen, und nun hoffte er, sie würde bleiben. Dass Nähe und Distanz neu auszutarieren waren, hatte Marc begriffen. Dank der Gespräche mit Ego wusste er: Es war an der Zeit, auch andere prägende Programme zu prüfen und möglicherweise zu durchbrechen.

Wer bist du? Was fühlst du? Was brauchst du? Diese Fragen stellte sich Marc. Und er nahm sich vor, immer zu schauen, wer Annika war, was sie fühlte und brauchte. Darum ging es.

Annika und er vereinbarten an dem Abend, einander zu würdigen, wie der andere war. Sie wollten keine Kompromisse schließen, die beiden nicht gefielen, sondern sie wollten aufeinander eingehen und die Bedürfnisse des anderen respektieren. Dazu gehörte es, dass sich Annika mit ihrer Freundin für ein Wochenende auf eine Städtereise machen oder mit ihrer Mutter auf eine Flusskreuzfahrt gehen konnte, während Marc schweigend am See sitzen und seinen Gin trinken durfte. Nichts, bei dem der andere seinen Neigungen folgte, bedeutete etwas Negatives für die Beziehung. Was viele andere Pärchen ihr ganzes Leben hindurch nicht lernten, hatten Marc und Annika nach ihren ersten Erfahrungen und auch infolge des von Ego inspirierten Reflexionsprozesses bei Marc einfach beschlossen. Womit jemand sein Leben verbrachte und woher er kam – alles das wich, wenn Marc und Annika immer nur diese Fragen beantworteten und darauf achteten, dass der Partner bekam, was er brauchte.

EIN FREUND, EIN GUTER FREUND

Ego lag auf seinem Kissen und dachte über Marcs Entwicklung zu einem Menschen nach, den andere ihren Freund nannten. Es war ein langer Weg, auch weil Marc in früheren Jahren eher hart als weich gewesen war. Liebe, so hatte er sich lange Jahre gedacht, mussten die Menschen sich verdienen. Beim Fußball war das sonnenklar: Da gab es »verdiente Siege«. Vor den Kameras erklärte der Kapitän der unterlegenen Mannschaft, die anderen hätten »verdient« gewonnen. Das stimmte auf einer sachlichen Ebene auch, ohne Frage, doch so war eben auch das Glücksgefühl verdient. »Glück« ist ja im Deutschen ein doppeldeutiger Begriff, darüber hatten Marc und Ego schon oft gesprochen: Im Englischen bezeichnet »happiness« das Glück im Sinne der Zufriedenheit und »luck« das Glück im Sinne des Zufalls und von Gustav Gans aus den Donald-Duck-Heften. Gustav Gans war zwar glücklich, weil er ständig Glück hatte, doch »happiness« und »luck« waren eben verschiedene Dinge, worüber sich viele erst klar werden mussten.

Im Laufe der Jahre hatte Marc umgedacht. Es gab Dinge, die sich niemand verdienen konnte, und dazu gehörte die Wertschätzung dafür, einfach der Mensch zu sein, der er war. Marc war völlig klar: Eine Spielerfrau, die ihren Mann nur liebt, weil er erfolgreich ist und weil seine Mannschaft gewinnt, kannst du vergessen. Oberflächlicher geht es kaum. Eine Frau, die dich liebt, oder überhaupt ein Mensch, der dich schätzt, tut das, ohne dass du dafür bezahlst oder etwas leistest.

Das hatte Marc zu Beginn seiner Karriere noch nicht auf dem Schirm gehabt, doch er konnte sich dieses Bewusstsein erarbeiten. Und schon wieder hatte Marc das Gefühl, etwas geleistet zu haben und dafür die Belohnung einstecken zu dürfen.

RAU UND HERZLICH

Als Verkäufer war Marc in einer Beißerbranche unterwegs, in der die Menschen einander anerkannten, wenn sie ranklotzten. Sie verdienten sich Zuneigung und Respekt wie beim Fußball. Es gab nichts umsonst. Und trotzdem war da diese Liebe, die über allem schwebte.

Bei einem großen Hersteller von Kopierern hatte Marc vor vielen Jahren seinen ersten Verkäuferjob gehabt. Es ging darum, in Industriegebieten Unternehmen abzuklappern und ihnen zu zeigen, warum diese Kopierer die besten waren. Hatte Marc einen Verkaufserfolg, trug das über Jahre dazu bei, den Lebensunterhalt zu sichern, denn Kopierer brauchten Support.

Marc erwies sich als umgänglich, sportlich im Umgangston, an den richtigen Stellen provokant und witzig und vor allem als pragmatisch. Er verstand es, sich auf den Kunden einzustellen und ihm genau das anzubieten, was er brauchte. Und so war er nicht sehr lange Juniorverkäufer, sondern bald einer der jüngsten Vertriebsleiter Deutschlands. Als solcher brachte er den Verkäufern des Unternehmens bei, wie er verkaufte. Immer wieder begegnete er dabei Typen, die das menschliche Miteinander nicht verstanden.

Unter Verkäufern gab es, musste Marc später einsehen, viele davon. Dass wir immer wieder ähnlichen Menschen begegnen, ist normal: Alle Menschen bewegen sich in einer Blase, oft aus Gleichgesinnten. Und so wie andere Menschen unter ihresgleichen Freundschaften schlossen – von Altenpfleger zu Altenpfleger, von Chemiker zu Chemiker –, war Marc bald von Verkäufern und Vertriebsexperten umgeben, die sich auf vielerlei Weise ähnlich waren.

»Freundschaft«, hatte Ego damals gesagt, »hat nichts mit dem zu tun, was jemand beruflich macht.«

Das Interessante bei vielen war: Wechselten sie ihren Job, endeten auch die alten Freundschaften. Sicher hing der Fortbestand alter Freundschaften auch davon ab, ob und wie oft sich jemand meldete, nachdem sich die Wege auseinanderentwickelt hatten. Bei Marc ging es nicht um Entfernungen oder Arbeitsplätze. Nachdem Marc die Verkäuferblase ein wenig aufgepikst und frische Luft durch neue Ansichten in sein Leben gelassen hatte, pflegte er einige sehr tiefe und gute Freundschaften.

Zugleich hatte Marc sich weiterentwickelt und nach einigen Jahren als Vertriebsleiter überlegt: Was konnte er noch erreichen? Wollte er ewig Kopierer verkaufen und hungrigen Wölfen beibringen, wie sie Kopierer verkauften?

Er wuchs aus dem Job heraus. Er wurde besser und interessierte sich für komplexere Themen. Und immer wieder meldete sich Ego und fragte, ob es das nun war oder ob es nicht in irgendeine andere spannende Richtung weiterginge.

Was Marc noch beobachtete: Während er sich weiterentwickelte, schienen viele der anderen stehen zu bleiben. Das war natürlich eine rein subjektive Betrachtung, denn von außen kamen einfach nur immer weitere Kollegen nach. Den neuen Kollegen brachte Marc jeweils die gleichen Inhalte bei wie anderen Verkäufern vorher auch. Mit der Zeit wurde er es leid, ständig dasselbe zu erzählen. Zugleich wusste er, dass es unfair war, ungeduldig zu werden: Nur weil er die Inhalte wieder und wieder hörte und anwandte, waren sie für andere noch lange nicht gewohnt und eingeübt.

Und so näherte er sich der Trainerszene an, also dem Weitergeben von Wissen. Er hatte sich als Franchisenehmer bei einem

Trainingsunternehmen eingekauft. Er arbeitete sich ein und wurde schnell Bester. Einige Zeit überlegte er, ob er den Franchisegeber beerben und ihm das Unternehmen abkaufen sollte, um sich dann anders zu entscheiden: Nach dem Ende des Vertrages gründete er mit fünfunddreißig Jahren sein erstes Unternehmen, eine Trainingscompany für Vertrieb.

Und während Marc nach wie vor seine alten Beziehungen pflegte, beobachtete er, wie sich infolge seiner Veränderung manche Menschen von ihm entfernten und andere nicht. Marcs wirklich gute Freunde blieben in Kontakt. Denen war es egal, ob Marc nun angestellt oder selbstständig war und von welchem Geschäftsmodell sein Wohlergehen abhängig war. Und einige wenige dieser Freunde hatte er für heute Abend eingeladen.

Wahres Interesse bedeutete, die neue Lebenssituation des Freundes zu ergründen – nicht, ihn fallen zu lassen, weil er nicht mehr im gewohnten Rahmen agierte. Das funktionierte auch in der anderen Richtung: Marc verfolgte mit Interesse und Anteilnahme, was seine Freunde taten, und wenn sie eine neue Richtung einschlugen, wusste Marc ohnehin meist schon vorher Bescheid, weil sie ihn um Rat gefragt hatten.

Viele Menschen fragten Marc um Rat. Nur: Waren sie deswegen Freunde?

Was war ein »Freund«? Wie definierte sich das?

FREUNDSCHAFT ENDET NICHT BEI DEN GRENZEN EINER SPEZIES

Vor der Tür hielt ein Auto. Annika war inzwischen im Haus am See zu Hause. Sie kam direkt in den Garten und erklärte nach einer liebevollen Begrüßung, sie würde mit Ego noch eine Runde laufen gehen.

Ego hob den Kopf – er hatte nichts dagegen. Annika verschwand kurz in ihrem Zimmer und kam in Laufklamotten wieder raus.

Das Angenehme an Annika war, dachte sich Ego, dass sie mit ihm ganz normal sprach. Da war kein »Duzi-duzi«, kein »Feiner, lieber Hund« und so ein Quatsch, sondern Annika sprach mit Ego auf Augenhöhe. Was erwarteten solche Menschen auch? Dass andere sie »süße, brave kleine Frau« nannten oder »guter Kerl, ganz feiner Schnuckel«? Nun war Ego nicht leicht zu nerven, doch empfand er diesen einfachen Umgang schlicht als schöner. Er wusste: Annika, die ja ohnehin ein Herz für Tiere hatte, nahm ihn für voll.

Ego freute sich auch deswegen aufs Laufen mit Annika, weil er dabei jede Menge andere Tiere kennenlernte. Sie zog ihre Laufrunden nicht durch nach dem Prinzip »Quäl dich, du Sau«, sondern war stets in Verbindung mit ihrer Umgebung. So lernte Ego die wuscheligen Schottischen Hochlandrinder des Nachbarn näher kennen. Irgendwie gelang es Annika, diese riesigen Tiere anzulocken und sogar ihre Stirn zu streicheln. Sie sprach mit ihnen wie mit Menschen. Für Annika war völlig klar, dass Freundschaft nicht an den Grenzen einer Spezies haltmachte.

Nun gab es an der Laufstrecke nicht an jeder Ecke Tiere und so machten Annika und Ego schon Strecke. Doch als nach einer Biegung ein Zaun mit Schafen auftauchte, war für beide klar, dass sie kurz anhielten und mit den Tieren ein wenig plauschten.

Annika hatte es auch schon oft geschafft, Ego zu verblüffen: Üblicherweise war er es, der Marcs Gedanken lesen konnte, doch manchmal sagte Annika Dinge, die eigentlich Ego gerade sagen wollte. Und wenn Annika am späten Abend einmal alleine am See saß, erkannte Ego, dass sie mit den Mopsfledermäusen kommunizierte. Rein mental. Und Annika merkte, dass Ego verstand, was sie da tat.

VERBINDUNG ZUR SEELE

Und so unterhielten sich natürlich auch Annika und Ego bei ihrem Lauf. Dieses Verständnis von einer Verbindung zwischen Lebewesen, und zwar unabhängig davon, wer siegte oder verlor, wer etwas leistete oder auch nicht, war für Annika schon lange selbstverständlich. Hin und wieder nahm sie auch über die Distanz Kontakt zur Seele eines Tieres auf, etwa wenn die Katze einer Freundin krank war.

Ob das alles stimmte und diese »Tierkommunikation« wirklich funktionierte, war leider nicht nachzuweisen, weswegen Marc diese Anwandlungen immer auch ein bisschen krude fand. Doch immer wieder dachte er auch an die Seminar-Anekdote von dem Wissenschaftler mit dem Hufeisen über der Tür zum Besprechungsraum. Von anderen Wissenschaftlern voller Mitleid gefragt, ob er etwa ernsthaft daran glaube, sagte der Wissenschaftler lächelnd: »Natürlich nicht. Aber es funktioniert!« Und wieder und wieder ging Marc der Gedanke durch den Kopf, dass Bewusstsein fühlbar ist und der Verstand nicht fühlen kann. Die Menschheit konnte zwar eine ganze Menge Dinge wissenschaftlich erklären, nur eben dann doch nicht alles.

Als Annika und Ego zum Haus zurückkamen, hatten sie sich nicht in dem Sinne unterhalten, dass sie Informationen ausgetauscht hatten. Informationen waren das, was Marc sein ganzes Leben lang wichtig fand: Fakten und Überlegungen, aus denen dann Pläne wurden, Strategien und Strukturen, Prozesse und schließlich Ergebnisse. Informationen waren auch das, was Marc so ruhelos werden ließ, denn der Informationsfluss endete nie. Ständig war Marc dabei, wichtige von unwichtigen Informationen zu unterscheiden, die unwichtigen auszusortieren und die wichtigen zu priorisieren. Das tat er die ganze Zeit. Beim Frühstück, beim Sport, bei seiner Seminarvorbereitung.

Annika und Ego dagegen hatten bei ihrem Lauf kaum Informationen ausgetauscht und dennoch war es ein wirklich gutes Gespräch gewesen. Das Wesentliche, das war Annika und Ego bewusst, war der Kontakt zur Seele des anderen. Zum Geist und den Emotionen, zu dem, was jemanden ausmacht. Es ging darum, das Gegenüber zu erkennen.

Annika hatte schon als Kind darüber gestaunt, warum verschiedene Katzenbabys aus demselben Wurf schon in kürzester Zeit unterschiedliche Charaktere entwickelten: Das eine Geschwisterchen war frecher und risikofreudiger, das andere zurückhaltend und lieber für sich alleine. Biologisch betrachtet waren diese Dinge in der DNA angelegt, doch was war eine DNA? Nach Lage der Dinge hatte der Mensch das Phänomen der Seele noch immer nicht ergründet. Es mochte sein, dass die DNA der Datenspeicher für die Eigenschaften eines Wesens war, aber wer schrieb diese Festplatte voll? Und nach welchen Kriterien?

Die Wissenschaft hatte in den wenigen Jahrzehnten der jüngeren Vergangenheit Erklärungen für alle möglichen Dinge gefunden, die über Jahrhunderte als mystisch und unerklärbar gegolten hatten, ob es die Erdkrümmung war oder der Wechsel der Jahreszeiten. An die Seele war die Wissenschaft bisher nicht herangekommen – nicht einmal die Psychologie erfasste das Thema vollständig, obwohl sie eigentlich zuständig war. Was die Seele war, damit beschäftigten sich eher die Religion und die Philosophie, so wenig greifbar war das Phänomen.

Da waren Seelen unterwegs, und erfüllt mit Leben erwachte dann auch etwas Körperliches und begann, sich zu bewegen. Biologisch begann es mit Samen- und Eizelle, wobei beide schon lebendig waren. Wo war die Seele vor der Geburt? Wenn das Leben zu Ende ging – darin waren sich alle einig –, folgte der Tod. Niemand bezweifelte das, auch wenn religiöse Menschen ans ewige Leben glaubten. Doch was war vor dem Leben? Waren wir da tot?

Wenn es das ewige Leben gab: Waren wir dann schon vor unserer Geburt ewig am Leben? Weshalb sollte die Ewigkeit nur in die Zukunft reichen, nicht aber in die Vergangenheit?

Ego wusste, dass es noch viel zu besprechen geben würde. Gleichzeitig bestand keine Eile und er konnte sich auf den Abend am Feuer mit Marcs Freunden freuen. Möglicherweise waren ja auch wieder andere Hunde dabei.

Jedenfalls stimmte Annika Marc zu, wenn er sagte, dass wahre Freundschaft nicht davon abhing, was jemand beruflich machte. Die Seele, das Innen, ob bei Mensch oder Hund oder Fledermaus, war das Wesentliche, das Wesen selbst also. Es war ein anderes Ich als das, das uns im Leben erfolgreich erscheinen ließ. Und ein guter Freund interessierte sich für dieses Wesen und weniger für seine Etiketten.

NOMEN EST OMEN

David und sein Hund Nero waren zum Essen gekommen. Für Ego war das eine kuriose Namenskombination: David, der israelische König aus den Samuel-Büchern, und Nero, der römische Kaiser, der Rom niederbrannte. Neros Seele entsprach diesem Bild allerdings nicht. Doch David wollte Nero nicht umbenennen, nachdem er ihn aus dem Tierheim geholt hatte. Neros wahres Ich litt auf einer tieferen Ebene unter dem Namen, da konnte auch niemand sagen, Namen seien Schall und Rauch. Der Hund selbst ließ sich natürlich nichts anmerken.

Ego und Nero tobten eine ganze Weile herum und bekamen dann auch ihr Abendessen: Es gab für jeden einen Knochen vom Tomahawk-Steak zum Abnagen. Nero war nicht so tiefgründig wie Ego. Das wusste Ego auch und hegte keine Erwartungen und so hatten er und Nero einfach ihre Freude beim Spielen und Nagen.

Ego wusste, dass viele bemitleidenswerte Hunde von ihren Menschen Namen berühmter Persönlichkeiten verpasst bekamen, in deren Rolle sich die Hundehalter selbst gerne gesehen hätten. Derartigen Projektionen fehlte es nicht nur an Witz, sondern sie traten auch in aller Regel die Seele mit Füßen, das Selbst dieser Wesen. Wie konnte jemand nur so unsensibel sein und nicht erfassen, mit wem er es zu tun hatte? Ein Name war ein Etikett und zugleich immer auch Energie. Und ein Name wie Nero trug eben auch das Gewaltsame in sich, das der historische Nero geprägt hatte. Ego wusste, dass Dinge einander anzogen, und so war mancher gewaltvolle Name eine sich selbst erfüllende Prophezeiung.

David war einer der ältesten Freunde Marcs. Sie kannten sich von einem Seminar, das Davids Chef einmal fürs Unternehmen gebucht hatte.

Auch Roland war da, einer der engsten Freunde Marcs. Die Geschichte von Marc und Roland hatte elf Jahre zuvor begonnen. Marcs Handy hatte geklingelt und Roland war dran gewesen. Ende vierzig und ganz smart im Strukturvertrieb. Roland suchte einen Job und Marc hatte eine Idee. »Lass uns was aufbauen«, hatte er zu Roland gesagt. In einer Nacht schrieben sie Flipchartblatt um Flipchartblatt voll und hatten eine alte Idee Marcs zum Leben erweckt: eine Vertriebsorganisation, bei der es ganze Vertriebsteams zu leihen gab. Roland hatte das operative Geschäft in der Hand und es lief ganz gut. Stromverträge, Telefonverträge, Handyverträge. Eines Tages erteilte ein riesiger Player den Auftrag und Roland musste größere Räume mieten und mehr Autos kaufen. Die Leute schlossen Telekommunikationsverträge ab, als gäbe es kein Morgen mehr.

Marc und Roland waren Freunde und arbeiteten miteinander, hatten also oft und direkt miteinander zu tun. Darüber hinaus fanden sie immer wieder Gelegenheiten, um »von Mensch zu Mensch« miteinander zu sprechen, wie es landläufig hieß – als seien Menschen, die über die Arbeit sprachen, etwas anderes als Menschen. Für Marc und Roland war schon klar, was gemeint war: das Persönliche, bei dem es nicht ums Geschäftliche und Betriebliche ging. Zuerst waren Menschen Menschen, und im zweiten Schritt erfüllten sie möglicherweise irgendwelche sozialen Rollen.

WICHTIG SIND DIE UNGEPLANTEN ERLEBNISSE

Sehr oft saßen Roland und Marc beieinander, meistens bei Marc, je nach Wetter im Wohnzimmer oder auf der Terrasse oder auf dem Steg beim Angeln.

Einmal hatte es ein Problem gegeben und Marc hatte seine Agenda und seinen Zeitgeiz vergessen. Mitten in einer schwülen Sommernacht hatte Marcs Handy geklingelt. Roland war in Nöten. Auf dem Rückweg aus den Niederlanden hatte ihn die Polizei angehalten, weil er ohne Kennzeichen fuhr – zum Glück bereits auf der deutschen Seite. Roland war gar nicht bewusst, dass er ohne Schilder unterwegs war: Irgendwo in Holland musste jemand die Dinger rausgeklickt und mitgenommen haben. Das Ganze war keine große Sache, doch Rolands Wagen durfte auf der Landstraße, auf der die Polizei ihn gestoppt hatte und wo er jetzt mit Warnblinker und Standlicht schräg in der abschüssigen Böschung stand, nicht stehen bleiben. Die Polizei schrieb die gestohlenen Kennzeichen zur Fahndung aus und forderte Roland auf, den Wagen abschleppen zu lassen. Nachdem sich bei Rolands Pannendienst niemand meldete, bat Roland Marc, mit seinem Pkw-Hänger zu kommen.

Die Nacht war gelaufen, an Schlaf war nicht mehr zu denken – bis alles erledigt war und Rolands Auto bei Marc auf dem Hof stand, hatte es zu dämmern begonnen. Roland bekam ein Bier und Marc machte sich einen Kaffee. Und dann, so gegen vier Uhr am

Morgen, führten die beiden erstmals ein wirklich tiefes Gespräch. Marcs Kalender war sozusagen noch nicht aktiv, dazu war es zu früh. Der Business-Marc war noch nicht wach, hier war alleine der Mensch Marc. Wie bei einem Jetlag war die Zeit stehengeblieben, und die Freunde erlebten eine Situation außerhalb der Reihe, an die sie sich immer erinnern würden. Obwohl die Sachlage zum Glück harmlos geblieben war, war das Erleben extrem intensiv.

Marc hatte damals verstanden, dass das Leben mit Überraschungen aufwartete. Das Wesentliche hielt sich selten an eine Agenda. Bei einem geplanten Geschäftstermin oder einer Videokonferenz mit Projektpartnern erschloss sich nicht die Tiefe, die das Leben bereithielt – so etwas geschah eher unerwartet. Und weil Marc seinen Kalender so vollgeknallt hatte, nahm er dem Leben die Chance, ihm Signale zu senden.

»Das Universum ist manchmal rücksichtsvoll und wartet mit seinen Impulsen, bis du dafür bereit bist«, hatte Ego damals gesagt. »Mit deinem Kalender machst du es ihm nicht leicht.«

Marc hatte das zu denken gegeben und er hatte erstmals seine wirklich dichte Taktung hinterfragt. Der Begriff der Fülle war Marc ja geläufig, doch bezog er ihn in erster Linie auf die Fülle im Terminkalender. Alles war fragmentiert. Niemals gab es zwei oder drei Tage am Stück ohne Termine, an denen Marc seine Seele baumeln lassen oder sich einfach so, ohne Projektgedanken und Ergebnisorientierung, mit Freunden treffen konnte.

In der Nacht, in der er Roland in Sachen Auto ausgeholfen hatte, war Marc vollkommen gegenwärtig. Ihm war klar gewesen, was zu tun war, und er hatte es getan. Die Leere seines Kopfes durch die Schlaftrunkenheit wirkte geradezu meditativ. Als sich Marc gegen sechs Uhr noch mal für eine Stunde hinlegte, war ihm klar geworden, dass manche Menschen ihm einfach nicht egal waren. Er hatte Roland nicht geholfen, damit es sich hinterher auszahlte. Er hatte Roland geholfen, weil es wichtig war.

Und noch ein Learning gab es für Marc: Roland hatte den Mut gefasst, ihn in so einer Situation anzurufen. Das tat nur jemand, der davon ausging, dass auf Marc Verlass war.

IM HIER UND JETZT

Es war ein gelungener Abend voller intensiver Gespräche. Marc erlebte das Schönste, was Menschen erleben konnten – direktes menschliches Miteinander. Zugleich war er in Gedanken schon wieder bei der kommenden Woche: Ein Fotoshooting und ein Videodreh waren geplant, zwei Online-Seminare waren zu halten und dann stand noch seine Zahnoperation an.

»Gegenwärtig sein«, flüsterte Ego.

Im Hier und im Jetzt sein, das war elementar, gerade wenn es um Freundschaft ging. Natürlich kannte Marc die Zen-Meister-Geschichte zum Thema Präsenz, die in verschiedenen Versionen durch die Seminar- und Coachingwelt geisterte. Einige Schüler fragten ihren Zen-Meister, warum er immer so glücklich aussehe.

Der Zen-Meister antwortete: »Wenn ich mit einem Kunden telefoniere, dann telefoniere ich mit dem Kunden, wenn ich esse, dann esse ich, wenn ich Freunde treffe, dann treffe ich Freunde.«

»Das machen wir doch genauso!«, sagten die Schüler.

Der Zen-Meister antwortete: »Nein, das macht ihr nicht. Wenn ihr mit einem Kunden telefoniert, esst ihr schon. Und wenn ihr esst, trefft ihr schon Freunde. Und wenn ihr Freunde trefft, telefoniert ihr schon mit dem Kunden.«

Das Phänomen der Gegenwart war faszinierend, das fand auch Marc. Was Menschen als Vergangenheit empfanden, war einmal Gegenwart gewesen. Und was sie Zukunft nannten, würde einmal Gegenwart werden, und zwar nur für einen so kurzen Moment, dass er sich nicht als Zeitraum messen ließ, sondern nur als Zeitpunkt.

Die Gegenwart verhielt sich im Grunde wie eine Anzeigenadel auf einem unendlichen Zeitstrahl, der sich unter der Nadel kontinuierlich entlangbewegte, von rechts nach links, und die Nadel zeigte immer spätere Daten an, das Jahr 1800, das Jahr 1900, das Jahr 2000, das Jahr 2100 – den Lauf der Geschichte eben.

Und in diesem endlosen Ablauf fanden Menschenleben statt, die kurze Zeit aufpoppten und dann wieder erloschen. Gemessen an den Jahrmillionen, die es die Erde schon gab, war ein Menschenleben so gut wie nichts, und dennoch konnten Menschen in dieser kurzen Zeit so viel erreichen. Die Nadel rauschte an Marcs Geburtsjahr vorbei, durchlief sein Leben und bewegte sich unaufhaltsam weiter, weil sich die Zeit nicht anhalten lässt. Irgendwann würde jedes Leben vorbei sein, und solange die Welt nicht unterging, würden andere Leben folgen.

An diesem Abend, diesem Ausschnitt aus der unendlichen Zeit, saßen Marc und seine Freunde mit ihren Partnerinnen und Hunden bei Marc am Grill. Es waren Menschen, die sich einen gemeinsamen Ausschnitt auf diesem Zeitstrahl teilten. Sie sprachen über einen Geschäftserfolg hier und einen vorübergehenden Führerscheinverlust dort, doch sie waren zusammen, gemeinsam an einer Stelle, in einem gemeinsamen Ausschnitt aus einem unendlichen zeitlichen Ablauf, und hatten außerdem noch gemeinsame Interessen.

Was sollte sich ein Mensch mehr wünschen als gute Freunde, die mit ihm zur selben Zeit auf der Welt sind?

Es ging darum, diese wertvolle knappe Zeit mit den passenden Menschen zu verbringen. »Get rid of the wrong people« lautete eine andere Seminarweisheit, die nicht arrogant klingen sollte und es auch nicht war: Die »falschen Leute« sollten wir loswerden. Zu knapp war die Zeit, um das Schicksal entscheiden zu lassen, mit wem wir sie verbrachten. Das wertete diese Leute nicht ab, denn sie konnten ja mit der frei werdenden Zeit auch selbst etwas Sinnvolleres anfangen.

Marcs Freunde sprachen über einen Kollegen namens Kevin, der sein Business nicht auf die Reihe bekam, weil er nicht strukturiert genug dachte. Kevin hatte sich in der Coronazeit schwer verkleinern müssen, er bekam den Übergang vom Präsenz- zum Onlinegeschäft nicht richtig hin und hatte sich dazu hinreißen lassen, unberechtigt Coronahilfen zu beziehen, die er nun – neben einem kleinen Strafverfahren vor Gericht – zurückzuerstatten hatte.

Marc erwachte aus seinem abendlichen Tagtraum, sah Ego an seinem Knochen nagen und sagte: »Ich geh mal kurz runter zum See. Ego? Kommst du mit?«

Ego sprang auf und folgte Marc zum Steg. Die anderen sahen ihnen hinterher, und Annika erklärte, dass Marc immer mal wieder seine Ruhe brauche.

DER DURCHSCHNITT DER FÜNF FREUNDE

»Sind das meine Freunde?«, fragte Marc Ego.

»Es sind Menschen, mit denen du dich umgibst«, antwortete Ego. »Genießt du ihre Anwesenheit?«

»Ja, es ist ein toller Abend«, antwortete Marc. »Ich frage mich nur, ob diese Menschen wirklich genau die sind, die ich in meinem Umfeld brauche. Oder ob nicht andere Freunde wichtiger wären.«

»Ich verstehe, dass du überlegst, mit wem du Zeit verbringst«, sagte Ego. »Das ist ganz grundsätzlich auch eine sinnvolle Überlegung. Nur funktionieren Freundschaften eben auch ein bisschen anders als das Business, in dem der Mensch einen Vorteil erringen will.«

»Das ist mir schon klar«, sagte Marc. »Nur was ist, wenn jemand immer wieder die gleichen Fehler macht? Ich bin ja bereit, ein wenig voranzugehen, doch irgendwann habe ich meine Schuldigkeit doch getan, oder was meinst du?«

Marc dachte an das bekannte Zitat von James Rohn, wonach wir alle den Durchschnitt unserer fünf besten Freunde bilden – ob es dabei um finanzielles Vermögen geht, um Fitness oder worum auch immer. Marc hatte daraus das Konzept abgeleitet, sich einfach nur mit reicheren Menschen zu umgeben, um dann selbst reicher zu werden. Das erschien ihm logisch: Wenn wir schon den Durchschnitt abbildeten, dann mussten wir im Grunde nur das Niveau erhöhen, in dem wir uns tummelten.

»Ich glaube«, hob Marc an, »dass das Konzept mit dem Durchschnitt der fünf besten Freunde auch für die Lernfähigkeit gilt und auch für das Potenzial, im Leben weiterzukommen.«

»Ich weiß, dass du das Konzept magst«, antwortete Ego. »Nur denke ich, dass es sich andersherum entwickelt, als du vielleicht meinst.«

»Wie, andersherum?«, fragte Marc.

»Du willst Ursache und Wirkung vertauschen und quasi dem Universum eine Wirkung vorgeben«, antwortete Ego. »Du glaubst, wenn du weniger erfolgreiche Menschen aus deinem Umfeld wirfst und mehr erfolgreiche Leute reinholst, wirst du selbst noch erfolgreicher.«

»Ja, und?«, fragte Marc. »Stimmt das denn nicht? Es ist doch auch im Universum so, dass sich Ursache und Wirkung zueinander dynamisch verhalten. Nichts anderes macht doch das Spiegeln, wenn wir durch die Wirkung, eine fröhliche Mimik, auf die Ursache einwirken, nämlich tatsächlich fröhlich zu sein.«

»Ja, sicher«, gab Ego zu. »Im Prinzip stimmt das auch.«

»Also, was ist dann?«, fragte Marc.

»Mit wem du dich umgibst, ist eben ein Resultat aus deinem Wesen und deinem Verhalten«, antwortete Ego, »und zeigt auch, wen du anziehst, und zwar automatisch und ungewollt.«

»Ja, ich verstehe das«, gab Marc zurück.

»Die Frage ist für mich einfach, ob es nicht dir selbst gegenüber ehrlicher ist, wenn du dich selbst zur Grundlage nimmst und schaust, was du in den Wald hinaussendest, damit die Reaktion deines Umfeldes organisch bleibt.«

»Ach, so meinst du das.«

»Du kannst nach dem Prinzip des Spiegelns vorgehen«, sagte Ego, »und im Außen kann das auch gut funktionieren. Nur wer weshalb Kontakt zu deinem wahren Wesen sucht, zu deinem Inneren, wer sich wirklich für dich interessiert, das bekommst du damit vermutlich nicht raus.«

Marc dachte nach.

»Und du hast auch gar keinen Zeitdruck, finde ich«, fügte Ego hinzu. »Du kannst in aller Ruhe schauen, was sich ergibt.«

»Und Kevin?«

»Handelt manchmal wie ein Idiot, nur ist er deswegen kein Idiot. Auch er kann sich seiner selbst klar werden und lernen, sinnvoll zu handeln.«

»Es gibt halt Leute, die es einfach nicht kapieren«, sagte Marc. »Soll ich diese Loser ewig mit mir herumschleppen?«

»Wenn es um Geschäftsbeziehungen geht, möglicherweise nicht. Nur geht es hier, glaube ich, um so etwas wie Freundschaft. Magst du Kevin denn?«

»Klar«, antwortete Marc.

»Na also«, gab Ego zurück. »Dann hast du deine Frage doch schon beantwortet.«

»So einfach ist das?«

»So einfach ist das.«

»Und wenn er mich nervt?«

»Dann gehst du damit einfach genauso liebevoll um, wie das Menschen tun, wenn jemand nervt, den sie lieben. Du lässt los, gibst ihnen die Möglichkeit zu agieren und gibst vielleicht mal ein Feedback.«

»Auch wenn es nichts bringt?«, fragte Marc.

»Was soll es denn bringen?«, fragte Ego zurück. »Es hat doch sowieso nichts mit dir zu tun, was Kevin tut oder lässt. Er ist doch einfach nur ein Freund.«

Marc spürte, dass schon dieser Gedanke ein gewisses Loslassen bewirkte. Marc war nicht verantwortlich für Kevins Wohlergehen.

»Und wenn er einfach nur ein Freund ist, schleppst du ihn auch nicht mit dir herum«, fügte Ego hinzu. »Das Wort ›herumschleppen‹ unterstellt eine Last, die du gar nicht trägst. Die trägt Kevin.«

Marc und Ego standen auf dem Steg und hörten in der Ferne die Freunde auf der Terrasse sprechen und lachen.

»Also gut«, sagte Marc, »ich versuche, das Fünf-Freunde-Prinzip mal ein bisschen lockerer zu sehen.«

»Das ist gut«, sagte Ego. »Und nimm drei Fragen mit, auch zu Kevin«, empfahl Ego.

»Okay, und welche?«

»Wer ist er? Was fühlt er? Was braucht er?«

»Dafür soll ich sorgen?«

»Du sollst es dir nur vergegenwärtigen«, sagte Ego. »Vielleicht ergibt sich daraus das eine oder andere Mal, dass du ihm hilfst.«

»Nur hilft er mir denn auch?«, fragte Marc.

Ego blickte Marc ins Gesicht.

»Ich kenne diese Art zu rechnen«, sagte Ego. »Und ich weiß auch, dass es sinnvoll ist, Energievampire loszuwerden, die dir deine Energie so abziehen, dass sie dir an die Substanz gehen. Nur ist das bei Kevin, soweit ich das überblicke, nicht der Fall, oder?«

»Nein. Er nervt einfach manchmal nur.«

»Gut, dann lass ihn dich nerven. Dass er dich nerven kann, erlaubst ohnehin nur du. Es findet in deinem Kopf statt, wenn dich etwas nervt.«

»Das kann ich versuchen.«

»Und irgendwann, da bin ich sicher, wird Kevin auch irgendwann stärker darauf schauen, wer du eigentlich bist und was du brauchst. Das ist ja das Spannende bei Freundschaften. Wir wissen nie, wann so ein Moment kommt. Ein kurzfristiger Blick auf die Energiebilanz wird da in aller Regel der Wirklichkeit nicht gerecht.«

»Und trotzdem darf ich ihm sagen, dass es jetzt langsam mal seine Aufgabe ist, sein Leben auf die Reihe zu bekommen?«

»Natürlich. Damit gibst du ihm die Chance, irgendwann kein Loser mehr zu sein, ohne dass du ihn bevormundest oder seine Verantwortung übernimmst.«

KEIN HELFERSYNDROM

Nachdem Ego kurz im Busch gewesen war, schlenderten Marc und Ego zurück auf die Terrasse zu den anderen.

»Habt ihr euch gut unterhalten?«, fragte Annika und die ganze Runde lachte.

»Sei ehrlich«, sagte Felix. »Du sprichst mit deinem Hund.«

»Ich spreche ja auch mit dir«, sagte Marc.

Die Freunde waren bei der Frage angelangt, ob jemand bereit sei, dem gescheiterten Kevin noch ein weiteres Mal zu helfen. Hörte Marc ihnen zu, so schien es, als sei das nicht der Fall. Auch er sagte: »Irgendwann ist ein Limit erreicht, da kannst du nichts mehr tun.«

Zugleich hatte er den Gedanken im Kopf, dass eine Bezeichnung wie »Loser« gar keine Bedeutung für die Zukunft haben musste. Vielleicht bezeichnete so ein Begriff auch einfach nur die Vergangenheit. Und was war Freundschaft? Hing Freundschaft davon ab, ob jemand ein Loser war? Oder hatte Marc bisher verschiedene Dinge verwechselt, nämlich Freundschaften und Projekte?

»Jemanden anschieben ist ja okay«, sagte Felix. »Nur irgendwann sollte der sich eben auch selbst helfen können.«

»Ich will niemanden mehr anschieben«, sagte Marc. »Ich will Leute auf Augenhöhe. Kevin ist derzeit nicht auf Augenhöhe, doch das Potenzial hat er dazu. Vielleicht gehört er trotzdem dazu und braucht halt Zeit.«

Im Laufe des Abends erzählte Marc noch eine Geschichte: Einmal hatte er einem Freund von früher auf ähnliche Weise geholfen wie Roland. Der Kumpel hieß Ben. Und dieser Ben hatte Marc dann zwei seiner besten Leute abgeworben. Dass mal jemand jemanden abwirbt, geschieht und ist normal, doch hier hatte Marc Ben geholfen, eine Existenz aufzubauen. Ob aus Ben ohne ihn etwas geworden wäre, fand er zumindest fraglich. Und dieser Ben war ihm dann in den Rücken gefallen.

»Das geht ja gar nicht«, sagte Felix dazu.

Auch durch diese Erfahrung war Marc ein wenig allergisch gegen jede Art von Helfersyndrom. Wie konnte es denn sein, dass jemand die Hand beißt, die ihm hilft? Wie konnte jemand so undankbar sein?

Die Runde war sich einig: Bens Verhalten war unverschämt. Alle bestätigten Marc darin, dass Hilfsbereitschaft einer gewissen Ehrlichkeit bedurfte oder auch Loyalität. Wenn dir jemand hilft, dann sei dir dessen gefälligst bewusst – so lautete der Anspruch.

Ego hörte sich das an und schickte Marc hin und wieder Gedanken rüber wie: »Es ist eine enttäuschte Erwartung«, oder: »Auch das ist ein Mindset.« Marc ließ die Reflexion zu und näherte sich dem Gedanken an, dass es möglicherweise gar nicht um Regeln ging, die immer galten.

»Nichts ist perfekt«, flüsterte Ego und ging wieder mit Nero spielen.

Marc fiel auf: Die Zahnoperation und die Pläne für den kommenden Tag waren aus seinem Kopf verschwunden. Der Abend mit seinen Freunden verlief gegenwärtiger als sonst. Auf seinem Weg zum Wesen der anderen war er ein gutes Stück weitergekommen. Später, als die Sonne untergegangen und die Männer in der Sauna am See waren, hörten sie beim Abkühlen im Wasser die Frauen im Haus lachen – die große Glasschiebetür stand offen, nur Moskitonetze trennten das Außen vom Innen.

Vor wenigen Jahren noch hätte Marc sich gefragt, über wen sie da lachten. Etwa über ihn? Hatte er etwas gesagt, was jemand hätte lächerlich finden können? Erstmals war es ihm egal. In diesem Augenblick stand er nackt im See und im Haus lachten Frauen. So war das. Marc war von wunderbaren Menschen umgeben und genoss die Gegenwart. Und er war sich sicher: Er wünschte sich in seinem Umfeld Menschen, die zu ihm standen, auch im Gegenwind. Es ging nicht um viele, sondern um gute Freunde. Marc wollte Dranbleiber. Kein Anschieben mehr.

Und irgendwann, es war inzwischen tiefe Nacht, saßen Roland und Marc in Bademäntel gehüllt auf ihren Liegestühlen und stießen mit einem dreißig Jahre alten Whisky an. Alles Geschäftliche war besprochen oder auf die kommende Woche vertagt. Ego war zum See heruntergekommen und setzte sich neben der Badestelle ins Gras. Die anderen Jungs genossen die Hitze in der Saunahütte. Der Vollmond stand am Himmel, es war ein perfekter Moment.

»Danke für deine Freundschaft«, sagte Roland.

Marc war ein wenig peinlich berührt. Was war mit Roland los?

»Das ist einfach ein Bedürfnis«, flüsterte Ego.

»Gerne, mein Lieber«, antwortete Marc.

»Du kannst immer auf mich zählen«, sagte Roland. »Egal, was ist.«

»Cool, danke«, sagte Marc.

»Was ist morgen?«, fragte Roland.

»Ausschlafen, Sport, frühstücken.«

»Ich habe übrigens meine Holzsachen dabei«, sagte Roland.

»Holzsachen?«

»Stahlkappenstiefel, schnittfeste Hose, Helm. Du hattest doch gesagt, da ist noch eine halbe Buche klein zu machen.«

»Da hinten«, sagte Marc und hob das Kinn in Richtung Waldrand.

»Lass uns das doch morgen machen«, sagte Roland.

»Gut, machen wir«, sagte Marc. »Mit der Säge wechseln wir uns dann ab.«

»Ich habe noch eine dabei«, sagte Roland.

»Dann ist jetzt Schluss mit Whisky.«

Die Freunde nahmen einen letzten Schluck aus dem Glas und beschlossen, morgen mit einer Spaltaxt und Keilen einige dicke Äste einer heruntergenommenen Buche auf Brennholzgröße zu bringen.

»Du empfindest gerade Freundschaft und Freiheit«, flüsterte Ego Marc ins Ohr. Marc spürte ein weiteres Mal, dass es beim Leben und Empfinden ums Konkrete ging, ums Greifbare und Spürbare. Es ging um das Jetzt und Hier. Ohne das fand der Mensch nicht zu sich selbst und auch nicht zu anderen.

DICKE HOSE

»Du musst nicht mehr arbeiten«, hatte Marcs Steuerberater gesagt. »Du kannst jeden Tag zu Hause an deinem See sitzen, angeln und Fische zählen.«

Den Tag, an dem Marc diese Worte gehört hatte, nannte er seinen »Break-even-Tag«. Es war der Tag, an dem er sagen konnte, dass er es geschafft hatte.

Die Frage war nur: Was genau hatte er geschafft? Ego hatte die Frage auf der Rückfahrt von der Steuerkanzlei in den Raum geworfen, und es war mal wieder so eine Frage, die wehtat. Für Marc war klar, was er geschafft hatte: Er hatte *es* geschafft. So sagten die Leute das, wenn jemand ausgesorgt hatte.

Zugleich wusste er, dass Geld nur einer von vielen Aspekten des Lebens war. In dem Modell des »Lebensrades«, das Marc in Seminaren und Büchern immer wieder begegnete, war Geld eine von sieben, acht oder zwölf Speichen, je nach Darstellung des Modells. Wer sich ein Rad vorstellte, beispielsweise von einem Motorrad oder Fahrrad, konnte sich auch die Speichen vorstellen. Radsportler wissen, dass sich Speichen lockern oder festziehen lassen. Die Spannung auf allen Speichen sollte gleich sein, damit das Rad rundläuft. Dieses Bild übertrugen einige Trainer als Metapher in ihre Seminare und vermittelten damit das Bewusstsein, dass zahlreiche verschiedene Aspekte des Lebens zueinander ausgewogen sein sollten.

Und es gab kaum jemanden, der nicht irgendwelche Defizite bei sich fand: Bei manchen Menschen war die Speiche »Finanzen« alles andere als rosig, während zum Beispiel die Speichen »Gesundheit« und »Beziehungen« top waren. Andere waren in Sachen Beruf und Karriere glücklich, doch mit der Beziehung klappte es nicht und fit waren sie auch nicht.

Marc kannte das Lebensrad in- und auswendig und wusste auch, dass sein Rad ein wenig eierte. Stark und stabil waren die Speichen »Finanzen«, »Gesundheit« und »Beruf«, doch die Speichen »Familie« und »Beziehung zu sich selbst« litten etwas. »Familie« bedeutete, dass jemand ein menschliches Zuhause hat, in dem er oder sie sich aufgehoben fühlt, und nicht nur ständig wechselnde Beziehungen. Marcs Beziehung mit Annika war immerhin auf einem guten Weg, eine solche Homebase zu bilden.

ÄHNLICHE LEBENSRÄDER

Nachdem Marc mit Egos Hilfe lange über das Thema Freundschaften nachgedacht hatte, fiel ihm auf, dass die allermeisten seiner Freunde ähnliche Ausprägungen in ihren Lebensrädern hatten wie Marc in seinem. Die meisten hatten Kohle und ein dickes Auto oder mehrere. Und im Grunde hatten alle Geschäftsmodelle gefunden, mit denen sie reich werden konnten – mal über Onlinemarketing skaliert, mal über Empfehlungen, mal über beinharte Kaltakquise. Ob es dabei um Gedächtnistraining ging, um Storytelling-Konzepte oder worum auch immer. Alle verstanden es, aus ihren Ideen Geschäft zu generieren und damit sehr erfolgreich zu sein. Einer vermittelte sogar das Konzept des Lebensrades in Vorträgen und YouTube-Videos.

Und alle waren Abbilder ihrer Themen: Als sich ein erweiterter Freundes- und Kollegenkreis einmal zu einem Projekt in einem Nobelhotel in den Alpen getroffen hatte, erinnerte sich der Gedächtnistrainer nicht an den Namen des Hotels, der Zeitmanagement-Experte kam zu spät, der Motivationspapst hatte keine Lust und dem Verkaufsprofi Marc war es nicht gelungen, seiner Familie seine Abwesenheit über ein Wochenende zu verkaufen, sodass er seine damalige Frau und Jannis mitgenommen und beide im Wellnessbereich geparkt hatte.

Doch alle in diesem eigens gegründeten Business-Club hatten Geld. Sie waren fein gekleidet, Dreiteiler mit Einstecktuch, teure Eheringe. Die Frauenquote war in etwa so hoch wie im Vatikan. Die Autos vor der Tür waren so breit, dass es kaum möglich war, daraus auszusteigen. Keiner der Wagen war älter als zwei Jahre, die Drei-Gänge-Menüs und der Champagner waren vom Feinsten, die festen Baumwollservietten strahlend weiß und die Speiche »Beziehung zu sich selbst« saß bei einigen der Anwesenden eher locker.

»Die Sache mit dem Lebensrad«, fing Ego an, »die eiert.«

»Deshalb müssen ja alle Speichen angezogen sein«, antwortete Marc.

»Das schon«, sagte Ego. »Nur lassen sich manche Speichen beliebig weiter anziehen, andere nicht.«

Marc überlegte kurz, was Ego meinen könnte. Und er ahnte, worauf er hinauswollte.

»Wenn du in deiner Beziehung glücklich bist«, sagte Ego, »dann bist du glücklich. Dann musst du einfach nur noch gegenwärtig sein, die Wahrnehmung sollte geübt sein, und du stehst mitten im Leben, ohne das Gefühl, etwas zu verpassen. Das Gleiche gilt für die Fitness: Wenn du fit bist, bist du fit. Das Thema zu übertreiben, macht wieder krank. Und die Speiche ›Gesundheit‹ ist sowieso limitiert: Wenn du gesund bist, wenn alle Laborwerte stimmen, du keine Gifte im Leib hast und kein Organ und nichts negativ verändert ist, dann gibt es keine Steigerung mehr. Wir können nicht gesünder als gesund sein.«

»Verstehe«, sagte Marc. »Auch wenn das Thema ›Familie‹ stimmt, lässt es sich nicht weiter skalieren.«

»Du hast es erfasst«, sagte Ego.

»Nur eine Speiche lässt sich immer weiter nach oben drehen.«

»Richtig«, antwortete Ego. »Und du weißt, welche.«

»Das Geld.«

»Genau.«

Marc und Ego schwiegen eine Weile.

»Was du machst, ist, dass du eine der Speichen immer weiter optimierst«, sagte Ego, »nur hilft dir das nicht bei den anderen Speichen. Die eine kompensiert die anderen nicht.«

Marc überlegte. Er dachte darüber nach, was er da eigentlich die ganze Zeit tat. Es sprach ja nichts dagegen, Geld in die Hand zu nehmen und damit Projekte zu finanzieren, die am Ende wieder Geld abwarfen und auch Arbeitsplätze schufen. Nur gab es da eben kein Limit. Damit hatte Ego recht.

»Du kennst diese ganzen Modelle«, sagte Ego, »und du wendest sie auch an. Beim Lebensrad überlegst du, wo du etwas tun kannst, um dein Leben zu optimieren, und weil es das Einfachste ist, schraubst du ständig an der Speiche ›Finanzen‹.«

Marc fühlte sich getroffen. »Ich weiß bei manchen Speichen einfach nicht, wo ich den Hebel ansetzen soll.«

Hebel – das war das nächste Modell. Marc und seine Freunde liebten Hebel. Es ging darum, die Hebelwirkung aus der Physik aufs Geschäft und auf die Selbstoptimierung zu übertragen. War ein Hebel ausreichend lang, erzeugte er durch geringe Bewegung auf der einen Seite eine enorme Bewegung mit riesiger Wucht auf der anderen Seite. Schon Archimedes hatte gesagt, er brauche nur einen festen Punkt im All und einen Hebel, dann könnte er die Welt aus ihren Angeln heben. Doch ohne diesen festen Punkt ging es nicht. Was zählte, war, den Hebel da anzusetzen, wo etwas stabil war, worauf Marc bereits bauen konnte.

»Wo ist der Ansatzpunkt bei der Speiche ›Beziehung zu sich selbst‹?«, fragte Marc.

»Genau dort«, antwortete Ego. »Bei der Beziehung zu dir selbst.«

»Machst du dich über mich lustig?«, fragte Marc.

»Ich doch nicht«, antwortete Ego. »Genau dort ist der Ansatzpunkt. Er liegt nicht bei der Gesundheit, nicht bei der Fitness und auch nicht beim Bankkonto.«

»Und was mache ich falsch?«, fragte Marc.

»Ich würde nicht sagen, dass du etwas falsch machst«, antwortete Ego. »Du tust, was du tust. Und es ist in Ordnung, was du tust. Nur: Solange du dich mit Fitness und Finanzen beschäftigst, beschäftigst du dich eben mit Fitness und Finanzen und nicht mit der Beziehung zu dir selbst.«

»Weiche ich dem Thema aus?«, fragte Marc.

»Vielleicht«, sagte Ego.

»Warum? Woran liegt das?«, fragte Marc.

»Du stellst Fragen«, antwortete Ego. »Ist das wichtig?«

»Na ja, wenn ich das Thema offenbar verdränge …«

»Oho«, sagte Ego. »Das gute alte Fachwort der Verdrängung.«

»Ist es nicht so?«, fragte Marc. »Ich verdränge da doch was.«

»Vielleicht würden manche Psychologen es so nennen«, sagte Ego, »doch ist das der Punkt? Geht es darum? Fang doch einfach an, dich mit dem Thema auseinanderzusetzen.«

»Okay«, sagte Marc. »Ich dachte, da gibt es immer irgendwelche … na …«

»Blockaden?«, fragte Ego. »Und wenn ja: Welche Bedeutung sollten die haben? Inwiefern sollte dich dein bisheriges Verhalten überhaupt zu irgendetwas zwingen, zum Beispiel dazu, dieses Verhalten immer weiter zu praktizieren?«

Marc ließ sich überzeugen. Es ging nicht darum, ob Ego recht hatte oder nicht – wenn wir andere überzeugten oder uns von anderen überzeugen ließen, ging es selten ums Rechthaben. Leuchteten Argumente und Gedankengänge ein, übernahmen Menschen sie in aller Regel.

»Wir hatten das schon«, fuhr Ego fort. »Gründe sind oft nicht der Punkt. Die liegen in der Vergangenheit. Entscheidend ist, was du heute tust und womit du dich heute befasst und womit nicht.«

WILLENSSTÄRKE

»Möglicherweise sollte ich erst schauen, dass die anderen Speichen stimmen, bevor ich mich wieder um die Geldspeiche kümmere?«

»Es geht auch nicht um das eine *oder* das andere«, sagte Ego. »Du musst nicht hundertprozentig sein. Es dürfte anstrengend sein, bestimmte Themen auszublenden, wenn sie dir gerade in den Sinn kommen.«

»Das bin ich nicht gewohnt«, sagte Marc. »Normalerweise ziehe ich die Dinge durch.«

»Ich weiß«, antwortete Ego. »Du liebst das Konzept ›Ein Mann, ein Wort‹. Entschlüsse fassen und durchziehen. Perfekt und hundertprozentig.«

»Was ist daran schlecht?«

»Nichts«, sagte Ego. »Es ist nur das Konzept, das dich dahin gebracht hat, wo du heute stehst. Du bist in vielen Bereichen perfekt und fragst auf der anderen Seite verzweifelt nach dem Sinn des Lebens. Deines Lebens.«

»Ich bin nicht verzweifelt«, sagte Marc.

Marc dachte an so manches Vorhaben beim Anziehen der Speiche »Gesundheit«. Alkohol? War auf Dauer nicht gut. Was hatte Marc eines schönen Tages gemacht? Er hatte die Entscheidung getroffen, keinen Alkohol mehr zu trinken. Das war ihm nicht schwergefallen, weil er kein Trinker war. Bei einer kleinen Feier in der Firma lehnte er sogar ein Glas Sekt ab und trank Orangensaft, obwohl ein Glas Sekt ihn weder umgebracht noch im Sinne des Alkoholismus rückfällig gemacht hätte. Alkohol macht nur Alkoholiker rückfällig.

Ob Marc dieses Glas Sekt nun trank oder nicht, war der Weltgeschichte egal und die Entscheidung ergab auch für ihn keine folgenschweren Verwicklungen. Es war einfach mal wieder eine dieser rigorosen Entscheidungen, hinter denen Willensstärke stand. Das Konzept war in der Trainerszene weitverbreitet – viele brachten anderen bei, sich zu zwingen, etwas zu wollen. Der Wille war also im Grunde gar nicht stark, sondern schwach. Denn wäre der Wille stark gewesen, hätte sich ja niemand zu etwas zwingen müssen.

Willensstärke – das war jedenfalls Egos Ansicht – lief dem Fluss des Lebens zuwider. Es war einfacher und auch natürlicher, sich dem Leben hinzugeben. Doch da zwang sich dann eben jemand, der kein Alkoholiker war, ein Glas Sekt nicht zu trinken.

»Jedenfalls wäre ich heute auch nicht, wo ich bin, wenn ich nicht die Dinge immer geplant und durchgezogen hätte«, sagte Marc.

»Das ist auch unbedingt zu würdigen«, sagte Ego. »Da hast du allen Respekt der Welt verdient.«

»Niemand wird erstklassig, wenn er sich nicht auch mal zu etwas zwingt.«

»Ganz bestimmt«, sagte Ego. »Das ist deine Selbstdisziplin, zum Beispiel beim Sport oder beim Nachtelefonieren potenzieller Kunden. Und weil du das gewohnt bist, versuchst du jetzt, die Erkenntnis deiner selbst zu erzwingen.«

»Ich suche den Ansatzpunkt«, sagte Marc.

»Deine Patek Philippe könnte ein Schlüssel sein«, sagte Ego.

»Meine Uhr? Wieso meine Uhr?«

»Die Uhr gehört zum Außen und spielt keine Rolle bei der Suche nach dir selbst.«

»Das habe ich schon verstanden«, sagte Marc.

»Für sich genommen ist deine Uhr auch nur ein Haufen Metall und Glas«, sagte Ego.

»Na ja, komm«, warf Marc ein. »Platin. Automatikgetriebe. Schweizer Handarbeit.«

»Damit ist das Material aufgeladen. Am Ende ist die Uhr aus Metall und Glas.«

»Was hat das mit Willensstärke zu tun?«

»Wie viel Energie hat es dich gekostet, dich zum Kauf dieser Uhr zu überwinden?«, fragte Ego.

»Was?« Marc war über die Frage erstaunt. »Energie? Überwinden?«

»Ja«, insistierte Ego. »Wie viel Energie hat dich dieser Kauf gekostet?«

»Gar keine«, antwortete Marc.

»Du musstest also keinerlei Willensstärke aufbringen?«, fragte Ego.

»Null.«

»Weißt du, ein Mensch ist im Grunde auch nur ein Mensch. 50 bis 65 Prozent Wasser, je nach Alter 206 Knochen, Eiweiß und Fett, Haare und Fingernägel. Und dennoch kannst du dem Menschen eine Bedeutung geben, du kannst ihn ebenso aufladen wie Metall und Glas.«

Marc dachte nach. Ego wollte vermutlich darauf hinaus, dass Marc dem Menschen als solchem eine Bedeutung zumessen konnte, ebenso wie seinen Autos und Uhren. Nur, dass er das eben nicht gewohnt war, während Luxus für ihn zur Gewohnheit geworden war und daher keinerlei Überwindung mehr kostete.

»Liebst du deine Uhr?«, fragte Ego.

Marc konnte mit der Frage nicht viel anfangen. Liebe? Liebe zu einer Uhr?

»Nein, die Uhr gefällt mir einfach. Ich schaue sie gerne an. Ich liebe es, sie anzuschauen. Und sie macht mich stolz. Sie wertet mich auf. Ja, doch, das könnte vielleicht Liebe sein.«

»Ist das Liebe?«, fragte Ego. »Wenn dich etwas aufwertet?«

»Ego, pass auf. Du weißt doch, dass ich schöne Dinge liebe. Formen. Architektur. Gute Weine. Satte Klänge aus den Boxen. Oder die Ästhetik eines Billardspiels. Ich liebe sogar das Design von Autobahnbrücken im Sauerland.«

»Der Billardtisch steht einfach nur rum«, sagte Ego. »Der fühlt sich schon ganz vernachlässigt und ist bestimmt eifersüchtig auf die Patek Philippe.«

»Du verarschst mich doch«, sagte Marc.

»Es liegt mir ja fern zu werten«, gab Ego zurück. »Nur hast du kaum noch die Gelegenheit, all die Dinge zu würdigen, die du hast. Wann spielst du denn Billard? Du hast dich ins Eigentum geflüchtet, das dich aufwerten soll. Sicher spricht nichts dagegen, Vermögen in Sachwerten anzulegen, das ist nicht der Punkt. Aber das Design des einen Wertgegenstandes löst dann eben den Klang der High-End-Boxen ab, und irgendwann landet deine teure Uhr in der Schublade, weil du dir plötzlich ein Hightech-Teil zulegst, das gleich noch deine Lebensenergie misst. So sind es immer wieder andere Dinge, die deine Aufmerksamkeit beanspruchen, ohne dass du wirklich im Leben weiterkommst. Letzten Endes materialisierst du immer wieder deinen Kontostand.«

Marc spürte, wie sehr ihn diese Worte berührten. Es ging ihm tatsächlich so. Eine Zeit lang hatte er einen Sportwagen gefahren, von dem andere träumten: eine Rarität, mittlerer sechsstelliger Preis. Der wurde ihm langweilig und so verkaufte er ihn. Freunde sagten: »Bist du wahnsinnig? Der steigt doch im Wert!«

Doch Marc sagte einfach nur: »Mir egal.«

»Vielleicht habe ich mich ja wirklich daran gewöhnt«, sagte er.

»Nicht nur das«, sagte Ego. »Du hältst es für einen Weg zum Ziel. Es ist aber kein Weg zum Ziel. Die Aufwertung wirkt nur im Außen, sie kommt nicht aus dem Innen. Dieser Weg wird nie zum Ziel führen. Weil diese Speiche des Lebensrades kein Ende hat.«

»Das habe ich verstanden«, sagte Marc. »Nur was mache ich jetzt damit? Du hast doch sonst immer einen Tipp.«

»Bisher genießt du materielle Güter, wogegen auch gar nichts spricht«, fuhr Ego fort. »Es kostet dich keine Überwindung und keine Willensstärke. Wie wäre es denn, wenn du den Menschen als solchen mental auflädst? Also dir die Bedeutung klarmachst, die Menschen für dich haben? Die du selbst für dich hast? Es geht hier um den größten Wert überhaupt.«

»Da fehlt mir eben der Ansatz, das sage ich doch die ganze Zeit.«

DU BIST NICHT, WAS DU HAST

Ego stupste Marcs Uhr an.

»Diese Uhr da, das bist du nicht. Die Menschen wollen wissen, wer du bist, nicht, was du trägst.«

»Als Mensch ohne alles?«

»Als Mensch ohne alles«, antwortete Ego. »Lass mich zwei Szenarien skizzieren. In Szenario eins fährst du mit deinem coolsten Porsche langsam durch die Innenstadt. Was sehen die Leute?«

»Einen coolen Typ in einem geilen Porsche«, sagte Marc.

»Okay«, sagte Ego. »Du gehst davon aus, dass die Menschen deine Interpretation übernehmen. Du sprichst also eine Bubble an, die so tickt wie du.«

»Ist es denn anders?«, fragte Marc.

»Ich glaube«, fuhr Ego fort, »dass die Menschen in allererster Linie einen teuren Sportwagen sehen und *irgendjemanden* am

Steuer, wenn sie überhaupt wahrnehmen, dass da einer sitzt. Dich als Menschen sehen sie nicht vor lauter Sportwagen.«

»Und Szenario zwei?«, fragte Marc.

»Sekunde noch«, schob Ego ein. »Stell dir vor, da fährt kein Sportwagen durch die Stadt. Was würden die Leute denken?«

»Was sollten sie denn denken?«, fragte Marc. Er verstand das Setting nicht.

»Genau«, sagte Ego. »Sie denken gar nichts. Sie vermissen keinen Sportwagen und niemanden, der mit seinem Auto an ihnen vorbeifährt. Die Menschen sind mit dem beschäftigt, was sie eben gerade tun. Sie warten nicht darauf, dass da ein cooler Typ mit einem coolen Auto an ihnen vorbeifährt.«

»Das ist mir schon klar«, sagte Marc. »Was meinst du denn damit?«

»Dass dieses Cruising nur in dir selbst stattfindet«, antwortete Ego. »Du tust es im Grunde nur für dich selbst. Ich meine – was erwartest du? Dass dich tolle Frauen anhalten und sagen, diesen coolen Typen in dem geilen Auto wollen sie mal kennenlernen?«

Marc hatte sich tatsächlich schon einmal überlegt, wie das wäre – war dann jedoch zu dem Schluss gekommen, dass er sich damit nur einen ganz bestimmten Typ Frau ans Bein binden würde, der nicht an ihm selbst interessiert war. Marc wusste, dass die Autos nur das Außen repräsentierten.

»Dann weißt du es doch«, sagte Ego, der mal wieder Gedanken las. »Die Autos versperren den Blick der Menschen auf dich. Und wenn du wichtig bist, sollte der Blick auf dich unverstellt sein. Was im Weg steht, ist unwichtig. Also sind diese Autos unwichtig.«

»Schau, Ego, ich fahre diese Autos gerne.«

»Dagegen spricht nichts«, sagte Ego. »Völlig in Ordnung. Nur tust du es für dich selbst. Wie gesagt: komplett legitim!«

»Jedes Auto sagt etwas über den aus, der es fährt«, warf Marc ein. »Du kannst dich nicht nicht inszenieren. Der Mensch inszeniert sich immer. Ob jemand eine alte Karre fährt oder sich schlecht kleidet, weil ihn das alles nicht interessiert, sagt am Ende eben doch etwas über ihn aus.«

»Das ist alles klar«, sagte Ego. »Wenn jemand eine alte Schrottmühle fährt, verstellt auch das den Blick auf den Menschen. Alles Extreme verstellt diesen Blick. Es geht hier um so etwas wie Angemessenheit oder das ›rechte Maß‹, wie es Aristoteles formuliert hat. Der Mangel ist ebenso unangemessen wie das Übermaß.«

»Gut«, sagte Marc. »Und Szenario zwei?«

»Da gehst du zu Fuß durch die Stadt, und zwar so, wie du dich üblicherweise kleidest. Was sehen die Leute?«

»Einen ziemlich großen, durchtrainierten Mann.«

»Das auch. Was noch?«

»Na, sie sehen mich.«

»Richtig. Wenn sie das können, den Menschen sehen.«

Marc wurde etwas klar. Es ging nicht nur darum, sich sichtbar zu machen, sondern auch darum, sehen zu können.

»Warum trägst du eigentlich keinen Bart?«, fragte Ego.

»Weil ich will, dass die Menschen mein Gesicht sehen«, sagte Marc.

»Genau darum geht es«, sagte Ego. »Auch ein Pelz im Gesicht verstellt den Blick.«

»Obwohl Bärte immer mal wieder Mode sind«, wandte Marc ein.

»Na und?«, fragte Ego. »Bist du unmodisch, weil du keinen Bart trägst?«

»Sicher nicht.«

»Niemand vermisst bei dir einen Bart, niemand vermisst bei dir einen Sportwagen. Und sieht jemand deine Patek Philippe am Handgelenk?«

»Nein«, sagte Marc. »Nur die Kenner. Es kann sein, dass jemand die Uhr interessant findet, doch letzten Endes sehen die meisten Leute einfach nur eine Uhr.«

»Also ist die Uhr eine Art Geheimcode«, sagte Ego. »Der nur Insider interessiert.«

»Ja«, sagte Marc. »Und die fachsimpeln dann vielleicht.«

»Die Frage ist«, sagte Ego, »willst du dich an diese Insider wenden? Geht es dir um die?«

»Eigentlich nicht«, sagte Marc.

»Es sind so viele unwichtige Dinge, die in deinem Leben einen sehr großen Stellenwert eingenommen haben und dich von dir selbst ablenken«, sagte Ego. »Höchste Zeit, dass du dich auf dich konzentrierst.«

»Ja, das hat ein bisschen überhandgenommen«, sagte Marc.

»Die Frage war: Wer bist du? Um die zu beantworten, solltest du den Verstand und das ständige Bewerten ausschalten.«

LEBEN OHNE FALLSCHIRM

»Ich verstehe«, sagte Marc.

»Na also«, sagte Ego. »Dicke Hose kannst du. Das ist nichts Neues mehr.«

Vielleicht, dachte Marc, war wirklich der Zeitpunkt erreicht, eine neue Richtung einzuschlagen. Ohne den Wettbewerbsgedanken. Mit mehr innerer Ruhe. Ohne Stress und Hektik.

»Verdammt!«, sagte er. »Wenn ich nur wüsste, wie ich diese Getriebenheit abstellen könnte. Jetzt, in dem Augenblick, in dem wir hier reden, könnte ich drei Kunden anrufen. Ich rechne den Umsatz durch, den ich machen könnte. Mir dauert das Frühstück mit Annika zu lange, ich will gleich ans Telefon und an den Schreibtisch. Ich habe das im Blut, dieses Effizienzding. Es geht mir auf den Senkel. Ich finde den Ansatz nicht.«

»Hör auf, Salzwasser zu trinken«, sagte Ego.

Marc hatte den Sohn des verstorbenen Bundeskanzlers Helmut Kohl einmal kennengelernt. Walter Kohl nannte es den »Salzwasser-Effekt«, wenn Menschen immer mehr wollten und daher nie zufrieden waren. Er hatte erzählt, dass er seine Putzfrau einmal gefragt habe, warum sie immer so gut gelaunt sei – während er selbst getrieben war. Die Putzfrau hatte geantwortet: »Ich vergleiche nicht.«

»Dankbarkeit lautet das Stichwort«, sagte Ego.

Marc grübelte. Wie undankbar war das eigentlich, dass er nie zufrieden war? Wie undankbar gegenüber der Welt, anderen Menschen, Gott, dem Universum? Dass niemand alleine reich wird, sondern immer andere dazu braucht, ob Kunden oder Kollegen oder Mitarbeiter, war ihm ja klar, und oft zeigte er seinen Mitmenschen seine Dankbarkeit in Gestalt von Festen, kleinen Geschenken und Aufmerksamkeiten. Und er war seinen Mitarbeitern tatsächlich dankbar für ihre wertvolle Arbeit, doch sich selbst und dem Universum gegenüber empfand er sich als undankbar.

»Weißt du was, Ego«, sagte Marc, »ich glaube, ich habe gar keine Midlife-Crisis. Ich glaube, ich stehe einfach nur an einer Weggabelung und muss einen neuen Weg einschlagen. Einen, den ich noch nie gegangen bin.«

»Was du getan hast, ist erledigt, das hast du erreicht«, ergänzte Ego. »Du hast dein Soll erfüllt. Jetzt geht es um die nächste Aufgabe.«

Marc schwieg.

»Du hast doch nicht etwa Angst?«, fragte Ego.

»Angst? Ich? Nein.«

»Natürlich nicht.«

BRAUCHEN ODER WOLLEN?

»Ich habe da übrigens eine Idee für dich«, sagte Ego.

»Und zwar?«

»Den Unterschied zwischen Brauchen und Wollen. Wir hatten es davon schon. Die Frage lautet: Was brauchst du? Und da gibt es Dinge, die Menschen brauchen, und Dinge, die sie wollen. Du hast sehr viele Dinge, die du irgendwann mal wolltest. Was du brauchst, also was deine Grundbedürfnisse im Außen angeht, hast du.«

»Du denkst an die Bedürfnispyramide nach Abraham Maslow«, sagte Marc.

»Sozusagen. Jetzt mal rein materiell gedacht, hast du ein Dach über dem Kopf und genug zu essen und kannst dich darum dem Luxus zuwenden. Stell dir vor, jemand legt sich Luxusgüter zu, dessen Grundbedürfnisse nicht erfüllt sind.«

»Das wäre ziemlich schräg«, sagte Marc.

»So ähnlich lebst du aber«, warf Ego ein.

»Inwiefern?«

»Zu den Grundbedürfnissen gehört meiner Meinung nach auch der Bezug zu sich selbst«, erklärte Ego. »Der Mensch braucht so etwas wie Selbstsicherheit, also Selbstkenntnis, Klarheit über sich selbst und seine Position in der Welt.«

Marc überlegte, dass seine Grundbedürfnisse im Wesentlichen nur rein materiell erfüllt waren. Überdeckte er mit Wohlstand und Luxus diese grundlegende Lücke?

»Du kannst es ja mal ausprobieren«, schlug Ego vor. »Mach mal nur noch, was du brauchst. Nicht mehr, was du willst.«

»Hm«, brummte Marc. »Dann kann ich meinen ganzen Krempel wegwerfen.«

»Was da ist, ist da«, sagte Ego, »insofern können wir die Spielregeln anpassen. Der Punkt ist nicht, dass du in Sack und Asche gehst. Versuch einfach mal, dich auf das zu konzentrieren, was du brauchst. Nicht auf das, was du willst.«

»Spannendes Experiment«, sagte Marc. »Mal schauen, ob ich das schaffe.«

»Du schaffst doch auch sonst alles, was du dir vornimmst«, sagte Ego.

»Der Sinn des Lebens, das war für mich immer, schnelle Autos zu fahren und auf der Bühne zu stehen«, sagte Marc.

»Vergiss die Frauen nicht«, erinnerte Ego.

»Ja, sicher. Die Frauen.«

»Du hast mal gesagt, du spürst dich selbst beim schnellen Fahren und beim Sex«, sagte Ego.

»Und im Seminar beim Performen.«

»Das ist das, was bei anderen der Hochleistungssport ist, das Risikoverhalten, die Grenzerfahrung, die Partynächte, das Adrenalin«, sagte Ego.

»Geht es hier um einen Entzug?«, fragte Marc.

»Du weißt, dass Worte Etiketten sind«, antwortete Ego. »Der Begriff ›Entzug‹ brandmarkt dich als Süchtigen. Und Süchtige gelten als krank.«

»Ja, und wenn ich jetzt eine Sucht habe? Was dann?«, fragte Marc.

»Lass uns kurz überlegen, wie Menschen Süchte besiegen«, schlug Ego vor.

»Auch das«, sagte Marc.

»Viele Menschen versuchen es mit Willensstärke. Sie versuchen, etwas zu wollen. Sie zwingen sich zum Beispiel, nicht mehr zu rauchen.«

»Klappt ja auch bei manchen«, sagte Marc aus eigener Erfahrung.

»Und wie viel Spaß macht es?«, fragte Ego.

»Wenig«, antwortete Marc.

»Die Menschen denken, sie müssten sich zwingen, etwas bleiben zu lassen. Sie zwingen sich, weil sie überzeugt davon sind, etwas zu verlieren. Und weil niemand etwas verlieren will, fällt es eben schwer, diesen Abschied zu wollen.«

»Klingt logisch«, sagte Marc.

»Wenn du dagegen zu der Überzeugung gelangst, dass dir das Rauchen gar nichts bringt und du froh bist, nicht mehr rauchen zu müssen, stellt sich das Ganze anders dar«, sagte Ego. »Es ist alles eine Frage der Sichtweise.«

Marc überlegte und entwickelte einen neuen Gedanken. »Und wenn jemand sich selbst gefunden hat, kann er da noch süchtig nach etwas sein?«

»In Ermangelung eines Hochschulabschlusses im Fachbereich Psychologie kann ich dir das nicht beantworten«, sagte Ego. »Das wäre anders, wenn Hunde zur Uni dürften.«

»Jetzt sag mal«, drängte Marc, dem im Augenblick nicht nach Witzen zumute war.

»Ich kenne niemanden, der wirklich bei sich selbst ist und eine Sucht hat«, antwortete Ego. »In meinen Augen schließen sich ein sich selbst bewusstes Selbst und Sucht sogar aus.«

»Heißt das, wir besiegen zuerst unsere Süchte und kommen dann zu uns selbst?«, fragte Marc.

»Nein, das ist wohl eher andersherum«, gab Ego zurück. »Wenn du in der Kausalkette vorne ansetzt und bei dir selbst bist, wirkt sich das nach hinten aus und es gibt keinen Grund mehr für eine Sucht. Das Thema erledigt sich von alleine.«

Marc dachte nach. Was Ego sagte, erschien ihm logisch.

»Deswegen ist das Konzept der Willensstärke ja so sinnlos bei diesen entscheidenden Dingen«, sagte Ego. »Da mühen sich Leute mit Diäten ab, doch solange sie die Ursache für ihr Verhalten nicht anfassen, ändert sich eben nichts.«

»Bin ich süchtig?«, fragte Marc.

»Ja, das bist du«, antwortete Ego. »Du bist arbeitssüchtig und erfolgssüchtig und das findet alles im Außen statt. Das dürfte aufhören, wenn du bei dir selbst bist, und zwar ohne dass du dann keinen Erfolg mehr hättest.«

»Das wäre mal was«, sagte Marc.

»Also ich finde, du hast eine günstige Prognose«, sagte Ego augenzwinkernd. »Du solltest nur eine kleine Sache verstehen.«

»Welche denn?«

»Wenn du sagst, du spürst dich beim schnellen Fahren oder beim Sex, dann täuschst du dich.«

»Was? Wie?«

»Du spürst nicht dich, sondern einen Kick im Außen. Du spürst das Tempo und vielleicht die Frau, körperlich, wenig geistig, da spürst du nicht dich selbst, sondern eine externe Droge. Es ist nicht das Loslassen, von dem wir die ganze Zeit reden. Du bleibst im Setting.«

Marc schwieg.

»Das ist ja eben das Salzwasser«, sagte Ego.

Marc schwieg weiter.

»Du denkst, dass du dich selbst spürst, doch tatsächlich spürst du einen Kick, der nichts mit dir zu tun hat. Lass es einen Geschwindigkeitsrausch sein. Das ist nichts anderes, als wenn du drei Schnäpse kippst. Das ist auch intensiv, nur spürst du dabei ebenso wenig dich selbst. Du spürst den Alkohol.«

»Und beim Sex?«

»Beim Sex spürst du einen fremden Körper, und der Rest ist Biochemie, da spürst du vielleicht eine Frau und dich selbst rein körperlich, doch dein inneres Wesen spürst du dabei nicht. Das spürst du erst, wenn es um Liebe geht, und dazu braucht der Mensch interessanterweise keinen Sex. Wobei Tantra natürlich ein Weg ist, das Körperliche und das Geistige zu verbinden.«

Woher dieser Hund das alles wusste, fragte sich Marc.

»Glaub mir, um dich selbst zu spüren, brauchst du erst mal nichts von außen«, sagte Ego. »Du brauchst keine Uhr und keinen Sportwagen. Und denk dran: Am Ende bleiben alle diese Dinge sowieso auf der Erde zurück.«

Als Marc über sein sicher nahendes Ende nachdachte, erschienen ihm Sportwagen und Uhren plötzlich unwichtig. Doch es war kein trauriges Nachdenken. Denn Marc hatte, so ihn kein Gott und kein Universum abberief, noch Zeit und Gelegenheit, auf dieser Erde einige Hebel anzusetzen und wirksam zu sein. Und Marc suchte diesen einen Hebel, der nach innen wirkte – und den dazu nötigen festen Punkt.

RÜCKSCHLÄGE

Eines Tages saßen Marc und Roland vor den Scherben ihrer Vertriebsleasingfirma. Was beide nicht mitbekommen hatten: Bei einer der beteiligten Firmen gab es hinter den Kulissen jede Menge Stornierungen. Das lag nicht an Roland oder seiner Vertriebsmannschaft, sondern viele von Endkunden ausgefüllte und unterschriebene Verträge blieben beim Auftraggeber einfach liegen. Hörte ein Endkunde jedoch einige Wochen lang nichts von seinem neuen Anbieter, stornierte er den Auftrag.

Dem fraglichen Kunden hatte Roland rund 26 000 Neukunden verschafft. Alle Aufträge wurden digitalisiert und dem Auftraggeber auf sicherem Wege zugeleitet, das Papier kam per Post nach. Es ging um ein Volumen von 1,8 Millionen Euro. Auf dieser Basis wurde abgerechnet, und der Kunde überwies die Provisionen an Marcs und Rolands GmbH, woraus sie ihre Vertriebsleute, die Immobilie und die Autos bezahlten. So gingen Marc und Roland davon aus, dass alles stimmte.

Doch leider war der Auftraggeber ein riesiger Konzern, der vor lauter Prozessmanagement kaum noch laufen konnte. In vielen Konzernen wusste die eine Hand nicht, was die andere tat. Dadurch verschwendeten Konzerne jede Menge Ressourcen, wofür niemand geradestand. Doch merkte ein Konzern in einer Situation wie bei Rolands GmbH, dass am Ende gar keine Verträge zustande gekommen waren – aus welchen Gründen auch immer –, setzte er seine Rechtsabteilung an die Sache, und die war stärker als eine kleine GmbH.

Der Kunde klagte also auf Erstattung aller gezahlter Provisionen. Dem Gericht war es egal, dass die Vermittlungsleistung erbracht war und der Kunde die vermittelten Verträge nicht bearbeitet hatte – es gab dem Kunden recht, weil am Ende keine Verträge zustande gekommen waren. So einfach war das aus juristischer Sicht.

Marcs und Rolands GmbH zahlte also einen Teil der Provisionen zurück, was das Konto des Unternehmens leerte. Der Schaden war achtstellig. Um weiteren Schaden zu verhindern, liquidierten Marc und Roland die GmbH und kündigten den Leuten. Erst Annika hatte Marc dazu gebracht, den Verlust ins Verhältnis zu seinen bisherigen Erfolgen zu setzen. Menschen mussten eben auch einmal etwas riskieren, um etwas zu erreichen.

Roland hatte nichts versprochen, was er dann nicht gehalten hatte. Weder gegenüber Marc noch gegenüber den Kundenunternehmen. Seine Vertriebsleute hatten die Kunden erfolgreich zur Unterschrift gebracht. Diese Endkunden – Verbraucher – wollten den neuen Telekommunikationsvertrag, weil er günstiger und besser war als ihr voriger Vertrag. Die unterschriebenen Aufträge hatten Rolands Vertriebsleute an den Kunden weitergeleitet und Roland hatte diese Dokumente zur Grundlage seiner Provisionsrechnungen gemacht.

Marc sah in Rolands Handeln keinerlei Defizite. Roland konnte nicht beim Kunden intern prüfen, ob sie dort den Prozess weiterverfolgten oder nicht.

Lehrgeld zu bezahlen, in der Form, dass er mal das falsche Online-Tool abonnierte oder den falschen Anwalt um Rat fragte – das war Marc gewöhnt. Und jedes Mal leitete er aus solchen Fehlern Erkenntnisse ab, damit das Lehrgeld auch wirklich einem Learning diente. Er lernte und zog Schlüsse aus Rückschlägen wie jenen, den Weg des Kunden zum Kauf wirklich minutiös zu planen und Stolperfallen darin möglichst früh zu erkennen und auszubügeln. Oder die Umsetzung einer Idee nicht sofort aus einer Laune heraus anzustoßen, sondern zuerst nach allen Seiten abzuklopfen.

SCHICKSAL?

Der Rückschlag mit Rolands Vertriebs-GmbH war einer der heftigsten Rückschläge, die Marc erlitten hatte. Interessanterweise hatte die Katastrophe auf das Verhältnis zwischen Marc und Roland keinen Einfluss. Marc hätte genauso agiert wie Roland.

»Du weißt nie, wofür etwas gut ist«, sagte Ego und brachte Marc damit sofort auf die Palme. »Und du weißt nie, wofür etwas schlecht ist«, blaffte er Ego an. Beide saßen im Auto, weil Marc am Folgetag ein Seminar in Potsdam hatte. »Was ist denn, wenn sich diese vielen unerwarteten Wendungen des Lebens als nachteilig erweisen? Es kann doch auch sein, dass das verdammte Schicksal und das ganze Karma und alles letztlich einfach nur auf ein schlimmes Ende hinauslaufen!«

Ego schwieg. Natürlich hatte Marc recht. Ob etwas gut oder schlecht war, war eine Frage der Bewertung. Es war schwer, einem Verbrechensopfer oder einem Opfer von Krieg und Gewalt zu erklären, alles habe sein Gutes.

»Wir haben doch mal den Film *Der Krieg des Charlie Wilson* gesehen, erinnerst du dich?«, fragte Ego.

»Dunkel«, grummelte Marc.

»Im Film war auch Philip Seymour Hoffman dabei«, sagte Ego. »Er hat einen CIA-Mann gespielt, der Tom Hanks ständig eine Zen-Meister-Geschichte erzählen wollte und nie zu Wort kam.«

Marc erinnerte sich vage. »Die Sache mit dem Pferd?«

»Genau«, sagte Ego. »Ein Junge bekommt ein Pferd geschenkt und alle sagen: Was für ein Glück. Dann fällt der Junge vom Pferd und verletzt sich und alle sagen: Was für ein Pech. Dann bricht

Krieg aus, der Junge wird wegen seiner Verletzung nicht eingezogen und alle sagen: Was für ein Glück. Nur der Meister sagt jedes Mal: ›Wir werden sehen.‹«

»Dann lass es uns so sagen«, fügte Marc an, »wir wissen nie, wohin etwas führt. Aber lass das mit dem Quatsch, dass alles gut ausgeht. Das tut es nämlich nicht.«

»Einverstanden«, sagte Ego. »Also sagen wir nicht: ›Du weißt nie, wofür etwas gut ist‹, sondern: ›Du weißt nie, wohin etwas führt.‹«

»Ich weiß nicht, ob die Pleite zu etwas gut war«, sagte Marc. »Für was denn auch?«

»Na ja«, sagte Ego. »Die landläufige Antwort würde jetzt lauten, dass in der Folge bestimmte Dinge möglicherweise *nicht* geschehen sind …«

»Ja«, unterbrach ihn Marc. »Dinge, von denen wir nicht wissen, ob sie überhaupt geschehen wären. Das ist alles Spekulation, alles heiße Luft.«

»… oder dass eben bestimmte Dinge möglich werden, die ohne das Unglück vielleicht nicht möglich geworden wären.«

»Ganz im Ernst, Ego«, sagte Marc immer noch aufgebracht, »das ist doch immer so. Alles hat Folgen oder ermöglicht oder verhindert Dinge. Das ist doch alles banal.«

Ego war tatsächlich ein wenig ratlos. Was Marc sagte, stimmte. Am Ende dominierten zwei Größen das Weltgeschehen und das Leben jedes einzelnen Lebewesens: Ereignisse und Handlungen. Entweder etwas geschieht – es beginnt zu regnen –, oder jemand tut etwas – er steigt ins Taxi.

Eine Bewertung ging damit erst einmal nicht einher. Und alles, was geschah oder was jemand tat, hatte Folgen. Es gab so gut wie nichts, was keine Folgen hatte. Die allermeisten Dinge bewirkten etwas. Wie beim Schmetterlingseffekt konnten wir nur sagen, dass Dinge Folgen haben. Nur welche?

»Und wir hatten über die Sinuskurve gesprochen«, sagte Marc. »Das Beispiel mit dem Pendel. Heißt das nicht, dass nach dieser Pleite nun endlich mal wieder etwas Gutes geschehen muss? Das Pendel schwingt doch hin und her!«

WAS KÖNNEN WIR BEEINFLUSSEN?

Ego überlegte. Er brauchte einen anderen Ansatz. Das Modell des Pendels traf zu. Zugleich erwies es sich als sehr schicksalhaft. Marc erwartete eine Art Ausgleich, doch diesen Ausgleich gab es nicht automatisch.

Wie ging das mit der Pendelidee zusammen? Die Welt war nach wie vor nicht vorherbestimmt, sondern Marc hatte die Macht und die Möglichkeit, sein Leben selbst zu bestimmen und Entscheidungen zu treffen, durch die er in der Zukunft möglicherweise bessere Erfahrungen machen würde.

Zugleich gab es Ereignisse, die unvorhersehbar waren. Es konnte etwas geschehen, was alles änderte – eine Krankheit, ein Unfall, der plötzliche Tod eines geliebten Menschen, alles war möglich und denkbar. So wie es kein Leben ohne Schmerz gab, gab es auch kein Leben ohne Katastrophen. Weder auf den Ausbruch einer Pandemie noch auf den Einmarsch einer Armee in ein Nachbarland hatte Marc einen Einfluss. Solche Dinge waren ebenso wenig beeinflussbar wie das Wetter. Sie konnten dir ein Business zerstören, das du mühsam aufgebaut hattest. Oder deine Familie.

»Lass uns darüber sprechen, worauf du Einfluss hast und worauf nicht«, schlug Ego vor.

»Warum?«

»Weil du nur in den Bereichen etwas ändern kannst, die du beeinflussen kannst.«

»Das ist doch schon wieder banal«, sagte Marc ärgerlich.

»Vielleicht«, antwortete Ego. »Und doch ist es wichtig. Die wenigsten Menschen machen sich das bewusst. Auch du haderst im Augenblick mit einem Rückschlag, auf den du bei nüchterner Betrachtung gar keinen Einfluss hattest.«

»Na gut«, sagte Marc.

»Weißt du«, hob Ego an, »sogar die mächtigsten Herrscher können gegen Gewitter und Erdbeben nichts ausrichten.«

»Und du meinst, es hat keinen Sinn, mit etwas zu hadern, was ich sowieso nicht ändern kann«, sagte Marc.

»Ich will dir sagen, dass wir immer im Jetzt sind und es zu jedem Zeitpunkt nur darum geht, das Richtige zu tun. Du weißt vielleicht nicht immer, was das Richtige ist, doch genau diese Frage ist am Ende der Punkt. Dabei machst du Fehler und die haben Folgen. Auch wenn du keine Fehler machst, hat das Folgen.«

»Kannst du nicht verstehen, dass mich solche Dinge ärgern und ich mich damit beschäftige?«

»Doch«, sagte Ego. »Klar verstehe ich das. Nur ist dein Ärger eine emotionale Reaktion auf die Sachlage. Er ändert die Sachlage nicht. Diese emotionale Schiene ist sozusagen ein zweites Projekt, bei dem du dir die Frage stellen kannst, ob du es verfolgen willst oder nicht. Was geschieht, kannst du vielleicht nicht beeinflussen. Doch was du tust oder lässt, womit du dich auseinandersetzt und womit nicht, das zu entscheiden, liegt in deiner Macht.«

»Vergossene Milch also«, sagte Marc.

»Richtig.«

»Die kriegst du nicht mehr ins Glas zurück.«

»Nein.«

»Also abhaken.«

»Ja, und Lehren daraus ableiten.«

»Vielleicht auch weniger machen«, schlug Marc vor.

»Ja, vielleicht«, antwortete Ego. »Je mehr jemand tut, desto mehr erlebt er. Wer nicht aus dem Haus geht, fällt auch nicht in den

Straßengraben. Ist das dein Gedanke? Du kannst weniger tun, doch wirst du damit nicht verhindern, dass dir Dinge widerfahren. Es gibt kein Leben ohne Schmerz, auch wenn du versuchst, die Risiken herunterzuregeln.«

»Vielleicht wäre es klug, weniger zu machen, und das dann fokussierter und klarer«, sagte Marc.

»Darf ich was Spirituelles sagen?«, entgegnete Ego.

»Sicher.«

»Manche Menschen interpretieren Rückschläge als Anregungen des Universums, einmal auf die Bremse zu treten und Pause zu machen. Zur Ruhe zu kommen und innezuhalten. Nachzudenken, was sich da verselbstständigt hat, welche Eigendynamik da plötzlich die Umstände verändert hat, und zu überlegen, welche Rolle sie selbst dabei spielen.«

»Ich gehe halt nicht vom Gas«, sagte Marc.

»Vielleicht solltest du das«, meinte Ego.

Marc sah das Ausfahrtsschild eines Autobahnrasthofs nahen, sah im Rückspiegel keine Fahrzeuge, trat auf die Bremse, setzte den Blinker rechts und zog von der linken auf die rechte Spur und fuhr raus.

Ego sagte nichts. Er wusste, dass Marc den Zusammenhang in diesem Augenblick verstand. Der Wagen hielt auf einem Pkw-Parkplatz am Grünstreifen etwas weiter weg vom Trubel.

»Pinkeln, Pommes, Kaffee«, sagte Marc. Er ließ Ego springen, sich erleichtern und wieder im Auto Platz nehmen. »Bin gleich wieder da.« Er kam mit einem Fast-Food-Fresspaket und einem Becher Kaffee zurück. Aus einer Wasserflasche füllte er Wasser in Egos Napf, in einen zweiten Napf Trockenfutter. Dann lehnte er sich an den Wagen und aß einen Burger mit Pommes. Ego knurpste sein Trockenfutter.

»Bremsen also«, sagte Marc und Ego sah von seinem Trockenfutter auf.

»Innehalten ist der Punkt«, sagte Ego. »Nicht das Bremsen an sich.«

»Das widerspricht ein wenig meinem Prinzip ›Jetzt erst recht‹«, sagte Marc.

»Ich weiß.«

ALLES ANDERS MACHEN?

»Viele Menschen lassen sich von Rückschlägen demotivieren«, sagte Ego. »Sie lassen sich einschüchtern, verunsichern und fühlen sich desillusioniert. Als seien Rückschläge endgültige Urteile und würden jemandem ein für alle Mal eine Inkompetenz bescheinigen. Dabei ist das Thema ›Scheitern‹ einfach nur kulturell codiert.«

In diesem Punkt waren sich Marc und Ego einig: Aufgeben war niemals eine Option. Das Wort »Nein« verstand Marc als Akronym für den Gedanken »Noch ein Impuls nötig«. Zum Erfolg gehörte unbedingt das Dranbleiben. Es ging um Disziplin und Durchhaltevermögen. Von Misserfolgen ließ Marc sich nicht abschrecken. Manchmal ging es einfach darum, sich durchzubeißen. Wer das nicht konnte, würde es nie zu etwas bringen, davon war Marc überzeugt.

»Und jetzt bist du in einer merkwürdigen Lage«, sagte Ego. »Das Dranbleiben und die Disziplin hindern dich daran, das wirklich wichtige Projekt in deinem Leben in Angriff zu nehmen. Ich finde, du kannst das Ende der Firma als Anregung des Universums betrachten.«

Marc und Ego saßen wieder im Auto. Marc ärgerte sich darüber, dass er Junkfood gegessen hatte. Wäre er doch auch ein Hund und würde einfach jeden Tag denselben perfekten Nährstoff- und Vitamine-Mix vorgesetzt bekommen, der immer gleich schmeckte! So eine Art Fit-Junkfood, das wäre super. Schließlich gab es Schlankfutter sogar für Katzen. Aber nein, Marc war ein Mensch und hatte einen Hang zum Schlemmen entwickelt – sein Leben war viel mehr von dem bestimmt, was er wollte, als von dem, was er brauchte.

Ja, die Besinnung auf das, was wir eigentlich brauchen, also im ureigenen menschlichen Sinne, war vielleicht gar nicht so falsch. Marc hatte einen Rückschlag erlebt, den er üblicherweise nicht auf sich sitzen gelassen hätte – auf irgendeine Weise hätte er versucht, den Verlust zu kompensieren, damit die Geld- und Energiebilanz hinterher wieder im Plus war. Und das, ohne jemandem eins auszuwischen, darum ging es ihm nicht. Er wollte einfach nur den vorigen Zustand wiederherstellen, als hätte es die Niederlage nicht gegeben. In Marcs Weltbild ging das Leben immer nur nach vorne. Rückschläge waren auszubügeln, damit die Gesamtbilanz wieder ein Erfolg war.

Doch diese Niederlage gab es und sie war heftiger als viele andere Niederlagen. Sie war so heftig, dass Marc sich überlegte, alles hinzuwerfen und aufzuhören. Schließlich hatte ihm der Steuerberater gesagt, er könne künftig Fische zählen. Nur: Marc arbeitete ja gern. Bestenfalls konnte er sich vorstellen, insgesamt das Volumen zu reduzieren und weniger zu tun. Hinter dem ganzen Aktionismus mehr Zeit für sich selbst, für andere und vor allem für mehr Ruhe zu schaffen.

AUFHÖREN ZU KÄMPFEN

»So, wie du die dicke Hose ausziehen kannst, kannst du die Kampfhandlungen einstellen«, gab Ego zu bedenken. »Du hast sehr viel gekämpft in deinem Leben, vielleicht ist es jetzt Zeit für ein wenig Frieden.«

»Warum betrachtest du den Umgang mit Rückschlägen denn so kriegerisch?«, fragte Marc.

»Weil der Fluss des Lebens mal einen Kampf erfordert und manchmal auch nicht«, sagte Ego.

»Dass ich vom Wesen her ein Kämpfer bin und das nicht einfach abstellen kann, weißt du schon, oder?«, fragte Marc.

Die Frage war für Ego: Konnte Marc das Kämpferische in sich selbst abstellen? »Ich empfehle dir ein Buch«, antwortete er.

»Okay«, sagte Marc. »Welches?«

»*Die Kunst des Krieges* von Sun Tsu«, antwortete Ego. »Danach ist es nicht die größte Leistung eines Kriegers, alle Schlachten siegreich zu schlagen, sondern die größte Leistung ist es, den Widerstand des Feindes ohne Kampf zu brechen.«

»Klingt interessant«, sagte Marc.

»Ist ein Klassiker«, sagte Ego. »Uralt. Der Autor war chinesischer General und Philosoph und lebte noch vor Aristoteles und Platon.«

Für Kriege hatte sich Marc nie groß interessiert. Er fand Kriege bescheuert. Gleichwohl hatte es Sinn, sich mit Kriegstheorie zu befassen. So war beispielsweise Carl von Clausewitz der Ansicht gewesen, dass kein kriegerisches Unternehmen wie geplant verlaufen könne, weil immer wieder Unwägbarkeiten ins Geschehen hereinspielten. Außerdem herrschte nach Clausewitz der »Kriegsnebel«, also eine unsichere und trügerische Nachrichtenlage, die manchmal sogar aus gezielter Falschinformation bestand. Die Herausforderung bestand darin, Entscheidungen anhand unklarer oder unvollständiger Informationen zu treffen. Dabei geschahen Fehler und innerhalb kürzester Zeit war die nächste Entscheidung zu treffen.

So anders als unternehmerisches Handeln war das oft gar nicht. Sich auf sich selbst zu verlassen und ohne Rückhalt durch ein regelmäßiges Einkommen Geschäfte zu machen, hatte etwas Pionierhaftes, wie Vordringen auf unbekanntes Terrain.

»Der kluge Anführer unterwirft die Truppen des Feindes ohne Kampf«, zitierte Ego Sun Tsu, »und sein Triumph wird vollkommen sein, ohne dass er einen Mann verliert.«

»Klingt effizient«, sagte Marc. »Und du meinst, ich sollte aufhören zu kämpfen?«

»Es wäre zumindest bedenkenswert«, antwortete Ego. »Kämpfen ist ein Modus. Es ist ein Weg, ein Mittel zu einem Zweck. Doch zu welchem Zweck kämpfst du?«

Marc wurde bewusst, dass er oft kämpfte, auch wenn es gar keinen Sinn hatte.

»Welchen Sinn hat es, einen Weg zu gehen«, fragte Ego, »wenn gar nicht klar ist, wohin die Reise geht?«

»Manchmal denke ich einfach, dass ich Ungerechtigkeiten ausgleichen muss«, sagte Marc.

»Ich verstehe das«, sagte Ego. »Jemand verhält sich mies, hinterlässt einen Schaden, und du setzt alles daran, diesen Schaden auszubügeln.«

»Ja«, erwiderte Marc. »Oder ich rufe jemanden an und sage ihm meine Meinung, weil er einen anderen zu Unrecht gekränkt hat.«

Ego erinnerte sich an eine solche Situation. »Weißt du noch, dieser Teilnehmer bei der Urkundenverleihung?«

»Natürlich«, antwortete Marc. »Die hatten eine klasse Ausbildung durchlaufen mit tollen Referenten, und dann beschwert der sich auf der Bühne, weil irgendwelche Kleinigkeiten im Ablauf nicht perfekt waren. Und fünfhundert Leute im Saal haben das gehört.«

»Ja, das war schade«, sagte Ego. »Es war ein vergifteter Dank.«

»Und genau das Gift bleibt in Erinnerung«, fügte Marc hinzu. »Es ist einfach ungerecht gegenüber den Machern. Das gehört sich nicht.«

Marc hatte sich diesen Teilnehmer im Nachgang geschnappt und ihm unter vier Augen ins Gesicht gesagt, was er von ihm hielt. Fast hätte er ihn verprügelt.

»Du hättest die Sache auch auf sich beruhen lassen können«, sagte Ego.

»Warum? Wenn es mir ein Bedürfnis ist, dem Kerl die Meinung zu sagen?«

»Das ist der Kampfmodus«, antwortete Ego.

»Ohne meinen Input lernt er vielleicht nichts daraus.«

»Das mag sein.«

»Und es verschafft mir inneren Frieden, wenn ich solchen Leuten die Meinung sage«, fügte Marc hinzu. »Ich könnte nicht einschlafen, wenn ich in solchen Situationen den Mund nicht aufmache. Ich könnte mir selbst nicht ins Gesicht sehen.«

VERLETZTE WERTE

»Womit wir übrigens bei einer neuen Dimension von ›Außen‹ und ›Innen‹ sind«, merkte Ego an.

»Was meinst du?«, fragte Marc.

»Du brauchst manche Aktivitäten im Außen, um zu ›innerem Frieden‹ zu finden, wie du sagst.«

»Ist das nicht normal?«

»Vermutlich schon«, sagte Ego. »Ich will jetzt nicht über die Definition von ›normal‹ diskutieren, vielleicht nur so viel: Es ist ziemlich üblich. Die Frage ist, ob es wirklich ein ›innerer‹ Friede ist, um den es hier geht, und kein äußerer.«

»Eminenz sprechen in Rätseln«, sagte Marc.

»Also«, hob Ego an. »Wenn jemand wie dieser Teilnehmer einem deiner Werte widerspricht, findet das dann im Außen oder im Innen statt?«

Marc dachte nach und antwortete: »Beides. Die Begegnung selbst im Außen, die Verletzung meines Wertes in meinem Innen.«

»Gut«, sagte Ego. »Ich hatte gedacht, für dich fände beides im Außen statt.«

»Nein«, sagte Marc. »Mir ist schon klar, dass meine Wertvorstellungen in allererster Linie mit mir selbst zu tun haben.«

»Splendid«, sagte Ego. »Dieser Typ damals hat ja nur etwas gesagt. Im Außen. Er hat auf etwas hingewiesen, was in deinen Augen irrelevant war, weil es um den Abschluss der Ausbildung ging und darum, dass alle bestanden hatten. Es ging nicht um operative Kleinigkeiten.«

»Es war nicht nur irrelevant, es war auch destruktiv«, fügte Marc an. »Was der Absolvent damals nicht verstanden hat, war der Rahmen. Es kann ja sein, dass der Ablauf über die Monate ab und zu mal gehakt hat, das ist halt manchmal so. Kein Grund, so eine Szene zu machen.«

»Du hast den Rahmen gesehen, er das Detail«, sagte Ego. »Und du hast ihm deutlich gemacht, dass für dich nicht seine Priorität zählt, sondern deine.«

Marc sah Ego an. »Willst du mir jetzt sagen, dass meine Sichtweise falsch und seine richtig war?«

»Nein«, sagte Ego. »Ich bewerte nicht. Ich sage nur, dass sich diese verschiedenen Sichtweisen gegenüberstanden.«

»Ich wollte dich gerade fragen, auf welcher Seite du eigentlich stehst«, sagte Marc. Dabei ging es Ego gar nicht darum, Marcs Haltung zu verurteilen.

»Den Rahmen zu sehen, ist gegenüber Veranstalter und Publikum sicher wertschätzender, als auf dem Detail herumzureiten«, sagte Ego. »Nur ist das eben eine soziale Norm. Und der meckernde Absolvent hat in seinem Innen etwas Ähnliches erlebt wie du: Einer seiner Werte war verletzt.«

Marc dachte nach. »Welcher Wert könnte da verletzt sein?«

»Keine Ahnung«, gab Ego zurück. »Vielleicht sein Bedürfnis nach Anerkennung und damit der Wert der Wertschätzung als solcher, wenn der Veranstalter tagelang nicht auf E-Mails von ihm antwortet?«

»Ich kann ja auch verstehen, dass jemanden so was ärgert«, sagte Marc. »Nur ist es völlig unangemessen, deswegen eine Preisverleihung zu stören.«

»Und das ist jetzt eben deine innere Auseinandersetzung mit dem Thema«, sagte Ego. »In deinem Innen treten jetzt die beiden Werte beziehungsweise ihre Verletzungen gegeneinander an und du verteidigst deinen Wert. Du kämpfst.«

»Der Typ hat sich völlig danebenbenommen«, sagte Marc. »Das kann sich doch niemand gefallen lassen.«

»Du magst recht haben«, sagte Ego. »Das ist jetzt wieder das Außen. Es spricht auch nichts dagegen, dass du ihm die Meinung sagst, nur überlegen wir gerade, wann es sich zu kämpfen lohnt und wann nicht.«

Marc dachte nach. Nach einer Weile sagte er: »Im Grunde bin ich die ganze Zeit dabei, meine Wertvorstellungen zu verteidigen.«

»Ein enormer Stress«, gab Ego zurück.

»Und es hat wieder mit dem Thema Loslassen zu tun«, sagte Marc.

»Auch das«, antwortete Ego. »Stell dir mal vor, du wärst bei der Veranstaltung gar nicht dabei gewesen und hättest die Bemerkung dieses Absolventen gar nicht gehört.«

»Dann hätte ich ihm auch nicht die Meinung gesagt«, sagte Marc.

»Und würdest du dann etwas vermissen?«

»Natürlich nicht, weil ich ja nicht wüsste, was er gesagt hat.«

»Was glaubst du, wie viele Dinge täglich auf der Welt geschehen, auf die du reagieren müsstest, weil sie einen deiner Werte verletzen?«, fragte Ego. »Du kriegst es nur nicht mit. Begegnet dir dann mal eine solche Situation, reagierst du sofort, quasi impulsiv. Als ginge es nur darum.«

»Verstehe«, sagte Marc. »Die Welt ändere ich damit nicht.«

»Es ist das Reiz-Reaktionsmodell«, warf Ego ein. »Da kommt ein Trigger und du reagierst. Und steckst dann Unmengen an Energie in die Verteidigung deines jeweils verletzten Wertes.«

Marc wurde bewusst, dass sein Kampf für seine Werte im Zweifel uferlos war. Entweder er ging systematisch vor und überlegte grundlegend, für welche Werte er sich auf dieser Welt kämpferisch einsetzen wollte, oder er akzeptierte die eine oder andere Verletzung, statt sofort darauf zu reagieren. Es den Verletzungen zu überlassen, wann er aktiv wurde und zu kämpfen begann, erschien ihm nicht mehr als selbstbestimmtes Handeln.

Ego las diese Gedanken und sagte: »Und jetzt übertrag das auf die Rückschläge. Du willst auch hier Verletzungen ausgleichen, Defizite ausbügeln, Lücken füllen. Bevor du zu kämpfen beginnst, kannst du die Sachlage auch erst einmal hinnehmen und dich unabhängig davon machen.«

»Danke, Ego«, sagte Marc. »Die Impulsivität ist ein Punkt. Das sofortige Reagieren.«

»Genau«, antwortete Ego. »Diese Reaktionen auf Trigger finden im Außen statt, während du im Innen sehr genau überlegen kannst, was dir wichtig ist.«

»Und bevor ich etwas tue, überlege ich genau, warum ich es tue«, sagte Marc.

»Nein«, gab Ego zurück.

Marc war erstaunt. »Nein?«

»Du überlegst genau, *wozu* du etwas tust. Nicht *warum*.«

»Wo ist der Unterschied?«

»Das Warum fragt nach Gründen, die in der Vergangenheit liegen«, antwortete Ego. »Und das sind beispielsweise Trigger. Das Wozu dagegen fragt nach dem Zweck, und der liegt in der Zukunft. Wenn du also sinnorientiert handeln willst, solltest du ›Wozu?‹ fragen statt ›Warum?‹.«

Nachdem Marc und Ego von ihrer Reise nach Potsdam zurückgekehrt waren, lag ein Päckchen mit einem Buch im Briefkasten: *Die Kunst des Krieges* von Sun Tsu. Marc schlug es an einer beliebigen Stelle auf und sein Blick fiel auf den Satz: »Siegen wird der, der weiß, wann er kämpfen muss und wann nicht.«

ABSCHIED VON DEN GEISTERN

Vor Weihnachten sorgte Marc gerne für Ordnung im Haus. Dazu gehörte es irgendwann auch, mithilfe seines Freundes François alle Räume zu räuchern und so die bösen Geister zu vertreiben.

Dabei ging François mit glühenden Kräuterbüscheln und mit qualmendem Weihrauch durch alle Zimmer. Er schaute, dass er in jede noch so abgelegene Ecke Rauch hineinwedelte, um auch die Geister zu erwischen, die sich dort häuslich eingerichtet hatten. Die Rauchmelder wurden vorher abmontiert. Dann blieb der Qualm stehen und tags drauf wurde gelüftet. Zurück blieb ein Duft.

»Was kostet denn diese Dienstleistung?«, hatte Marc François in einer Online-Mastermind-Session gefragt, bei der sich Selbstständige und Unternehmer unterschiedlichster Branchen über ihre Erfolgskonzepte austauschten. »Bei einem Haus von deiner Größe 11 900 Euro netto plus Reisekosten«, sagte François.

»Was hat der Kunde davon?«, fragte Marc.

»Einen klareren Blick auf das, was ansteht«, hatte François geantwortet. »Bessere Energien.«

»Ist das messbar?«, hatte Marc gefragt.

»Es ist spürbar«, lautete die Antwort.

Marc war in Kontakt mit einem Phänomen geraten, das sich »feinstofflich« nannte. Es ging um Energie, die sich nicht in Kilojoule beziffern ließ. Und da Marc wissen wollte, was es damit auf sich hatte, spielte er mit dem Gedanken, François das Haus am See räuchern zu lassen.

»Dieses Jahr klappt das wahrscheinlich nicht mehr«, sagte Marc, »weil wir über Weihnachten in die USA fliegen.«

»Gerade deswegen sollten wir es jetzt noch machen«, erwiderte François.

»Warum?«

»Wir nutzen die Raunächte«, erläuterte François. »Da bin ich zwar stark eingespannt, doch kurz vor Weihnachten bin ich sowieso in Düsseldorf.«

»Raunächte?«, fragte Marc. »Was ist das?«

François erklärte, dass in den Raunächten zwischen den Jahren die Tore zur »Anderswelt« geöffnet seien, sodass es in dieser Zeit viel leichter sei als sonst, mit Geistern zu kommunizieren. Daher würden auch heute noch viele Menschen zwischen Weihnachten und dem Dreikönigsfest keine Wäsche zum Trocknen raushängen – es bestand die Gefahr, dass sich Geister darin verfingen und Unglück brachten.

»Ich denke jedenfalls«, sagte François in der Mastermind-Runde, »dass das jetzt für die anderen vielleicht ein wenig zu weit führt. Das erkläre ich gerne in kleiner Runde, auch für alle, die sich dafür interessieren.«

Marc erkannte einen großen Respekt in diesen Worten: Da nahm sich mal einer selbst nicht so wichtig, dass er mit seiner Idee die Zeit der anderen verschwendete. François war sicher klar, dass manche in der Runde sein Treiben für Budenzauber hielten.

Von elf Mitgliedern der Mastermind-Gruppe meldeten sich sieben für den separaten Termin an. Und dieser Videocall war für Marc ein Augenöffner. François erklärte den mythologischen Zusammenhang dessen, was er tat. Er beschrieb, wie die Kirche im Laufe der Christianisierung Europas die heidnischen Feste und Kultstätten übernommen hatte, warum sich an vielen sogenannten Kraftorten heute Kirchen, Kapellen oder Kreuze befanden, weshalb Weihnachten kurz nach der Wintersonnwende stattfand und dass die Raunächte genau die zwölf Nächte bezeichneten, die zwischen der Berechnung des Mondjahres und jener des Sonnenjahres fehlten. Auch die Wintersonnenwende selbst galt als Raunacht, weswegen das der Termin für die Räucherung von Marcs Haus wurde.

François schilderte, dass viele, die dafür empfänglich waren, die Tage und Nächte »zwischen den Jahren« als eine magische, sehr stille Zeit empfanden, eine Zeit des Innehaltens und Rekapitulierens. Er legte dar, welche Funktionen welche Raunacht hatte und welche verschiedenen Rituale sich daraus ergaben: So ging es am 30. Dezember ums Verzeihen und Beifuß und Wermut wurden geräuchert; am 4. Januar ging es um Dankbarkeit und Akzeptanz der Wirklichkeit und der Welt und Weihrauch wurde geräuchert.

François erklärte, was es mit dem oberbayerischen Brauch der Perchten auf sich hatte, die die »wilde Jagd« symbolisierten – ein ländlicher Brauch, bei dem junge Männer in wilde Monsterkostüme gekleidet die Menschen erschreckten.

Marc, der sich selbst bis dahin für einen eher sachlichen Typen gehalten hatte, spürte bei diesen Erläuterungen eine ferne Erinnerung an etwas, das vielleicht gar nicht in seinem Leben stattgefunden hatte, sondern weit vorher, und er meinte darin eine Tiefe zu erkennen, die er bei anderen esoterischen Ansätzen bisher nicht empfunden hatte.

VORSICHT, ESOTERIKSUCHT

François warnte vor der Esoteriksucht, einer auch Marc bis dahin noch nicht bekannten Gefahr: Manche Leute verloren den Kontakt zur Realität und die Kontrolle über ihr Leben, weil sie sich ein Esoterikangebot nach dem anderen kauften. Das ging oft mit massiven finanziellen Verlusten und der Vernachlässigung realer Lebensaufgaben einher. Während manche Menschen einen Kurs nach dem anderen zum spirituellen Wachstum buchten und im Internet energetisch aufgeladene Armreifen und Heilsteine bestellten, blieb die Post liegen. Die Auseinandersetzung mit Esoterik konnte zu einer Art Radikalisierung führen, inklusive Abschottung gegenüber Kritik und vernünftigen Einwänden von außen. Darauf wies François hin.

»Ein Esoterikanbieter, der Menschen vor Esoteriksucht warnt, ist mir auch noch nicht untergekommen«, hatte Marc gesagt.

»Was ist dabei?«, hatte François entgegnet. »Warnungen stehen doch auch auf Zigarettenschachteln.« In einer für die Esoterikszene typischen Formulierung hatte François hinzugefügt: »Ich biete nur an, was ich selbst ausprobiert habe und wovon ich überzeugt bin, weil ich erfahren habe, dass es funktioniert.« Der Spruch machte zwar aus einer Behauptung keine sichere Erkenntnis, doch verlieh er dem Ganzen ein wenig Glaubwürdigkeit.

François erklärte, dass er sich ausschließlich aufs Räuchern, die Geistheilung und die Tierkommunikation beschränkt habe. Er half also Menschen mit energetisch sauberen Räumen und bei der Lösung des einen oder anderen ungelösten Konfliktes mit inzwischen verstorbenen Menschen. Auch las François eigenen Angaben zufolge oft treffsicher heraus, welches Bedürfnis ein Hund oder eine Katze hatten, sodass Tierärzte bei merkwürdigem Verhalten gezielter vorgehen konnten. Oft lief diese Tierkommunikation übers Telefon, und François erklärte einem Katzenbesitzer, dass die Katze Zahnschmerzen hatte.

War das alles wahr? Natürlich hatten Marc und Ego darüber gesprochen. Nur konnte auch Ego nichts anderes sagen als: »Ich weiß es nicht.« Besonders bemerkenswert fand Marc, dass Annika keinerlei Erklärungsbedarf hatte – für sie, die ja selbst mit Tieren kommunizierte, war die Sache völlig unzweifelhaft. Nicht, dass sie François aus der Hand fraß, eher folgte sie seinen Ausführungen mit großem Interesse und schien dazuzulernen.

Einige Tage später reiste François an, um Marcs Haus zu räuchern. Es war der 21. Dezember und damit eine Raunacht. Auf dem See hatte sich eine dünne Eisschicht gebildet. Es war ein windstiller und auch sonst stiller kalter Tag.

Da Marc das Prinzip des Räucherns verstehen sollte, wollte François ihm deutlich machen, worin der Unterschied zwischen vorher und nachher bestand. Er bat Marc und Annika, zunächst einmal mit ihm durch das Haus zu gehen. Ego durfte mittrotten. François hatte eine Art Blindtest vorbereitet: Marc und Annika bekamen jeweils einen kleinen Notizblock und einen Stift. Die Räume, die sie betraten, definierten sie mit Nummern. Unabhängig voneinander und ohne zu spicken, sollten sie aufschreiben, was sie in welchem Raum empfanden und wahrnahmen. So gingen sie durchs Haus, »spürten in die Räume hinein«, wie François es ausdrückte, und machten ihre Notizen.

Dabei ging es nicht darum, ob Marc ein Bild an der Wand gefiel – es ging nur um das, was Marc und Annika »energetisch spürten«, wie es François nannte. Empfanden sie etwas Positives oder Negatives? Vielleicht etwas Neutrales?

Marc machte zwei unglaubliche Entdeckungen: Einmal wirkten die Räume in seinem Haus völlig unterschiedlich auf ihn. Darauf hatte er bis dahin noch nie geachtet. Doch als er sich jetzt darauf einließ, spürte er sehr deutlich, dass die Räume energetisch unterschiedlich aufgeladen waren. So wirkte die Garage anstrengend, Annikas Zimmer dagegen beruhigend. Und zum Zweiten ergab der Blindtest: Die Räume wirkten nicht auf Marc und Annika mal so und mal so, sondern beide nahmen in den gleichen Räumen Ähnliches und manchmal sogar dasselbe wahr.

»Das sind die Energien«, erklärte François.

Marcs Büro strahlte Stress aus, sein Studio Enge. Wie sollte da Kreativität gelingen? Das Wohnzimmer mit der Couchlandschaft und dem Fernseher wirkte langweilig. Im Keller wirkte der Vorratsraum mit den vielen Ginflaschen merkwürdigerweise belebend. Und mit dem Technikraum im Keller stimmte etwas nicht. Er war hell erleuchtet und voller Technik, an der Wand hingen Schaltschränke, am Boden stand ein Serverschrank und irgendetwas Merkwürdiges lag hier in der Luft. Marc beschrieb François, was er fühlte, konnte es aber nicht genauer beschreiben.

DER GEIST IN DER KISTE

In der Ecke des Technikraums stand eine Klappbox voller Kabel und Adapter. »Die muss hier erst mal raus«, sagte François gezielt. »Da ist was drin.«

»Was?«, fragte Marc.

»Das weiß ich nicht«, antwortete François. »Da ist was. Stell das Ding raus. An die Luft.«

Marc schnappte sich die Kiste, trug sie hoch und stellte sie auf die Terrasse. Dann kam er zurück in den Keller. François und Annika sahen Marc an und wollten wissen, was er empfand. Er schloss die Augen für einen Moment und sagte dann, dass die Energie im Raum ein bisschen besser geworden sei. Sofort hielt Annika ihm ihre Notiz vor die Augen: »Besser, noch nicht gut«.

Die Kabelkiste zeigte Marc anschaulich, dass sich da unten etwas verfangen hatte wie ein Geist aus der »wilden Jagd« in einem trocknenden Handtuch auf der Wäscheleine.

Nach dem Rundgang setzten sich Marc, Annika und François auf die Terrasse. Beim Atmen und Sprechen stießen sie Dampfwolken aus. Anneliese brachte eine Kanne Kräutertee. »Kein Kaffee«, hatte François gesagt, »der stört. Alkohol stört sowieso.« Ego legte sich auf seine Hundedecke und legte die Schnauze auf den überkreuzten Vorderpfoten ab. François knüpfte an den Gedanken an und sagte: »Alles, was die Wahrnehmung stört, sollten wir ausschalten.«

Anneliese hörte François' Worte und warf Marc einen verständnislosen Blick zu. Dann ging sie zurück ins Haus.

»Sonst ist da nichts Negatives in deinem Technikraum, oder?«, fragte François.

»Ich denke, es ist vor allem die Kiste«, sagte Annika. »Ansonsten hängen da noch einige ältere negative Dinge fest.«

»War dir das vorher schon bewusst?«, fragte Marc Annika.

»Ich war da nie drin«, antwortete sie.

»Habt ihr denn Schwierigkeiten mit der Technik hier?«, fragte François.

»Das übliche IT-Gedöns«, sagte Marc.

»Also«, sagte François. »Bevor wir räuchern, schalten wir im gesamten Haus den Strom ab. Alles aus.«

»Die USV auch?«, fragte Marc.

»USV? Was ist das?«, fragte François.

»Unterbrechungsfreie Stromversorgung«, sagte Marc. »Die Geräte hängen am Router und im Studio und puffern Stromausfälle, Schwankungen und Blitzschläge ab.«

»Ja, auch die. Wir machen alles aus und stecken alles ab. Dann lassen wir die Technik eine Weile ruhen. Anschließend räuchern wir und nehmen Kerzen fürs Licht. Danach lüften wir. Und dann schalten wir der Reihe nach die Geräte wieder an. Eins nach dem anderen. Ohne Schock.«

Marc überlegte, welche Folgen diese Entscheidung hatte. Es war nicht damit getan, einmal die Hauptsicherung auszuschalten und dann wieder reinzudrehen. »Ohne Schock«, hatte François gesagt. Also: Geräte ausschalten, abstecken. Dann die Verteilerbuchsen aus der Wand ziehen. Raum für Raum. Waren hinterher irgendwelche Funktionen neu zu konfigurieren? Schon das Internetradio vergaß alle programmierten Sender, wenn es mal vom Strom weg war.

»Wir müssen da eine ganze Menge neu konfigurieren«, sagte Marc.

»Da musst du durch«, antwortete François. »Es kostet nur Zeit. Energetisch ist das hier in diesem Haus absolut sinnvoll. Und zuerst schauen wir uns mal die Kiste an.«

Nachdem François ein wenig Tee getrunken hatte, stand er auf und ging zu der Kabelkiste, die auf der Terrasse stand. Sorgsam nahm er ein Teil nach dem anderen heraus: zusammengebundene Kabel und unterschiedliche Adapter für alle möglichen Geräteverbindungen. François breitete alle Teile auf der Terrasse aus, mit ausreichend Abstand dazwischen, sodass ein Mensch dazwischen herumlaufen konnte. Als die Kiste leer war, bat er Annika zu sich. Sie stand auf und ging zu François und den Adaptern.

»Zieh deine Schuhe aus und geh barfuß zwischen den Teilen herum«, sagte François zu Annika.

»Es ist kalt«, sagte Annika. »Wir haben Dezember.«

»Einfach machen«, sagte François.

Sie zog die Schuhe aus, streifte die warmen Strümpfe ab und setzte die nackten Füße auf den kalten Steinboden der Terrasse.

»Und jetzt geh zwischen den Teilen herum und finde die schlechte Energie.«

Marc und Ego schauten gespannt zu.

Annika setzte einen Fuß vor den anderen und stieg auf Zehenspitzen zwischen USB-Kabeln, HDMI-Adaptern und alten Ladegeräten hin und her. Manchmal hielt sie inne und schloss die Augen.

»Findest du, dass du was Komisches machst?«, fragte François.

»Nein«, antwortete Annika.

Sie bückte sich und legte einige Teile woandershin, tauschte welche aus und stieg weiter über die vielen Adapter hinweg. Am Ende zeigte sie auf einen kleinen schwarzen Quader mit Kabel, den sie vorher zur Seite gelegt hatte. »Das hier ist es.«

François kam näher und sah sich das Teil an. »Ein Ladegerät mit Akku.«

Marc schaute sich das Gerät an und sagte: »Das gehört zu einer alten Spiegelreflexkamera.«

»Nimm den Akku raus«, sagte François zu Annika, »und leg beides auseinander. Gibt es einen Unterschied?«

Annika tat wie befohlen und nahm den Akku aus dem Ladegerät. Etwas abseits von den anderen Elektronikteilen legte sie beide Teile mit Abstand zueinander auf den Steinboden. Sie stellte sich dazwischen, schloss die Augen und wandte den Kopf nach oben. Nach drei Sekunden zeigte sie mit dem rechten Arm nach unten. Dort lag der Akku. Sie öffnete die Augen und sah herunter.

»Es ist der Akku«, sagte Annika. »Das Ladegerät ist in Ordnung.«

»Danke«, sagte François. »Also: Der Akku kommt zum Wertstoffhof, und zwar gleich morgen. Bis dahin bleibt er hier draußen. Die anderen Dinge können wieder in die Kiste und in den Keller.«

»Könnte der Akku die anderen Geräte nicht angesteckt haben?«, fragte Marc.

François blickte Marc verständnislos an. »Wie sollte das gehen?«, fragte François. »Es sind doch nur elektronische Geräte.«

»Ja, was weiß denn ich?«, fragte Marc.

»Na gut«, sagte François. »Annika hat alle Geräte durchgespürt. Da hat sich nichts angesteckt, sonst hätte sie es gemerkt.«

»Okay«, sagte Marc sichtlich beeindruckt.

EIN RESET FÜR DIE FEIERTAGE UND DEN URLAUB

Nachdem die Gruppe alle Rauchmelder abgeschraubt und alle technischen Geräte im Haus ausgeschaltet und vom Stromnetz abgesteckt hatte, schaltete Marc langsam und Schritt für Schritt alle Sicherungen aus und stellte am Ende den Hauptschalter auf »Aus«. Damit war das Haus ohne Strom. Anneliese bekam eine Pause und den Auftrag, erst in drei Stunden in der Küche weiterzumachen. »Soll ich mit Ego eine Runde gehen?«, fragte sie und Marc antwortete: »Lass den mal hier, jetzt, wo es spannend wird.«

Dann räucherte François Raum für Raum das Haus, Taschenlampen sorgten für Licht. Er räucherte sehr langsam die Wohnräume, die Garage, die Gartenhütte, die Saunahütte, alles. Langsam, Ecke für Ecke, Wand für Wand. In manche Ecken, in denen negative Energien dichter und hartnäckiger beieinandersaßen, wedelte er mehr Rauch hinein. Immer wieder meldete sich Annika und bat François, in einer Ecke noch einmal nachzuwedeln, weil sie dort noch etwas Negatives spürte. François verbrannte Beifuß, Räuchersalbei, Rotsandelholz, Wacholder und verschiedene Weihrauchsorten, vor allem äthiopischen Weihrauch und Weihrauchmischungen zur Aurareinigung. Nach etwa drei Stunden war die Gruppe durch alle Räume gegangen. Sie setzten sich wieder auf die Terrasse. Es war noch kalter Tee in den Tassen.

»Wie ist das mit der Technik?«, fragte Marc. »Warum ist die empfänglich für so was?«

»Kann ich dir nicht sagen«, antwortete François. »Ich weiß nur, dass es so ist. Es heißt ja in der Esoszene, dass alles Lebendige durch Geistheilung und Ähnliches erreichbar ist.«

»Ist ein Akku etwas Lebendiges?«

François berichtete, dass er einmal durch die Geistbehandlung eines Oldtimers einige Elektrikprobleme gelöst hatte, beispielsweise hatte das ständige fehlerhafte Aufleuchten der Lichtmaschinen-Kontrollleuchte aufgehört. »Frag mich nicht, wie das geht«, sagte er.

»Das ist der Beweis, dass Autos leben«, sagte Marc. »Jedenfalls coole Autos.«

»Immerhin wird klar, dass wir Menschen nicht alles verstehen, trotz Verstand.«

Für Marc war diese Wintersonnenwende ein riesiger Schritt in seiner persönlichen Erkenntnis. Er hatte verstanden, dass François etwas tat, was offensichtlich funktionierte, was er selbst jedoch nicht unbedingt erklären konnte. Ja, Ego hatte recht gehabt mit dem Unterschied zwischen Spiritualität und Esoterik und damit, dass Marc für seine Selbsterkenntnis keinerlei Requisiten brauchte. Doch nun war da François, der mit allerhand Material anrückte und dann auch noch in Marcs Haus ungünstige Energien fand. Und das behauptete er nicht einfach, sondern Marc und vor allem Annika konnten es nachempfinden. Vor allem spielte sich François nicht als allwissender Guru auf, sondern blieb selbst nahbar und einfach, ein Mensch wie alle anderen.

Nachdem sie das Haus inklusive aller Nebenräume gelüftet hatten, steckten Marc, Annika und François die Technik wieder zusammen und schalteten Schritt für Schritt einen Stromkreis nach dem anderen wieder dazu. Anschließend gingen sie erneut durch das inzwischen kalte Haus und stellten in keinem Raum mehr negative Energien fest, auch nicht im Technikkeller. Die Stimmung war neutral. Auch Annikas Zimmer, das vor dem Räuchern positiv gewirkt hatte, hatte nun eine neutrale Ausstrahlung. »Es ist ein Reset rechtzeitig zu Weihnachten und zum Jahreswechsel«, erklärte François. »Die Räume können sich jetzt wieder neu aufladen. Was positiv war, wird sich wiederherstellen.«

Was den Technikraum im Keller anging, empfahl François, die Aura im neuen Jahr noch einmal zu prüfen. Sollte sich wieder ein negativer Geist einschleichen, dürfte mit dem Raum selbst etwas nicht stimmen. Doch vorerst war der Geist raus. Ein weiteres Mal ermahnte er Marc, den Akku tags drauf zur Entsorgung zu bringen, auch wenn er technisch möglicherweise intakt war und François ihn ebenfalls mit Weihrauch und Beifuß eingeräuchert hatte.

»Das ist der Job«, sagte François.

»Verstehe«, sagte Marc. »Sehr beeindruckend.«

Später, als François wieder abgereist war und Annika und Marc noch einmal durchs Haus gingen, schrieb Marc ihm eine Whats-

App-Nachricht mit einem großen Dank für die gute Energie im Haus. Er habe nun verstanden, was es mit den Geistern auf sich habe.

Voll mit diesen Eindrücken, brachten Marc und Ego am nächsten Tag den infizierten Akku zum Wertstoffhof. Dann war Packen angesagt, denn am 23. Dezember ging die Maschine von Düsseldorf nach New York.

In diesen im Grunde stressigen Tagen fühlte sich Marc auf eine merkwürdige Art frei. Annika und er verbrachten eine intensive und sehr gegenwärtige Zeit miteinander. Beide hatten das Gefühl, dass tatsächlich einige negative Energien von ihnen gewichen waren, auch die letzten Überreste der unschönen Trennung vor einigen Jahren. Der Weg nach vorne war frei. Marc blickte mit Freude und Klarheit in die Zukunft und freute sich, Annika Sam und Mary vorzustellen.

BESUCH BEIM MENTOR

François hatte Marc und Annika einige Räucherware dagelassen und ein Siebräuchergefäß, in dem ein Teelicht Weihrauch in einem Sieb erhitzte und ohne Verbrennung und Qualm zum Verdampfen brachte. Das Räuchern faszinierte Marc und er wollte Sam eine kleine Grundausstattung schenken.

Damit die amerikanische Einwanderungsbehörde den Weihrauch nicht für etwas anderes hielt, packten Marc und Annika nur den Verdampfer und ein Teelicht ein. Von der Lincoln-Limousine aus fand Marc über Google einen Spice Shop unweit des Flughafens. Dort ließ er den Fahrer anhalten und kaufte Weihrauch.

Mit einem Hund in die USA zu reisen, war mit einigem Aufwand verbunden. Daher hatten Marc und Ego vereinbart, dass Ego zu Hause gemeinsam mit Anneliese die Stellung hielt.

Weihnachten in den USA war etwas, was Marc ganz besonders liebte. Er liebte die Weihnachtszeit allgemein wegen der Familientreffen mit viel Zeit. Die USA hatten noch ein viel spielerischeres und leichteres Verhältnis zu Weihnachten als Deutschland. Es war bunter und fröhlicher, während Weihnachten in Europa zumindest traditionell eher sakral geprägt war mit ernsten Weihnachtsliedern wie »Es ist ein Ros entsprungen«. In Amerika war Weihnachten einfach lustig und fröhlich.

In New York und Umgebung lag dicker Schnee. Der Lincoln wühlte sich durch den Berufsverkehr. Am Flughafen waren Hallen und Geschäfte weihnachtlich geschmückt, und jetzt glitten Marc und Annika durch die weihnachtliche Stadt, erst zum Spice Shop und dann rüber nach New Jersey zu Sam und Mary.

An deren Heim blinkten ebenfalls einige Lichterketten. Ein großes Drahtrentier mit bunten Lämpchen war im Vorgarten aufgebaut. In der geöffneten Haustür standen bereits Sam und Mary Arm in Arm. Sie schauten Marc und Annika zu, wie sie mit ihren Rollkoffern aufs Haus zukamen.

»Toll, dass du wieder hier bist«, sagte Sam.

»Großartig, wieder hier zu sein«, sagte Marc. »Die Auffahrt ist geräumt.«

»Selbstverständlich«, sagte Sam.

Insgeheim freute sich Marc auf Neuschnee, damit er selbst wieder mit anpacken konnte. Wegen des Fluges nach Westen war die Zeit mehr oder weniger stehengeblieben, in New Jersey war jetzt Zeit fürs Frühstück. Mary hatte Pancakes gemacht, dazu gab es Ahornsirup sowie Spiegeleier und Speck. Für Annika gab es vegane Brotaufstriche. Auch einen ordentlichen Kaffee bekamen Sam und Mary hin.

Nach dem Frühstück zeigten Sam und Mary den beiden Besuchern das Gästezimmer und Marc und Annika richteten sich ein. Sie hatten ein eigenes Badezimmer und einen Balkon. Als sie wieder ins Wohnzimmer herunterkamen, fragte Mary Annika, ob sie mitkommen wolle zum Einkaufen. Die Aufgabe war, das Weihnachtsessen zusammenzustellen und unter anderem bei Whole Foods einen bestellten Truthahn abzuholen, der dann in einer Marinade ziehen sollte, die Annika bis auf die Tasse Zucker darin sehr europäisch vorkam – mit Zwiebeln, Lauch, Möhren, Sellerie, Lorbeerblättern, Thymian, Salz und Pfeffer.

ERWARTUNGEN

»Ich habe bei Facebook gelesen, du bist in Lappland ein Rennen gefahren«, sagte Sam. Er und Marc hatten es sich im Wohnzimmer bequem gemacht und tranken Cola Zero mit Eis.

»Ja, ich bin Dritter geworden«, antwortete Marc.

»Warum?«

»Ich bin zwei Mal rausgerutscht.«

»Und was macht das mit dir?«

»Na, ich ärgere mich. Du weißt doch, dass ich immer gewinnen will.«

»In unserem letzten Zoom Call hattest du mir gesagt, dass du dich von dieser Gewinnerei lösen und mehr für Spiritualität interessieren willst«, sagte Sam.

»Ich werde das leider nicht los«, erwiderte Marc.

»Fährst du so ein Rennen wirklich, um zu gewinnen? Mit Porsche-Werksfahrern auf einer offiziellen Rennstrecke auf einem zugefrorenen See? Ums Gewinnen geht es dabei doch gar nicht.«

»Alle, die so ein Rennen fahren, wollen gewinnen«, sagte Marc. »Das sind alles kleine Jungs. Ich auch.«

»Wenn ich die Ehre habe, mit Magnus Carlsen oder Ding Liren Schach zu spielen, geht es mir ums Spiel«, sagte Sam.

»Das ist klar«, sagte Marc. »Nur spielst du trotzdem so gut, wie du kannst, und spielst nicht irgendeinen Stiefel zusammen, weil du sowieso nicht gewinnen willst.«

»Das stimmt natürlich. Trotzdem würde es mir ums Spiel gehen. Wie bei deinem Rennen.«

Sam liebte selbst Autos, er hatte immer wieder ungewöhnliche Fahrzeuge gehabt – aktuell einen Maserati und einen Jeep Gladiator.

Sam schaute Marc ernst an. »Freust du dich gar nicht darüber, dass du dabei warst? Ich meine, das ist außerordentlich, so ein Event. So gut wie niemand kann am Ende seines Lebens sagen, dass er auf der skandinavischen Rennstrecke von Porsche ein Rennen gefahren ist.«

»Ja, doch, natürlich freue ich mich auch darüber«, sagte Marc. »Nur wurmt es mich eben trotzdem.«

»Dann kannst du ja nie richtig glücklich sein«, sagte Sam.

Marc schwieg.

»Schau mal: Mary und ich. Wir sind jetzt noch gar nicht so lange verheiratet, wie du weißt. Ich war 80, sie 60. Und es funktioniert. Wir kennen uns schon ewig, sind sehr unterschiedlich und trotzdem lieben wir uns. Unsere Ehe ist sicherlich nicht perfekt und doch hält sie.«

»Wie macht ihr das?«, fragte Marc.

»Wir erwarten nichts«, antwortete Sam.

»Wie, ihr erwartet nichts?«, fragte Marc.

»Wir erwarten nichts.«

Zwischen den beiden alten Freunden entstand eine längere Pause.

»Niemand will gewinnen«, fügte Sam hinzu. »Wie viele Familien verbringen Weihnachten im Streit? Der Grund ist meistens eine enttäuschte Erwartung.«

Marc dachte an Annika, die gerade mit Mary beim Einkaufen war. Annika war in Sachen Erwartungen ganz pflegeleicht, dachte Marc. Da hatte er schon schlimmere Szenarien erlebt, bei denen eine Partnerin das perfekte Fest erwartete, und wenn dann etwas nicht ihren Vorstellungen entsprach, brach eine Welt für sie zusammen.

»Also ich bin da ganz easy, denke ich«, sagte Marc.

»Was Weihnachten betrifft«, sagte Sam schmunzelnd.

»Zum Beispiel«, sagte Marc.

»Aber Weihnachten ist dir doch wichtig, oder?«, fragte Sam.

»Absolut«, antwortete Marc. »Ich finde Weihnachten wichtig. Ich mag das Fest, die Lichter, die Geschenke. Gerade wenn ein

Kind dabei ist, erlebst du die Freude, und das ist wirklich schön. Bei uns feiern wir Weihnachten immer sehr lange und sehr üppig.«

»Trotzdem machst du in Sachen Weihnachten keinen Stress«, sagte der alte schwarze Mann. »Du bist da total cool. Wie kommt's?«

Marc überlegte. »Vielleicht weil es um die Atmosphäre geht und nicht ums Gewinnen?«

»Könnte sein«, antwortete Sam. »Es soll einfach schön sein, und da ist niemand, der zu besiegen wäre.«

Marc dachte nach. Es erschien ihm als denkbare Erklärung.

»Es könnte zum Beispiel sein, dass Annika und Mary ohne Truthahn nach Hause kommen. Weil das mit der Bestellung nicht geklappt hat. Was weiß ich. Dann wäre ich nicht enttäuscht. Wir würden aus Weihnachten das Beste machen, was wir daraus machen können. Vielleicht würde es einfach Ravioli geben.«

»Ravioli?«

»Davon haben wir ein paar Dosen im Keller«, sagte Sam grinsend. »Die sind immer lecker. Auch an Weihnachten.«

DAS VORRATSLAGER

»Ich denke«, sagte Marc, »dass es um unsere Werte geht. Wir erwarten, dass unsere Werte nicht verletzt werden. Werden sie verletzt, reagieren wir Menschen enttäuscht.«

»Was sind denn deine Werte?«

»Lust, Harmonie und Freiheit«, antwortete Marc wie aus der Pistole geschossen.

»Und wenn einer dieser Werte verletzt ist, bist du unglücklich?«, fragte Sam.

»Ist das nicht normal?«, fragte Marc.

»Also, bei Mary und mir nicht«, antwortete Sam. »Bei uns stehen wir selbst im Vordergrund, wir als Menschen, nicht unsere Vorstellungen von der Welt und unsere Erwartungen an sie.«

»›Gewinnen wollen‹ ist vielleicht auch einer meiner Werte«, sagte Marc. »Dadurch bin ich ein echt schlechter Verlierer.«

»Die Kunst ist«, fuhr Sam fort, »dass wir uns von unseren Erwartungen abkoppeln. Das Leben enttäuscht uns oft, das tut es im Grunde die ganze Zeit.«

»Das zu akzeptieren, gelingt wohl den wenigsten Menschen«, sagte Marc.

»Du klingst enttäuscht«, sagte Sam. »Warum?«

»Mich enttäuscht es, weil ich das auch gerne könnte«, sagte Marc.

»Auch da willst du gewinnen?«, fragte Sam.

Sam hatte recht. Marc haderte damit, dass er nicht loslassen konnte. Zugleich betrachtete er die Kunst loszulassen als ein Ziel, an das er sich klammerte. Das konnte nicht funktionieren.

»Du kannst mir noch was helfen«, sagte Sam.

»Gerne«, sagte Marc. »Was denn?« Es hatte immer noch nicht geschneit und noch immer wollte er Schnee räumen. »Hast du inzwischen eigentlich eine Schneefräse?«

»Ja, Jimmy und ich teilen uns eine«, antwortete Sam. »Jimmy ist der Nachbar hier drüben. Jetzt werden wir aber erst mal Wasser schleppen.«

»Wasser?«

»Wasser«, antwortete Sam. »Komm mit.«

Sam stand auf, und Marc sah schon, dass er nicht mehr der drahtige Sportler war, als den er ihn kennengelernt hatte. Er war zwar immer noch trainiert, das machten die vielen Jahrzehnte Football, doch zeigten sich die ersten Spuren des Alters. Sam führte Marc in die Garage, zu der es vom Haus einen direkten Zugang gab und in der Sams Autos standen.

»Feiner Maserati«, sagte Marc.

»Danke!«, antwortete Sam.

Dann sah Marc, dass die Ladefläche des Gladiator mit Wassergallonen vollgestapelt war, Plastikkanistern mit knapp vier Litern Wasser.

»Das sind dreißig Gallonen. Die tragen wir jetzt in den Keller. Und die Klappbox auf dem Beifahrersitz auch«, sagte Sam.

Marc ging ums Auto herum und öffnete die Beifahrertür. Da stand eine Plastikbox mit Gaskartuschen, einigen Flaschen Speiseöl und diversen Konservendosen. Im Fußraum lag ein Sack Basmatireis.

»Alles in den Keller«, sagte Sam.

»Bist du zum Prepper geworden?«, fragte Marc.

»Prepper? Was ist das?«, fragte Sam.

»So heißen bei uns die Leute, die sich mit Vorräten eindecken, weil sie einen Tag X erwarten, an dem das Finanzsystem crasht oder die Bundesrepublik Deutschland wieder zum Deutschen Reich wird.«

»Solche Sovereign Citizens haben wir hier auch«, sagte Sam. »Nein, keine Angst. Wir müssen nur die Vorräte auffüllen. Vorräte sollten rollierend sein, das heißt, du lebst von den Vorräten und füllst sie parallel immer wieder auf. Dumm ist es nur, wenn du monatelang vergisst, sie aufzufüllen, dann musst du eben irgendwann einen Großeinkauf machen.«

»Bist du da nicht ein bisschen übervorsichtig?«, fragte Marc. »Jetzt mal im Ernst, das sind mehr als hundert Liter Wasser.«

»Du kennst unser Wetter hier nicht«, sagte Sam. »Und wir wollen uns ja auch mal waschen.«

»Bei Stromausfall läuft hier nichts mehr, richtig?«, fragte Marc.

»Nichts mehr«, bestätigte Sam. »Kein Wasser, keine Heizung, keine Klimaanlage, kein Garagentor, kein Internet, nichts.«

Marc und Sam trugen das Wasser ins Haus, wobei Marc etwa doppelt so schnell war wie Sam. Am Schluss waren alle Vorräte und die Gaskartuschen in einem eigens dafür vorgesehenen Raum im Keller verstaut.

»Danke«, sagte Sam schnaufend und klopfte Marc auf die Schulter. »Du bist ein echter Freund.«

»Keine Ursache«, sagte Marc. »Darf ich mich umschauen?«

»Nur zu.«

Marc ging durch den Keller und staunte – überall Vorräte. Konservendosen, Reis, Nudeln, Wein, Trockenobst, Gemüsegläser. Auf dem Boden einige Gasflaschen. Marcs Blick fiel auf ein Regal.

»Sam. Wie viele Dosen Ravioli sind das?«

»Sechzig«, sagte Sam. »Das Zeug geht im Grunde nie kaputt. Bier geht irgendwann kaputt. Konservendosen halten Jahrzehnte.«

»Du isst gerne Ravioli.«

»Ich liebe Ravioli!«

»Und das hier? Was ist das?«, fragte Marc. Er deutete auf eine olivgrüne Metallkiste, die unter dem Regal auf dem Boden stand.

»Munition und Waffenöl«, antwortete Sam.

»Und die Wumme dazu?«, fragte Marc.

»Alle drei oben im Waffenschrank, wo sie hingehören.«

»Schlüssel zum Waffenschrank?«

»In meiner Hosentasche«, antwortete Sam.

»Vorbildlich«, sagte Marc.

Von oben hörten die Männer Annikas und Marys Stimmen – sie waren vom Einkaufen zurück. Sie hatten den Truthahn dabei, es war also offenbar keine Enttäuschung zu erwarten. Die beiden Frauen waren warm eingepackt und trugen Einkaufstaschen ins Haus. Es hatte zu schneien begonnen. Auf der Einfahrt blieb ein weißer Flaum aus Neuschnee liegen.

»Weiße Weihnachten in Amerika«, sagte Marc zu Annika und nahm ihr die Taschen ab.

»Es ist wundervoll«, sagte Annika. »Alles ganz bunt, die Leute supernett, wirklich schön.«

DIE HEILIGE NACHT

Am nächsten Morgen wurde Marcs Traum wahr: Er durfte mit der Schneefräse Sams Auffahrt freiräumen. Das Wetter hielt die vier nicht davon ab, an diesem 24. Dezember ihren geplanten Ausflug nach Manhattan zu machen – dieses Mal nicht mit einem Limousinenservice, sondern mit einem Taxi.

Sam und Marc gingen zu Barnes & Noble an der 3rd Avenue, Marcs Lieblingsbuchhandlung in New York für Businessliteratur. Bei den amerikanischen Neuerscheinungen war davon auszugehen, dass ihre gedanklichen Ansätze mit etwa zwei bis drei Jahren Verspätung auch in Deutschland Fuß fassten. Sam schaute sich bei den Kalendern und den Fotobänden um. Annika und Mary hatten sich zum Bummeln abgeseilt.

Sam und Marc ließen Zeit vergehen. Sie machten es sich im Café der Buchhandlung bequem und sprachen über alte Zeiten und Marcs neues Interesse am Spirituellen. Mit einigen Neuheiten im Rucksack traten Marc und Sam auf die 3rd Avenue hinaus und machten sich durch die winterliche Großstadt auf den Weg zum verschneiten Central Park, um dort in einem der Restaurants etwas Kleines zu essen. In der Stadt herrschte inzwischen kräftiges Schneetreiben. Vom Restaurant aus beobachteten sie, wie der Wind die dicken fallenden Flocken verwirbelte.

»Lass uns Annika und Mary anrufen«, sagte Sam, nachdem sie die Rechnung bezahlt hatten. »Ich habe hier eine Meldung aufs Smartphone bekommen, dass sich das jetzt einschneit.«

Manhattan war durch den Weihnachtsschmuck zwar schön, doch ein drohendes Verkehrschaos durch Neuschnee barg die Gefahr, dass die vier stecken bleiben könnten. Sie nahmen ein Taxi, das den kürzesten Weg durch den Holland-Tunnel unter dem Hudson hindurch nach New Jersey wählte. Als der Wagen vor Sams und Marys Haus hielt, lagen auf der Auffahrt zehn Zentimeter Neuschnee. Es schneite weiter dichte, dicke Flocken.

Im Flur klopften alle den Schnee von ihren Schuhen und Mänteln. Sam heizte den offenen Kamin im Wohnzimmer an.

»Dann schneien wir halt ein«, sagte Annika. »Wir haben ja alles, was wir brauchen.«

Sam bereitete die Marinade für den Truthahn vor und Mary richtete für diesen Heiligen Abend ein klassisch karges Abendessen an: Es gab Schnittchen, auch wenn sie in den USA anders hießen, und dazu einen münsterländischen Kräutertee, von dem Marc und Annika eine Tüte mitgebracht hatten. Nach dem Abendessen saßen alle am Wohnzimmertisch und sprachen über die Weltlage und darüber, wie sich gemeinsame Bekannte weiterentwickelt hatten. Draußen sah Marc durch das Licht des Rentiers dicke Schneeflocken heruntersegeln, lautlos und machtvoll.

Das Holzfeuer im Kamin knisterte, ab und zu knackte ein Scheit, weil sich eingeschlossenes Wasser explosionsartig befreite. Es war ein perfekter Moment. Intensiv. Dann schlug Annika vor, Rommé zu spielen. Sie hatte Karten dabei. Sam und Mary kannten das Spiel nicht und ließen es sich beibringen. Es war ein langer Heiligabend beim Kartenspiel mit Tee.

Wann hatte Marc zuletzt einfach nur Rommé gespielt? Zum ersten Mal seit langer Zeit ging er in dem Spiel auf, in dem Abend mit lieben Menschen. Er griff weder zum Smartphone, noch grübelte er über Geschäftsideen nach. Neben sich auf dem Boden hatte er einige seiner neuen Bücher gestapelt, um im Laufe des Abends ein wenig darin herumzublättern, doch bis jetzt hatte er sie nicht angerührt und sich auf das Spiel konzentriert.

Nach einigen Stunden Rommé ging Sam in die Küche und bereitete einen Eggnog mit Rum zu, eine Art amerikanischen Eierpunsch. Marc lehnte sich zurück und hörte dem Gespräch zwischen Mary und Annika zu.

»Das Selbstbewusstsein«, sagte Mary, »ist das, was du siehst. Wie die Äste und Blätter eines Baumes. Oberhalb der Erdoberfläche. Der Selbstwert dagegen, das ist das, was du nicht siehst, das sind die Wurzeln unter der Erde.«

In Marcs Kopf ratterte es.

»Oft beeindrucken uns Menschen mit einem starken Selbstbewusstsein, sie stehen da wie ein stolzer Baum«, fuhr Mary fort. »Doch das eigentlich Interessante ist der Selbstwert, also das, was den Menschen im Kern ausmacht. Das, was du nicht siehst, weil es verborgen ist.«

»Das ist der Unterschied zwischen dem Innen und Außen«, sagte Annika.

»Wenn du so willst«, sagte Mary. »Das Selbstbewusstsein sollte sich aus dem Selbstwert nähren, sonst ist es nur Show.«

»Wie ist das denn bei euch?«, fragte Annika.

»Sam hat ein beeindruckendes Wurzelwerk. Er ist vollkommen klar mit sich. Und das stabilisiert alles. Ihn, unsere Ehe, alles.«

»Und du?«, fragte Annika. »Hast du auch so ein starkes Wurzelwerk?«

»Ich hoffe es«, sagte Mary lachend.

Sam kam mit einem Tablett mit vier Tonkrügen heißem Eggnog. Er stellte es zwischen die Rommékarten auf den Wohnzimmertisch. Dann legte er ein Buchenscheit in den Kamin, damit sich das Feuer wieder belebte.

»Jeder kann diesen Selbstwert finden«, sagte Sam. »Auch wenn er verschüttet ist. Denn der Mensch an sich ist wertvoll. Es gibt niemanden, der unwichtig wäre.«

Marc hatte den Eindruck, dass es um ihn ging.

»Nehmt euch Eggnog«, sagte Sam. Er setzte sich, nahm sich einen Pott und wartete, bis die anderen auch einen hatten. »Auf diese schöne Holy Night«, sagte Sam. »Und schön, dass ihr da seid.«

»Wisst ihr, was wirklich angenehm ist bei euch?«, fragte Annika.

Sam und Mary sahen sie erwartungsvoll an. Auch Marc wusste nicht, worauf sie hinauswollte.

»Es läuft weder der Fernseher noch Musik«, sagte sie.

»Tja, und das, obwohl wir ein amerikanischer Haushalt sind«, scherzte Mary. Sam schaute sie liebevoll an und legte seine Hand auf ihren Arm. »So konsumorientiert.«

Marc war es gar nicht bewusst gewesen und doch erkannte er es jetzt als schön: die Ruhe, ein Zustand ohne unbedeutende Informationen, kein ablenkendes Gedudel, nicht dieser sonst ständig laufende Unterhaltungsmüll für simple Gemüter, sondern »quality time« mit guten Menschen. Darum ging es.

Das Downshifting, das er sich wünschte, war vielleicht gar nicht so schwer.

DAS SCHNEECHAOS

Irgendwann in der Nacht erwachte Marc, weil Annika sich enger an ihn kuschelte. Seine Füße ragten unter der Decke hervor und es war kalt. Er sah auf das Display seines Smartphones – es war drei Uhr in der Nacht, doch das Gerät lud nicht. Er zog das iPhone vom Kabel ab, nutzte das Display als Lichtquelle und stand auf, um sich aus seinem Koffer ein Paar warme Socken zu holen. Er öffnete die Jalousie, schaute aus dem Fenster und sah – nichts. Es war zappenduster. Das Rentier und die restliche Weihnachtsbeleuchtung waren aus, die Straßenlaternen waren aus und nur schemenhaft erkannte Marc herabfallende dicke Schneeflocken. In der Ferne flackerte ein rot-blaues Licht, vermutlich ein Polizeifahrzeug.

Es schneite und schneite. Und der Strom war weg.

Marc prüfte, ob Annika warm war, zum Glück hatte sie ihren langärmligen Pyjama an. Er zog die Wollsocken an und legte sich wieder ins Bett.

»Was ist denn?«, murmelte Annika verschlafen.

»Alles gut«, sagte Marc. »Der Strom ist weg, aber der ist bestimmt gleich wieder da.«

»Kein Strom, kein Truthahn«, murmelte Annika und schlief wieder ein.

»Das habe ich heute Nacht gesagt?«, fragte Annika am nächsten Morgen, als sich alle vier im dunklen Wohnzimmer am Kamin trafen. »Kein Strom, kein Truthahn?«

Sam machte erneut ein Feuer. »Natürlich gibt es Truthahn. Und zum Glück haben wir genug Holz«, sagte er. »Es gibt hier Häuser, die keinen offenen Kamin haben.«

»Du willst den Truthahn hier im Kamin grillen?«, fragte Marc.

»Im Gasgrill auf der Terrasse«, antwortete Sam.

»Das Frühstück improvisieren wir«, sagte Mary, die in zwei dicke Bademäntel gehüllt war.

Als das Feuer brannte, sagte Sam zu Marc: »Du kannst mir noch mal helfen. Wir müssen den Benzinmotor aus der Gartenhütte auf die Terrasse stellen, dann haben wir ein bisschen Strom. Als Erstes schließen wir die Elektroheizer an.«

Sam und Mary waren wirklich gut ausgestattet. Mit der Schneeschaufel schippte Marc die Gartenhütte frei, er schätzte die Schneedecke auf vierzig Zentimeter. Es schneite und schneite. Am Ende hatte Sam einen Benzinmotor in Betrieb, aus dem ein Stromkabel in eine Steckdose in der Hauswand führte, an die er von innen einen Verteiler anschloss.

Marc wischte mit seinem Ärmel die Schneedecke von dem mit einer Plane abgedeckten Grill, der unter dem Vordach stand. Sam trug die angeschlossene Gasflasche hinterher. Die Flüssigkeit darin schwappte, das würde für einen Truthahn reichen.

»Und jetzt hilf mir noch mal tragen«, sagte Sam und deutete Richtung Kellertür.

Marc erkannte, dass Sams Prepper-Fimmel Vorteile hatte – dank der Vorräte konnten alle gemeinsam Weihnachten feiern, ohne zu frieren oder zu verdursten. Marc und Sam holten jede Menge Zeug aus dem Keller: zwei Gallonen Wasser, eine Dose gemahlenen Kaffee und eine Cafetiere, in den USA Coffee press genannt. Außerdem eine Plastikbox mit jeder Menge Stromkabeln und Verteilerdosen. Marc erinnerte sich an das geisterhaft infizierte Ladegerät, verwarf den Gedanken aber wieder. Sam verlegte im Erdgeschoss des Hauses ein kleines Stromnetz und schloss in mehreren Räumen Stehlampen an sowie den Kühlschrank in der Küche. Der Motor war Gold wert: Er sorgte für ein wenig Wärme durch die Elektroheizkörper, für Kühlung und für Licht. Auch der Weihnachtsbaum erstrahlte und ein Teil des Weihnachtsschmucks im Haus. Das Rentier draußen blieb dunkel. Statt Pancakes gab es zum Frühstück Toast.

Das Gespräch bei dem improvisierten Frühstück drehte sich um den Klimaschutz. Es war völlig absurd, was hier lief: Draußen verbrannte ein Motor Benzin, die Energie kam über Kabel ins Haus und erzeugte dort Wärme, die durch die typisch amerikanische Bauweise sofort wieder ins Freie gelangte. Richtig warm wie bei einem funktionierenden Heizungssystem wurde es natürlich nicht und so waren alle dick eingepackt. Doch das Ganze war besser als ohne Holzfeuer und ohne Benzinmotor.

Draußen schneite es immer weiter. Ein Polizeiwagen hielt vor dem Haus und Sam ging hinaus. Bei dem Polizeiwagen sammelten sich einige Nachbarn, sie begrüßten einander freundlich und die Polizeibeamten gaben einige Informationen durch. Dann kam Sam wieder rein.

»Es ist noch zu früh, um zu schauen, ob euer Rückflug klappt«, sagte Sam. »Bisher jedenfalls ist John F. Kennedy dicht und Newark auch. Und die Stadtwerke wissen nicht, wann der Strom wieder da ist. Sie sind dran.«

Nach dem Frühstück ging es an die Bescherung. Die beiden Pärchen tauschten kleine Geschenke aus: Mary schenkte Annika eine indianische Tonschale, die ein Schamane im Yellowstone-Nationalpark geweiht hatte und die alles heilen sollte, was jemand hineinlegte. Ausdrücklich sagte Mary, dass dies auch für Gedanken auf Zettelchen galt.

Für Marc hatten Sam und Mary ein kalifornisches Kochbuch und einen historischen amerikanischen Briefkasten aus Metall. Marc schenkte Sam einen intelligenten Metallbecher, der Heißgetränke über eine App auf der eingestellten Wunschtemperatur hielt. Er wusste, dass Sam beim Basteln oft seinen Kaffee vergaß. Und dann schenkten Marc und Annika den beiden noch das Räucherset mit Weihrauch.

Marc berichtete von François und der Räucheraktion in seinem Haus. Annika half zu erklären, was die Raunächte waren und wie das Räuchern gegen böse Geister und schlechte Gedanken half. Gespannt verfolgten Sam und Mary, wie Annika den Weihrauch auf das Gitter bröselte und das Teelicht darunter entzündete. Nach wenigen Sekunden begann der Weihrauch zu dampfen und verströmte sein Aroma im Raum.

Dann war es Zeit, im Gasgrill den Truthahn zuzubereiten. Es gelang den vieren, mit Wasser aus dem Kanister und Gasgrill ein komplettes Weihnachtsessen zu improvisieren.

Marc und Annika saßen bei Sam und Mary fest. Der Wind wehte das Haus von der Straßenseite her immer weiter mit Schnee zu, die Terrasse lag zum Glück im Windschatten. Immer wieder schauten Marc und Sam nach dem Benzinmotor und klopften Schnee ab. Mehrmals zapften sie in der Garage Benzin aus einem Tank ab und tankten den Motor.

Diesen wirklich sehr ungewöhnlichen und – von dem tuckernden Motor abgesehen – sehr ruhigen Weihnachtstag und -abend brachten die vier vor allem mit Rommé zu, unterbrochen von einem hervorragenden Weihnachtsessen. Eine Zeit lang zog Marc sich zurück, um in seinen Büchern zu schmökern, und so spielten die anderen ohne ihn. Er merkte: Wenn er nicht mitspielte, wollte er auch nicht gewinnen. Und es fehlte ihm nichts, wenn er einfach einmal nur die Ruhe genoss und sich auf seine Bücher konzentrierte. Er dachte für sich, dass es genau jetzt genau richtig war, richtig schön. Und er stellte sich Ego vor, der ihm zuflüsterte, dass genau das die so elementare Gegenwärtigkeit war.

Das Schneetreiben hatte dem Außen einen Riegel vorgeschoben und Marc und Annika für mehrere Tage an Sam und Mary gebunden. Drei Tage später als geplant flogen Marc und Annika dann nach Deutschland zurück, sie landeten am 30. Dezember in Düsseldorf. Als sie am Haus am See vorfuhren, rannte Ego freudig auf beide zu und sprang an Marc hoch.

Auch am See lag Schnee und als Erstes machten Annika und Marc mit Ego einen weiten Spaziergang durch die winterliche Stille. Annika hatte Sam kennengelernt, Marcs Mentor. Das war wichtig. Und Marc hatte Stoff zum Nachdenken mitbekommen: Sams Improvisation bestand letzten Endes darin, sich aufs Wichtige zu konzentrieren und das Unwichtige wegzulassen. Er hatte nicht über den Stromausfall gejammert, sondern die Ressourcen genutzt, die da waren. Es ging immer darum, dass Menschen füreinander da waren.

Die folgenden Tage der Raunächte waren sehr still und intensiv. Annika hatte von Marc einen neuen Rechner geschenkt bekommen und installierte Software und spielte herum. Die gewohnte Taktung üblicher Tage zerfloss – es gab keine Essenszeiten mehr und bald verschob sich das Zeitgefühl. Marc und Ego waren viel draußen unterwegs.

»Anneliese und ich haben euer Schneechaos über die Nachrichten verfolgt«, sagte Ego.

»Sam und Mary haben uns gut aufgenommen«, sagte Marc. »So sollten wir auch handeln, wenn jemand Hilfe braucht.«

»Das hast du doch immer getan«, erwiderte Ego. »Das ist doch nichts, was du lernen musst.«

»Ich habe viel darüber nachgedacht, dass ich bisher immer entschieden habe, inwieweit jemand selbst schuld an seinem Unglück ist oder nicht«, sagte Marc. »Dabei spielt das vielleicht gar keine Rolle.«

»Wichtig ist einfach nur, sich nicht aufzuopfern«, sagte Ego. »Du kannst nur geben, wenn du selbst etwas hast.«

»Das ist klar«, sagte Marc.

»Alle haben ein Gefäß mit Energie«, sagte Ego. »Manche geben so viel, dass sie selbst keine Energie mehr haben. Andere schauen, dass sie ein volles Gefäß haben, und versorgen andere dann aus dem Überfluss heraus.«

»Ich habe zwei Gefäße«, erwiderte Marc. »Eines fürs Außen und eines fürs Innen. Mein Gefäß für Energie im Außen ist immer randvoll. Das fürs Innen war noch nie wirklich voll.«

»Na ja, es füllt sich allmählich, oder?«

»Ja, das stimmt schon.«

»Lass dir einfach Zeit und schau, wem du mit einer Außen-Energie helfen kannst.«

»Guter Plan.«

Für Silvester, eine der wichtigsten Raunächte, wollten Marc und Ego ein wenig Pause machen mit ihren Gesprächen. Auch Ego brauchte etwas Ruhe und Erholung. Marc und Annika feierten Silvester zu zweit mit Ego und Ego durfte einmal nur Hund sein. Marc und Annika nahmen Marys Schale aus dem Yellowstone und schrieben am Silvesterabend Dinge auf Zettel, die sie zurücklassen wollten. Da dies ein sehr persönliches Ritual war, verrieten sie einander nicht, was sie aufschrieben und dann in der Schale verbrannten. Auf einem von Marcs Zetteln stand: »Dieses ständige Festhalten am Außen«.

DER VERLUST

Im neuen Jahr nahte dann das Neujahrstreffen von Marcs Business-Club. Das Wochenende war perfekt geplant. Noch bis Samstag wollte Marc mit Ego in der Schweiz bleiben, bei einem Treffen seines Clubs in einem Nobelhotel. Es tat ihm gut, die Kollegen und Freunde wiederzusehen. Es war eine elitäre Runde mit sehr viel Erfahrung, die einige der Mitglieder in ihren Masterclasses zu Gold machten. Bei dem Treffen tauschten sich alle über ihre neuen Geschäftsideen und Erfahrungen aus. Das Essen und die Weine waren vom Feinsten und der Blick über die wolkenfreien Alpen traumhaft.

Dann war eine Hochzeit angesagt. Marc wollte sich und Ego nach dem Frühstück von seinem Chauffeur nach München fahren lassen, um dort Annika vom Flughafen abzuholen und mit ihr gemeinsam zu erleben, wie sich ein befreundetes Pärchen das Jawort gab. Auch auf diese Feier freute sich Marc wie auf Weihnachten – er liebte den Austausch mit Menschen zwischen seinen intensiven und arbeitsreichen Konzentrationsphasen.

Die allermeisten Tage in Marcs Leben verliefen in irgendeiner Weise geplant, ob als Arbeits- oder als Kommunikationstag. Wenn Marc zurückdachte an Tage, die nicht planmäßig verlaufen waren, dann waren das entweder so erholsame Tage wie um den Jahreswechsel oder entscheidende Wendepunkte.

EIN UNERWARTETER TOD

An diesem Samstagmorgen um 7.31 Uhr – Marc war bereits mit Ego bei Finsternis im Schnee laufen gewesen, Ego fraß sein Futter aus dem Napf, Marc kam aus dem Bad und hatte das Handtuch um die Schultern hängen – vibrierte sein Smartphone. Es zeigte den Namen von Rolands Frau an. Da wusste Marc, dass der weitere Tag möglicherweise nicht normal verlaufen würde.

Roland, dessen Familie in Österreich lebte, war am Vorabend dort unterwegs gewesen. Es war am Abend gegen 18.30 Uhr, Roland wollte seinen Sohn vom Bahnhof abholen. Da dicker Schnee lag, hatte Roland Schneeketten aufgezogen. Ein Räumfahrzeug war an ihm vorbeigefahren, der Fahrer sah Roland die Ketten montieren. Und nachdem die Schneeketten aufgezogen waren und Roland wieder im Auto saß, blieb er auf seinem Fahrersitz einfach sitzen. Er fuhr nicht los.

Einige Zeit später war das Räumfahrzeug auf dem Rückweg. Der Fahrer sah am Straßenrand immer noch Rolands Auto stehen. Bei laufendem Motor. Der Mann, der vorhin die Ketten aufgezogen hatte, saß am Steuer und rührte sich nicht. Der Lkw-Fahrer fuhr an die Seite, kletterte aus seinem Räumfahrzeug und sah nach Roland. Dann wählte er die Notrufnummer der österreichischen Rettung.

Rolands Herz hatte aufgehört zu schlagen. Mit Mitte fünfzig.

Marc fühlte sich getroffen und machtlos. Einer seiner engsten Freunde und Partner war tot. Verzweifelt versuchte er, sich an die letzte Begegnung zu erinnern. Im gleichen Moment musste er an einen früheren Fahrer denken, der direkt nach einer längeren Reise eine Tasche aus dem Kofferraum genommen und Marc gesagt hatte, er fühle sich komisch – dann war er umgefallen. Marc hatte den Notarzt gerufen und mit Wiederbelebungsversuchen begonnen, doch der Fahrer war wenige Tage später im Koma gestorben.

Gleichzeitig hatte er Rolands Frau am Telefon, für die der Verlust noch viel schlimmer sein musste als für Marc. Es war etwas viel auf einmal.

Er stand, in ein Badetuch gehüllt, in seinem Hotelzimmer in der winterlichen Schweiz und versuchte zu realisieren, dass er Britta am Telefon hatte, die untröstlich war, und dass auch er noch gar nicht für wahr halten konnte, was sie ihm da gesagt hatte. Ego hörte auf zu fressen und hörte dem Telefonat zu.

Diese Todesnachricht war für Marc ein Schock, der ihn geradezu lähmte. Er rief Annika an und berichtete ihr von dem Geschehen – sie solle ihren Flug nach München canceln, Marc komme nach Hause.

Dann ging er zum Frühstück runter und wirkte wie paralysiert. Einige seiner Clubkollegen saßen bereits lachend zusammen, früh aufstehen war in der Szene üblich, manche waren bereits im Fitnessraum gewesen, andere laufen und einen der Kollegen hatte Marc beim Laufen durch den Schnee auch schon getroffen.

Marc berichtete kurz von dem Anruf und von Rolands Tod. Er sagte, er werde sofort abreisen. Die gute Laune am Tisch nahm ein jähes Ende. Marc holte sich ein kleines Frühstück und eine Tasse Kaffee, setzte sich zu den Kollegen und sagte gar nichts. Er saß vor seinem Obstteller und schwieg, während ihm die Tränen aus den Augen rannen. Die Kollegen versuchten, ihn zu trösten, doch er war wie in einem emotionalen Tunnel, in dem es nur um seinen Schmerz ging und auch um Brittas Schmerz. Es war zu früh, um Beileidsbekundungen entgegenzunehmen und adäquat darauf reagieren zu können. Marc zwang sich, etwas Obst zu essen, und trank einen Schluck von seinem Kaffee.

Dann holte er sein Gepäck und Ego aus dem Zimmer, ging runter zur Rezeption und checkte aus. Er ging zum Parkplatz, wo der Kleinbus samt Fahrer schon wartete, ließ Ego noch einmal hinter die Hecke springen und lotste ihn dann ins Auto. Marc bat den Fahrer, nicht nach München zu fahren, sondern zum Niederrhein.

»Mein Beileid«, sagte der Fahrer, der von einem der Kollegen erfahren hatte, was los war.

»Danke«, antwortete Marc.

Auf seinem Smartphone hagelte es Nachrichten. Er schrieb mit Britta hin und her und bot an, dass er vorbeikäme, sollte er gebraucht werden. Immer wieder telefonierte er mit Annika und besprach, was zu tun war, wobei er merkte, dass er im Grunde keinen klaren Gedanken fassen konnte. Er rief den Bräutigam in München an, wünschte eine tolle Hochzeit und sagte wegen des Trauerfalls ab. Er kraulte Ego den Hals und Ego sandte das Signal: »Lass uns später sprechen.«

Roland war nur wenig jünger gewesen als Marc. Was sollte das, dass jemand in diesem Alter einfach ging? Von gesundheitlichen Problemen war Marc nichts bekannt. Möglicherweise hatte Roland einen Infekt verschleppt und sich beim Kettenaufziehen überanstrengt. Vielleicht war es auch die Quittung fürs Rauchen, obwohl Roland schon lange aufgehört hatte.

Zum ersten Mal in seinem Leben dachte Marc ernsthaft über den Tod nach, weil er direkt und konkret davon betroffen war. Sicher hatte er auch vorher schon Todesfälle erlebt, doch meist waren alte Menschen gestorben und mit einem Tod nach einem langen Leben haderte Marc in keiner Weise.

QUANTITATIVE LEBENSERFÜLLUNG

Starb jedoch ein junger Mensch an einer Krankheit oder infolge eines Unfalls, fand Marc das tragisch. Da wurde jemand aus dem Leben herausgerissen, obwohl er noch dabei war, seinem Plan zu folgen. Alle Menschen hatten Pläne, kluge und weniger kluge, und wer einen weniger klugen Plan verfolgte, hatte die Gelegenheit, von anderen zu lernen und seinen Plan zu ändern. Durch dieses Leben möglichst sinnvoll hindurchzukommen, das war es, was Marc bis dahin als Sinn des Ganzen verstanden hatte.

Auf der Fahrt dachte er darüber nach, inwieweit es darum ging, aus diesem Leben möglichst viel herauszuholen und mitzunehmen. Er fühlte sich dabei ertappt, denn er stopfte sein Leben wirklich voll mit Aktionen und Projekten, was dem Kreislauf nicht unbedingt guttat. Wenn irgendjemand sagen konnte, er habe mehr auf die Beine gestellt und mehr unternommen als die meisten anderen Menschen auf der Welt, dann war das Marc. Jetzt fragte er sich, zu welchem Preis er ein solches Leben eigentlich führte.

In einem Seminar war Marc einmal das Modell begegnet, dass unser Leben umso erfüllter ist, je mehr wir pro Zeiteinheit tun. Die Logik klang überzeugend. Unsere Kindheit ist von unterschiedlichsten Aktivitäten geprägt, bei Marc war es das Herumtoben auf dem Campingplatz. Kinder kommen in den Kindergarten und vom Kindergarten in die Schule, Lehrer wechseln, neue Unterrichtsfächer kommen hinzu, glückliche Kinder erleben spannende Ferien mit tollen Aktionen und die Pubertät ist dann ein einziges Abenteuer mit zahlreichen Erfahrungen. Irgendwann beginnt der »Ernst des Lebens«, meist mit einem Fokus auf *einen* Beruf und *eine* Tätigkeit, die der Mensch bis zum Renteneintritt praktizieren soll.

Jedenfalls war die Theorie: In einem Erwachsenenleben, das ähnlich quirlig wäre wie die Kindheit, würde der Mensch mehr Spannendes erleben, und dadurch erschiene das Leben erfüllter.

Marc dachte über diese Theorie nach und erkannte, dass er tatsächlich so lebte: Sein Leben war voller Aktivitäten, durch die er sein Leben am Ende als erfüllt würde bezeichnen können. Und doch schien es ihm, als renne er etwas hinterher, was er nie erreichen würde.

Unterwegs hielt der Fahrer mehrmals auf Autobahnrasthöfen an, auch damit Ego in den Busch konnte und Marc ihm Futter und Wasser geben konnte. Während der Fahrer im Toilettenhäuschen verschwand, fanden Marc und Ego ein wenig Gelegenheit zum Dialog.

»Das ist eine sehr quantitative Sicht auf das Thema Erfüllung«, wandte Ego ein.

»So habe ich das bisher gesehen«, sagte Marc. »Es geht darum, möglichst viel zu machen. Je mehr du im Leben unternommen hast, auf umso mehr kannst du zurückblicken.«

»Vielleicht ist das gar nicht erstrebenswert«, meinte Ego.

»Darüber lässt mich mein verstorbener Freund Roland gerade nachdenken.«

»Es heißt, im Moment des Todes zieht das ganze Leben an uns vorbei«, sagte Ego.

»Das habe ich auch schon mal gehört«, antwortete Marc. »Nur zieht mein Leben seit fünfzig Jahren an mir vorbei.«

»Ohne Zeit zur Reflexion?«, fragte Ego. »Möglicherweise ist das der Punkt.«

Marc dachte erstmals darüber nach, ob sein Konzept aufging. Sicher würde er in jedem weiteren Leben erneut einen Weg einschlagen, der das Gegenteil von eintönig und langweilig war. Doch war dieses ständige Anhäufen von allem klug? Marc häufte ja nicht nur Materielles an, sondern auch Erfahrungen. Seine Erfahrungen waren enorm, sie übertrafen den gesellschaftlichen Durchschnitt quantitativ sicher um ein Vielfaches.

»Ich frage mich, ob diese vielen Erfahrungen am Ende in der Menge der Erfahrungen untergehen«, räsonierte er.

»Eine Sache richtig machen, darum geht es doch«, sagte Ego.

»Ist das so?«

»Oder meinetwegen wenige Dinge richtig machen.«

Marc überlegte, was am Ende des Lebens von Berühmtheiten geblieben war. Oft war das nicht mehr als ein Stichwort: Mit

Albert Einstein verbanden die Menschen die Relativitätstheorie, mit Isaac Newton die Schwerkraft. Doch schon bei Leonardo da Vinci war das gar nicht mehr so einfach. Da Vinci hatte zahlreiche Dinge zustande gebracht, weil er sich in Unmengen von Fachbereichen auskannte: Technik, Malerei, Design, Philosophie, Bildhauerei – daher galt da Vinci als Genie. Doch alles zu machen, war ein Konzept, das Marc gar nicht so klug fand. Wer sich positionierte, sollte sich idealerweise auf eine Sache konzentrieren, damit sein Angebot nicht wie ein Bauchladen mit beliebigen Produkten daherkam. Obwohl Marc ja eben überlegte, womit er den Rest seines irdischen Lebens zubringen sollte.

»Ist das Leben eines Universalgelehrten erfüllter als das Leben eines Spezialisten?«, fragte Ego.

»So pauschal lässt sich das bestimmt nicht sagen«, antwortete Marc.

»Es entspricht doch deiner Theorie«, gab Ego zu bedenken. »Du sagst, je mehr verschiedene Dinge jemand tut, desto erfüllter ist sein Leben.«

»Vielleicht ist das ja alles nicht richtig«, sagte Marc. »Vielleicht stimmt das alles gar nicht.«

»Na ja«, sagte Ego, »es ist ja auch das, was du gerade erlebst. Du hast dich fast immer konzentriert, dein Leben nach einem Plan geführt und fragst dich jetzt, ob es einen Bruch darstellen würde, wenn du etwas anderes machst. Wobei du niemals alles machen kannst, was du machen könntest.«

Der Fahrer kam vom Toilettenhäuschen zurück. »Lass uns nachher weiterreden«, sagte Ego.

»Kannst du noch?«, fragte Marc den Fahrer.

»Alles klar«, antwortete der. »Die nächste Etappe sind 180 Kilometer, dann gibt's Kaffee und Kuchen.«

»Also«, sagte Marc. »Los geht's.«

WAS IST NORMAL?

Wie auch immer Marc und Ego es wendeten: Roland war viel zu früh aus dem Leben gerissen worden. Es war gut, dass Marc bei dieser Fahrt nicht am Steuer saß – immer wieder übermannten ihn seine Emotionen. Zeitweise ließ er einfach den Blick schweifen und sah verschneite Felder an sich vorbeiziehen. Die Normalität des Tages war in tausend Stücke zerbrochen, und er fragte sich, ob es überhaupt wieder eine Normalität gegen würde. War nicht genau die jetzt zu hinterfragen?

Was überhaupt war denn »Normalität«? Normal wäre es gewesen, wenn Marc die gesamte Fahrt am Rechner zugebracht hätte – beziehungsweise: am Rechner, am Smartphone und auch noch am Tablet. Dass er telefonierte, Projekte steuerte und mindestens drei potenzielle Neukunden anrief, um Geschäfte zu generieren. Das wäre »normal«.

Normal war auf der anderen Seite auch, dass der Tod den Menschen immer begleitete, bei allem, was Menschen taten. Der Tod war der Zustand nach dem Leben.

Vor vielen Jahren war einmal ein Kollege bei einem Motorradunfall ums Leben gekommen, mit neunundvierzig Jahren, ebenfalls viel zu früh. Bei einem Unfall schien die Ursache offenkundig, weshalb viele Menschen Unfalltode auf etwas Greifbares zurückführten. Bei einem Herzinfarkt wirkte der Tod wie ein Schicksalsschlag aus heiterem Himmel, weil niemand in die Blutgefäße schaute. Denkbare Ursachen gab es viele, nur einige davon waren beherrschbar, und so wirkte ein solcher Tod eher so, als habe Gott oder das Universum den Betroffenen einfach vom Spielfeld genommen.

Nur wo war die Seele solcher Menschen? François vertrat die Theorie, dass sich die Seelen Verstorbener in der Anderswelt befanden, zu der wir vor allem in den Raunächten einen besonderen Zugang hatten, worüber wiederum sachlichere Gemüter verständnislos den Kopf schüttelten. Doch auch wenn Rolands Seele irgendwo erreichbar gewesen wäre, wenn sie irgendeine Form von Adresse gehabt hätte, so war es doch ungerecht, dass Gott oder wer auch immer der Kontaktaufnahme eine neue Hürde in den Weg gestellt hatte.

Marc kam eine Idee, und beim nächsten Stopp, als der Fahrer Essen holen war, unterbreitete er sie Ego. Der Hund schlabberte Wasser aus seinem Napf.

»Ich könnte François bitten, Kontakt zu Roland aufzunehmen«, sagte Marc.

Ego verschluckte sich und hustete erst mal Wasser ins Gras. »Tu das nicht«, riet er. »Dazu ist es noch viel zu früh. Das würde dir auch François sagen.«

»Zu früh?«

Ego setzte sich hin und sah zu Marc auf. »Es kann ja sein, dass es das Leben und den Tod gibt, doch heißt das noch lange nicht, dass es ein Wechsel ist, wie wenn du einen Schalter umlegst. Du weißt doch, dass Tote aufgebahrt werden, damit ihre Seele den Körper verlassen kann. Oft stehen Kerzen neben dem Toten. In alter Tradition hat jemand Totenwache gehalten. Das Ende des Lebens mag das Ende der Körperfunktionen sein, doch die Reise der Seele ist damit oft noch nicht erledigt.«

DIE REISE DER SEELE

Marc war beeindruckt. »Was weißt du denn über die Reise der Seele?«

Ego sah ihn an. »Was ich darüber weiß, ist das, was du auch darüber weißt, wenn du ehrlich zu dir selbst bist und klar wahrnimmst, was um dich herum geschieht. Wenn du damit aufhörst, deine Vorstellungskraft zum Maßstab aller Dinge zu erheben und dich dumm zu stellen.«

»Ich stelle mich dumm?«, fragte Marc.

»Ganz vieles weißt du längst«, erwiderte Ego. »Du tust nur so, als wüsstest du es nicht, und du redest dich dir gegenüber damit heraus, dass keine Beweise für das vorlägen, was du weißt.«

Marc musste schlucken und einen Moment nachdenken. »Also, ich hatte die Totenwache bisher so verstanden, dass Menschen von dem Verstorbenen Abschied nehmen konnten«, sagte er schließlich. »Dass da die Seele auf Reise geht, war mir bisher nicht bewusst.«

»Ich will auch nicht sagen, dass es eine Reise nach klassischem Verständnis ist und dass alle anderen Deutungen falsch sind«, sagte Ego. »Doch du weißt, dass vieles denkbar ist, solange der Mensch nicht einmal weiß, was die Seele genau ist. Es wäre einfach zu wenig, hier nur auf das zu vertrauen, was wissenschaftlich belegt ist.«

»Und wohin reist die Seele?«

»Ich kann mir vorstellen«, begann Ego seine Antwort, »dass die Seele das nach dem Tod selbst noch nicht so genau weiß. Die christliche Lehre glaubt ja an die Reise der Seele in eine Art von Jenseits, das dem Diesseits gegenübersteht. Das haben auch die alten Römer so gesehen, da war das Jenseits der Hades und der Fluss zwischen Leben und Tod war der Styx.«

»Der Styx?«

»So hieß der«, sagte Ego. »Und du kennst die Symbolik des Fährmanns, der dich über den Fluss bringt, zum Beispiel von Tarotkarten. Richtig?«

Marc nickte. Dieser Fährmann war ihm ein klares Bild vor Augen, bei dem es ihn gruselte.

»Das ist der Weg der Seele vom Leben in den Tod oder ins Jenseits«, fuhr Ego fort. »Wobei die christlichen Kirchen je nach Ausprägung auch an verschiedene Formen von Jenseits glauben, beispielsweise an den Himmel und die Hölle, das Paradies und das Fegefeuer.«

»Du willst mir jetzt aber keine theologische Vorlesung halten, oder?«, fragte Marc.

»Nur eine ganz kurze«, beruhigte Ego ihn. »Jetzt ist die Überlegung, dass der Mensch nach dem Tod ins Paradies kommt, in gewisser Weise kurios, weil mit dem Paradies ja alles angefangen hat.«

»Adam, Eva und der Apfel, meinst du?«

»Es war kein Apfel«, korrigierte Ego, »es war eine Frucht vom Baum der Erkenntnis. Mit dem Paradies, aus dem Gott den Menschen nach dem Sündenfall vertrieben hat, fängt nach christlicher Lehre alles an. Und kommt die Seele nach dem Tod ins Paradies, ist das ein Verweis auf die Rückkehr der Seele zu den Ursprüngen.«

»Aha«, sagte Marc.

»Der Sündenfall war der Griff zur Erkenntnis, also der Wille, Gott gleich zu werden«, fügte Ego an. »Wer das im Leben unterlässt, Gott Konkurrenz zu machen, wer sich in seine Rolle als Mensch fügt und demütig statt anmaßend lebt, der hat die Chance, in den Himmel zu kommen.«

»Woher du das alles weißt«, wunderte sich Marc.

»Du weißt das auch alles«, sagte Ego. »Du musst nur nachdenken.«

Der Fahrer kam mit Tüten vom Fast-Food-Laden angetrabt.

»Lass mich das eine nur noch kurz sagen«, schloss Ego. »Eine weitere Idee ist die Lehre der Wiedergeburt. Danach verbleibt die Seele gar nicht in einem Himmel oder in einer Hölle, sondern schlüpft in den Körper eines anderen Wesens. Nur frag mich bitte nicht, wie lange da die Karenzzeit ist.«

Marc nickte.

»Also: Ich kann dir nicht sagen, wo Rolands Seele gerade ist. Ich kann dir nur sagen, wohin auch immer sie auf dem Weg ist: Lass ihr Zeit. Es gibt sie. Und sie ist noch nicht an dem Punkt, dass ihr Kontakt miteinander aufnehmen solltet. Und im Übrigen brauchst du dazu auch nicht François, das kann Annika ebenso gut.«

»Hier sind Burger und Salat«, sagte der Fahrer. »Wir essen im Auto, oder?«

Marc nickte. Er wunderte sich noch über Egos letzte Worte und beschloss, bei der Weiterfahrt darüber nachzudenken. Einige Meter vom Bus entfernt stand eine Sitzgruppe unter einem Baum, doch angesichts der Kälte und des Schnees zogen beide vor, im Bus den Tisch herunterzuklappen. Ego hatte mittlerweile im Bus auf dem Boden Platz gemacht. Getränke mussten sie, abgesehen von einem gelegentlichen Kaffee, nie unterwegs kaufen, weil stets einige Sixpacks mit Wasserflaschen an Bord waren.

Als der Wagen wieder auf der Autobahn war, klappte Marc seinen Rücksitz in die Schlafposition herunter und versuchte, etwas zu schlafen. Wieder ärgerte er sich ein wenig, dass er einen Burger gegessen hatte, doch die Gedanken an Roland waren stärker. Das Gespräch mit Ego war intensiv gewesen, und Marc fragte sich, auf welcher Autobahn Roland gerade unterwegs sein könnte. Wie sah das aus, da, wo Roland war? Marc schloss die Augen, und Ego schickte ihm Bilder in den Kopf, auf denen ein stiller Eisenbahnzug in einer dichten Wolkendecke wie aus Watte unterwegs war, lautlos und weich, eine schwarze Dampflokomotive mit Passagierwaggons wie vor hundert Jahren, und Bahnhöfe, an denen der Zug hielt und weitere Verstorbene einstiegen, während der Fährmann in einer Uniform der Deutschen Bahn tonlos in die Pfeife blies und die Kelle zum Weiterfahren hob. Bei dem Gedanken, wer wohl dritter Klasse ohne jeden Komfort ins Jenseits reiste, schlief Marc sanft ein.

Schlaf, träumte Marc, ist auch eine Form von Tod. Im Schlaf ordnete das Gehirn seine Eindrücke, es sortierte Informationen in

Ordner, trennte wichtig und unwichtig, löschte temporäre Dateien und resettete Zwischenspeicher, und so erschienen die Geschichten, die sich das Gehirn dabei noch einmal kurz ansah, im Schlaf ebenso real wie das übliche Geschehen im Wachzustand, wenn wir wach waren. Woher wollte Marc denn wissen, ob das, was er erlebte, kein Traum war? Marc träumte vom Film *Matrix*, von der blauen und der roten Pille, und er erlebte das spannende Phänomen des luziden Träumens, bei dem er wusste, dass das, was er träumte, ein Traum war.

DIE UHR, DIE RÜCKWÄRTS LÄUFT

»Wir wissen nicht, was wir wissen«, wisperte ihm Ego im Traum zu, und so entfloh Marcs trauernde Seele, sein Inneres, sein wahres Ich zumindest für eine Zeit in eine Parallelwelt, und das ganz ohne Alkohol oder chemische Drogen, ohne Geschwindigkeitsrausch auf einer arktischen Rennstrecke, ohne Flucht in Sex oder in andere Kicks. Marc spürte im Schlaf seine Verbundenheit mit Roland, der ihm so nah war wie noch nie und zugleich so fern wie noch nie, da seine Seele in dieser Eisenbahn saß, auf dem Weg in eine unbekannte Welt. Der Zug entfernte sich, verschwand am Horizont, und Marc fiel in jene tiefe Schlafphase, von der wir hinterher nichts mehr wissen. Erst als der Bus am Haus am See ankam und der Motor verstummte, wachte er auf. Er fühlte sich wie bei einem Jetlag.

Roland ist tot, war sein erster Gedanke.

Es hörte und hörte nicht auf.

Jeder wird mit dem Tod konfrontiert, dachte Marc, mindestens zwei Mal, wenn er nicht vor seinen Eltern stirbt. Alle erleben den Tod. Doch trifft es dich, denkst du, die Welt geht unter. Noch nie in seinem Leben hatte Marc so viel geheult wie auf dieser Rückfahrt und in den Wochen danach. Er hielt sich für stark und war verwundert, wie viel Zeit er brauchte, um Rolands Tod zu verarbeiten.

Als Marc ins Haus kam, schloss ihn Annika sofort in die Arme. Sie sagte kein Wort. Sie sagte weder »Hallo« noch »Wie war die Reise?«, noch drückte sie ihr Mitgefühl aus. Die gesamte Kommunikation zwischen Annika und Marc lief auf dieser nicht rational zu erfassenden feinstofflichen Ebene. Marc schluchzte in Annikas Haar und spürte, dass sie ihn verstand. Er fragte nicht, warum sie nichts sagte, sondern erfasste die Situation so, wie sie war: Marc, der rationale Planer, in einem emotionalen Ausnahmezustand, der ihm erlaubte, möglicherweise zu dem vorzudringen, was er suchte, nämlich zu sich selbst. Und in Annika hatte er eine Frau, die das verstand. Er begriff, dass dies das größte Glück auf Erden war.

Nach einigen Tagen setzten Ego und Marc ihr Gespräch fort. Sie saßen auf einer Decke auf der winterlichen Bank am Steg. Es hatte zu tauen begonnen.

Marc sagte gefasst: »Die großen Veränderungen erleben wir unter Schmerz oder Schock. Vielleicht ist Rolands Tod genau das. Er bewirkt einen Schock und damit eine Veränderung.«

Marc kannte das Prinzip, wonach Lust und Schmerz als die beiden größten Motivatoren für Veränderungen galten, war jedoch davon überzeugt, dass vor allem der Schmerz oder vielmehr die Schmerzvermeidung Menschen dazu brachte, ihre Haltung zu verändern.

Ego war da etwas anderer Ansicht und gab zu bedenken: »Und vielleicht auch der Wille, etwas Sinnvolles zu tun.«

»In jedem Fall hat Roland etwas angestoßen, ohne es zu wollen«, sagte Marc.

»Ob er es wollte oder nicht, das wissen wir nicht«, erwiderte Ego.

Marcs Gedanken kreisten um die Frage, was mit ihm selbst war. Er würde in diesem Jahr achtundfünfzig werden. Was wollte er mit dem Rest seines Lebens noch anfangen? Roland hatte nicht mehr geraucht, keinen Alkohol getrunken, relativ viel Sport gemacht. Und trotzdem war er gegangen.

»Es kann jeden zu jeder Zeit erwischen«, sagte Ego. »Die Frage, was du mit deinem verbleibenden Leben anfängst, ist davon völlig unabhängig. Alle Menschen auf der Welt stehen vor dieser Frage, weil alle Menschen nur ein verbleibendes Leben haben. Jeder Mensch ist gut beraten zu überlegen, was er mit seinem restlichen Leben anfängt.«

Ego war direkt und hatte recht: Die Uhr lief rückwärts. Jedes Leben hatte einen Timer. Im Grunde war der Tod eines nahestehenden Menschen gar nicht nötig, um zu jeder Zeit darauf zu achten, dass wir unser restliches Lebens möglichst sinnstiftend verbringen.

»Was gibt es denn noch Sinnvolles zu tun?«, fragte Marc.

»Da gibt es jede Menge«, antwortete Ego. »Nur siehst du das im Augenblick nicht.«

»Warum sehe ich das nicht?«

»Positiv formuliert: weil du voller Trauer und Schmerz bist und unter Rolands unerwartetem Abschied leidest«, sagte Ego.

DIE EMOTIONALE AUSNAHMESITUATION

»Und negativ formuliert?«

»Weil du im Augenblick nur mit dir selbst beschäftigt bist. Mit dir und deinen Gefühlen.«

»Das stimmt nicht«, sagte Marc, »ich kümmere mich auch um Britta. Mache ich das nur meinetwegen?«

»Nein, natürlich nicht«, sagte Ego. »Was ich sagen will«, fuhr Ego fort, »du agierst anders als üblich.«

»Inwiefern?«

»In einer normalen Lage schaust du immer, was wichtig ist und was unwichtig«, antwortete Ego. »Du überlegst, worum es geht und was deinen Blick trübt. Im Augenblick tust du das nicht. Du bist im Augenblick fast vollständig emotional gesteuert.«

»Das bin ich nicht oft«, gab Marc zurück.

»Ich weiß«, antwortete Ego. »Deshalb finde ich es ja auch gut. Du bist im Innen. Du spürst dein Wesen.«

Marc überlegte einen Moment. Ego mochte recht haben: Er fühlte sich gelähmt und unfähig zu seiner gewohnten Rationalität. »Wenn ich halt nur wüsste, was jetzt im Moment wichtig ist …«

»Vielleicht ist es die Aufgabe, genau das herauszufinden. Vielleicht nicht unbedingt heute.«

Marc stand auf und ging ein paar Schritte. Ego sprang hinterher. Sie gingen am Seeufer entlang in Richtung Saunahütte.

»Es sind noch zu viele Gedanken und Gefühle auf einmal«, sagte Marc. »Die sollten sich erst sortieren.«

»Auch das ist etwas, was du bewusst erleben kannst«, sagte Ego. »Du musst das nicht ablehnen.«

»Sollte ich denn nicht möglichst schnell in meinen normalen Modus zurückkehren?«

»Nicht möglichst schnell«, sagte Ego. »Alles, was im Augenblick geschieht, ist wichtig.«

»Ehrlich gesagt würde ich mir dazu auch gerne Zeit lassen«, sagte Marc.

Ego blieb stehen, wodurch auch Marc stoppte.

»Das ist gut«, sagte Ego. »Das ist neu. Kannst du das?«

Marc merkte, dass er das Bedürfnis, die Situation möglichst schnell zu verarbeiten, gar nicht mehr so sehr spürte. Er dachte an das berühmte Buch seines geschätzten Kollegen Lothar Seiwert: *Wenn du es eilig hast, gehe langsam. Wenn du es noch eiliger hast, gehe einen Umweg.* Marc hatte es mithilfe einer Fast-Reading-

Technik gelesen. Doch möglicherweise war es jetzt an der Zeit, einen Umweg zu gehen. Zur Ruhe zu kommen.

ZUR RUHE KOMMEN

»Das Leben schickt dir ein Signal nach dem anderen«, sagte Ego. »Diese vielen Signale kannst du eigentlich nicht übersehen. Es geht nur darum, daraus die passenden Schlüsse zu ziehen.«

Da drückten also immer mehr Elemente des Lebens Alarmknöpfe. Aber Marc blieb auf dem Gas. Der Zug donnerte auf eine Wand zu. Nur Rolands Tod hatte diesen Zug jetzt erst einmal angehalten, dachte Marc. Er hatte bereits eine Menge Annäherungen an das Thema »wahres Wesen« erlebt und jetzt warf ihn Rolands Tod auf sich selbst zurück.

Zugleich war die momentane Situation möglicherweise genau richtig so: Marc wusste, dass ihm noch etwas Entscheidendes im Leben fehlte, und Rolands Tod machte ihm die Dringlichkeit deutlich, jetzt wirklich innezuhalten und zu überlegen, worum es im Wesenskern des Lebens ging. Im Außen konnte es nicht liegen, dachte Marc. Es musste im Innen sein.

»Was ist eigentlich damals in Nürnberg in dir vorgegangen, als du mit Fieber und Halsschmerzen das Seminar nicht abgebrochen hast?«, fragte Ego. Tatsächlich hatte Marc vor Heiserkeit und Kopfschmerzen kaum noch sprechen können und trotzdem weitergemacht.

»Das war normal für mich«, sagte Marc. »Es ging doch ums Publikum. Die Leute hatten bezahlt, waren angereist und wollten möglichst viel Know-how und viele Impulse mitnehmen.«

»*The show must go on*«, sagte Ego.

»Ja, klar. Das ist so in dem Business. Auch im Theater kannst du nicht einfach zu Hause bleiben, weil du erkältet bist. Du riskierst, dass die ganze Vorstellung ausfällt. Da geht es um Professionalität. Rechne dir mal aus, wie viel Geld du als Veranstalter zurückzahlen musst, wenn ein Konzert nicht stattfinden kann. Und auch wenn es eine Versicherung dafür gibt, ist es fürs Publikum nicht schön.«

»Und dein Motto lautet auch, immer mehr zu liefern als versprochen.«

»Auch das«, sagte Marc. »Das gehört alles zum Selbstverständnis, finde ich.«

Eins von Marcs Wesensmerkmalen war Konsequenz. Also stand er krank auf der Bühne oder zwang sich auch in der jetzigen Situation der Trauer zu Seminaren, für die er im Grunde gar keine Energie mehr hatte. Termin war Termin.

Auch Ego verstand, dass Menschen ihr Leben möglichst sinnvoll nutzen wollten. Die Zeit auf der Erde war begrenzt. Wenn jemand schon herausgefunden hatte, was er gut konnte und gerne tat, weshalb sollte er es nicht konsequent in die Tat umsetzen?

»Ich zeig dir was«, sagte Ego und schob Marc einen Stock zwischen die Füße.

»Willst du jetzt Stöckchen spielen?«, fragte Marc.

»Nein«, erwiderte Ego. »Ich habe nur eine Idee für dich. Zum Thema Ursache und Wirkung bezüglich deiner Energie.«

Marc verstand nicht.

»Normalerweise denken Menschen: Wenn ich den Stock werfe, bringt ihn der Hund. Sie denken, der Hund reagiert auf den Wurf.«

»Das ist klar«, sagte Marc. »Worauf willst du hinaus?«

»Hunde sehen das anders«, sagte Ego. »Sie denken: Wenn ich dem Menschen den Stock bringe, wirft er ihn für mich. Sie denken, der Mensch ist es, der reagiert.«

»Und was hat das jetzt mit den großen Fragen des Lebens zu tun?«, fragte Marc.

»Ursache und Wirkung sind oft gar nicht so klar, wie es uns scheint. Wirfst du den Stock, *weil* ich ihn dir bringe oder *damit* ich ihn dir bringe?«

»Beides«, sagte Marc.

»Und bist du so neben der Spur, *weil* du infolge von Rolands Verlust eine Leere spürst, oder hat die Leere eine Aufgabe? Also spürst du die Leere, *damit* du etwas daraus machst?«

Die zielorientierte Version gefiel Marc natürlich besser. So liebte er es: Ziel setzen, loslaufen, Ziel erreichen, Triumph feiern.

»Und arbeitest du so viel, um deinen Kunden etwas Gutes zu tun? Also zu einem Zweck? Oder ist das Ganze durch einen Antrieb motiviert, also durch ein *Warum*?«

Marc griff den Stock und hielt ihn Ego vors Gesicht. Ego saß vor Marc und fixierte den Stock. Marc täuschte einige Male an, Ego folgte den Irreführungen, verstand sie aber sofort. Dann warf Marc den Stock über die verschneite Wiese. Ego rannte hinterher, bremste bei dem Stock, sodass der nasse Schnee nach oben spritzte, und rannte zurück, den Stock zwischen den Zähnen. Er setzte sich vor Marc und ließ den Stock fallen.

»Worum ging es jetzt?«, fragte Ego. »Ging es darum, dass du den Stock wirfst, weil ich ihn dir hingelegt habe, oder damit ich ihn dir bringe?«

Marc dachte nach.

»Und gleichzeitig ist etwas geschehen, was dein ganzes Denken in Motiven und Zielen durcheinanderwirft, richtig?«

Marc überlegte, ob vielleicht genau das der Punkt war: Das ständige Zieleverfolgen führte nicht zum Ziel. Der Weg zu uns selbst funktionierte so nicht. Es war keine Frage des Ehrgeizes, sich selbst zu finden. Da ging es nicht um Anstrengung im klassischen Sinne.

»Und ich möchte anregen, ob nicht eine Auszeit bei Krankheit klüger ist, was dein Energiegefäß angeht, auch wenn das Publikum auf einen anderen Termin ausweichen muss. Was bringt es deinen Zuhörern, wenn sie dich vor lauter Heiserkeit nicht verstehen und die ganze Zeit denken, der arme Kerl gehört ins Bett?«

Tatsächlich bewirkte Rolands Tod in Marcs Denken ein anderes Verhältnis zur Zeit und zu den Prioritäten des Lebens. Über Wochen war er für Britta da. Sie trafen sich natürlich bei der Trauerfeier, fanden dort aber nur wenig Gelegenheit zum Sprechen. Das holten sie einige Wochen später nach.

Und gleichzeitig fand die eigentliche Auseinandersetzung in Marcs Kopf statt. Immer wieder dachte er an die Zollstock-Metapher. Marc hatte in jedem Fall eines begriffen: Es ging nicht um quantitative Lebenserfahrung, sondern um die Qualität. Entscheidend war, was Marc in seinen verbleibenden Jahren tat. Die mentale Gesundheit stand im Vordergrund. Ohne die hatte nichts Sinn. Es ging darum, dass er seine Zeit nicht mit Unsinn verschwendete, mit sinnlosen Gedanken, mit beliebigem Einerlei. Und er sollte sich möglicherweise nicht aufreiben, so heldenhaft ihm das manchmal vorkam. Zugleich hatte er sich fest vorgenommen herauszufinden, was seine Lebensaufgabe sein würde.

CHAOS IM GLAS

In den folgenden Tagen irrte Marc mehr oder weniger zwischen seinem Büro, dem Studio und dem See hin und her und war weder klar fürs Arbeiten noch klar fürs Pausemachen. Marcs Zustand war, vorsichtig formuliert, indifferent. Es war eine Phase, die ihn viel Energie kostete, weil er nichts richtig machte. Er riss jeden Gedanken nur an, er war bei Telefonaten mit Kunden nicht aufmerksam, er beging Flüchtigkeitsfehler. Denn sein Arbeitsmodus zwischen Motiven und Zielen war durcheinandergeraten.

Und gleichzeitig galt, was Ego gesagt hatte: Marc war viel empfänglicher für Nachrichten aus der Anderswelt als sonst.

Ego beschrieb den Zustand wie das Schneetreiben in einer soeben geschüttelten Schneekugel. Im Augenblick war nichts klar, das Durcheinander musste sich erst setzen.

Nachdem Marc einige Wochen neben sich selbst gestanden hatte, gab Ego ihm einen weiteren Tipp. »Vieles von dem, was du tust, ist nicht das, worum es geht.«

Marc verstand, was Ego meinte. »Ich weiß.«

»Wie lange willst du das noch so machen?«, fragte Ego. »Manche Aktivitäten im Augenblick sind Lärm. Energieverschwendung. Dabei bräuchtest du jetzt deine Energie fürs Wesentliche und könntest diese Phase klüger nutzen.«

»Und wie gelingt das?«, fragte Marc.

»Eine Garantie kann dir niemand geben«, antwortete Ego. »Doch an deiner Stelle würde ich den Lärm abstellen und mich auf die Stille konzentrieren. Nur in der Stille hast du die Chance, dein Selbst zu hören.«

Marc war hin- und hergerissen. Er konnte sich nicht so einfach rausziehen. Doch er wäre nicht Marc gewesen, wenn er es nicht geplant hätte. Er improvisierte in seinem Schwebezustand noch einige Zeit weiter, um dann, wenn es passte, tatsächlich zur Ruhe zu kommen.

Durch Egos Impuls kam Marc auf die Idee, einen Aufenthalt in einem Schweigekloster zu planen. Ego wusste natürlich, dass der Besuch eines solchen Klosters einen Effekt haben konnte oder eben auch nicht. Wie immer im Leben hängt es von uns ab, was wir daraus machen. Ego hoffte inständig, dass Marc im Kloster das erlebte, was er brauchte: das Denken mit dem Herzen.

STILLE

Auf dem Parkplatz des Zisterzienserklosters, in das sich Marc für zehn Tage im Frühjahr eingebucht hatte, stand nur ein einziger Luxussportwagen, und das war seiner. Die anderen Fahrzeuge gehörten zur Mittelklasse, auch der eine oder andere Familienvan war dabei.

Marc hatte zwar Visitenkarten dabei, aber ihm war bewusst, dass es bei diesem Schweige-Retreat nicht ums Netzwerken ging.

Er dachte zugleich: eine ganze Woche! Blieb da die Arbeit liegen? Wenn er zehn Tage lang seine drei Neukundenanrufe nicht machte, rief er dreißig Leute nicht an. Wer erstattete ihm diesen Verlust?

»Das Leben leistet keinen Schadenersatz für das Leben«, hatte ihm Ego dazu gesagt.

Es hatte eine Weile gedauert, bis Marc ein geeignetes Kloster und vor allem einen passenden Termin gefunden hatte – Rolands Tod veränderte zwar im Innen viel, doch der Terminkalender mit den vielen Seminaren und Verabredungen lief weiter. So nahm Marc zahlreiche Termine mit der Kraft wahr, die ihm sein Schwebe- und Dämmerzustand erlaubte. Und dann wollte er ja noch ein Kloster finden, in das er Ego mitbringen durfte. Durch Termin-Tetris und zahlreiche Umbauten des Kalenders war es ihm gelungen, zehn aufeinanderfolgende Tage herauszueisen.

»Mein Ego reist immer mit mir«, hatte Marc am Telefon gesagt, woraufhin die meisten Mönche am Telefon verwundert reagierten. Doch in diesem Kloster hier im Bayerischen Wald hatten sie verstanden, dass es um die enge Bindung eines Menschen zu einem anderen Wesen ging.

WANN WIRKT DAS SCHWEIGEN ENDLICH?

Schweigen war angesagt, und wenn Marc ehrlich zu sich selbst war, hatte er einigen Horror davor. Über eine Woche die Klappe halten, nichts sagen, nur wenig hören, kein Input, Handy aus – das war ein heftiger Entzug. Diese Art von Entzug war ein solches Thema geworden unter Top-Performern in Marcs Umfeld, dass daraus längst ein Produkt entstanden war: zehn Tage Schweigen im Kloster plus einige Meditationen und Einzelgespräche für 500 Euro zuzüglich Übernachtung. Noch bevor er hingefahren war, hatte Marc das Geschäftsmodell durchgerechnet und sich überlegt, ob er nicht ein Kloster kaufen sollte, um dort Schweigewochen anzubieten. François könnte sicher die Meditationen und Gespräche leiten. Während François die Arbeit machte, könnte Marc mit seinem Laptop am See sitzen und dem Kontostand beim Wachsen zuschauen.

Gemeinsam mit Ego folgte Marc vom Parkplatz den Holzschildern mit der Aufschrift »Rezeption« und landete in einem Nebengebäude der Klosteranlage an einem Tresen. Dahinter ein Mönch in Kutte, etwa Mitte vierzig.

»Du bist Marc«, sagte der Mönch und gab ihm die Hand. »Herzlich willkommen in unserem Kloster. Ich bin Pater Andreas.«

»Angenehm«, sagte Marc.

»Und das hier muss Ego sein.« Freundlich blinzelte er zu Ego herab, woraufhin sich Ego sofort gewürdigt fühlte.

»Sind hier alle beim Du?«, fragte Marc.

»Weil wir hier vorwiegend schweigen, weiß das niemand so genau«, sagte der Mönch. »Wie du vielleicht weißt, hat das Schweigegelübde bei uns Zisterziensern eine große Bedeutung.«

»Na ja«, sagte Marc scharfsinnig. »Du schweigst jedenfalls nicht.«

»Ich rede wie ein Wasserfall«, sagte Andreas. »Sagen wir mal so: Der Dienst an der Rezeption verlangt eine gewisse liturgische Flexibilität. Auch wenn das Kartenlesegerät streikt, sprechen wir.«

»Streikt es? Soll ich bar bezahlen?«, fragte Marc.

»Nein und wie du willst. Du zahlst, wann du möchtest. Du hast die Klause Nummer 11«, sagte Andreas. »Sie wird dir gefallen, sie ist ein Turmzimmer, so ein bisschen wie in dem Film *Der Name der Rose.*« Pater Andreas schob Marc einen groben Schlüssel mit einem ebenso groben Holzschild über den Tresen, auf dem eine große »11« eingraviert war.

»War Andreas nicht der Zweifler?«, fragte Marc.

»Das war Thomas«, antwortete der Pater. »Andreas ist der, der die Frau des römischen Statthalters von Patras zur Enthaltsamkeit angehalten hat.«

»Ach. Und darum hast du dir diesen Namen als Ordensnamen gegeben?«, fragte Marc.

»Nein, ich heiße wirklich Andreas«, sagte Andreas. »Ich habe insofern keinen Ordensnamen. Das macht es einfacher.«

»Und das mit der Enthaltsamkeit, das war doch ein Witz, oder?«

»Du bist in einem Kloster«, sagte Andreas freundlich. »In einem Männerkloster.«

Marc war seine Frage peinlich. »Entschuldige bitte.«

»Das macht gar nichts«, sagte Andreas. »Der Entzug vom Sex ist einer der wichtigsten Gründe für viele, sich hier eine Auszeit zu nehmen. Willst du darüber sprechen, was es bei dir ist? Niemand muss, ich biete es nur an.«

Marc zögerte. Ego schaute ihn erwartungsvoll an.

»Das ist eine lange Geschichte«, sagte Marc.

»Willst du sie mir später im Garten erzählen?«, fragte Andreas.

»Das mache ich«, antwortete Marc. Er griff nach dem Zimmerschlüssel, wollte gerade Egos Leine an sich raffen und zögerte. Er fragte sich, ob er fragen sollte, wann hier endlich geschwiegen würde. Schließlich war er nicht zum Spaß hier. Doch dann besann er sich darauf, dass alle Dinge ihre Zeit hatten, auch das Schweigen. Marc fasste sich ein Herz.

»Ein guter Freund von mir ist gestorben«, sagte Marc. »Wenig jünger als ich. Einfach so. Herzversagen.«

»Das tut mir leid«, sagte Andreas. »Wenn du darüber sprechen willst, dann gerne.«

Marc zögerte erneut. War das hier nicht der Check-in? Und war das nicht ein Schweige-Retreat in einem Schweigekloster, das er gebucht hatte? Konnte er sein Geld zurückverlangen, wenn hier nur in einer Tour gequatscht wurde?

»Na ja, das ist der Check-in hier«, sagte Marc.

»Alles ist irgendwas«, entgegnete Andreas.

»Die Antwort hätte von mir sein können«, flüsterte Ego und war nicht ganz sicher, ob Andreas es mitbekommen hatte, der ihn plötzlich verwundert ansah.

»Die meisten denken, die Auszeit fängt erst an, wenn sie ihren Koffer ausgepackt haben. Dann gehen sie auf den Balkon, schauen in den Wald und fragen sich, wann denn endlich die Auszeit anfängt«, sagte Andreas.

»Das kenne ich«, sagte Marc. »Genauso bin ich.«

»Du meinst, bisher hast du dich so verhalten«, sagte Andreas.

»Meinetwegen«, antwortete Marc.

»Meine Aufgabe nachher ist es jedenfalls, ein paar unserer Gemüsebeete umzugraben und einige Salate auszusäen.«

»Darf ich mit anpacken?«, fragte Marc.

»Hast du Kleidung, die schmutzig werden darf?«, fragte Andreas.

Marc überlegte. »Sportklamotten.«

»Na gut«, sagte Andreas. »Um zwölf Uhr ist Mittagessen, schweigend. Danach ruhen die Mönche und die Gäste eine halbe Stunde und dann fangen wir an. Du kannst natürlich auch länger Pause machen, wenn du willst. Du kannst einfach dazukommen, und bring Ego gerne mit.«

»So machen wir das«, sagte Marc und griff sich den Zimmerschlüssel.

»Den Zeitplan mit Gebeten und Essenszeiten findest du im Zimmer in der Mappe«, sagte Pater Andreas.

DER TON IN DER LAUTLOSIGKEIT

Marc und Ego erklommen gemeinsam die enge Wendeltreppe eines alten steinernen Turms und stießen nach einigen Runden auf Zimmer 11. Marc schloss die alte, mit schwarz lackiertem Eisen beschlagene Eichenholztür auf. Marc und Ego stellten mit Freude fest, dass das Zimmer neben Marcs Holzbett tatsächlich ein Hundebett hatte, ein großes rundes Kissen in einer Ecke des Raumes. In einer anderen Ecke stand ein großer Wassernapf. Es gab einen Holztisch mit einem Holzstuhl, darauf die Bibel und ein DIN-A4-Block, zwei Bleistifte, ein Radiergummi und ein Bleistiftspitzer. Ebenfalls auf dem Tisch lag eine Ledermappe mit der Aufschrift »Unser Kloster«. Wie in einem Hotel gab es einen kleinen Kühlschrank. Darin lagen einige Flaschen regionales Mineralwasser mit Kohlensäure. Obendrauf stand ein Tonkrug mit zwei Tonbechern, dessen Bedeutung sich Marc noch nicht erschloss.

Ego schnupperte sich durch das Zimmer und empfand keinerlei negative Energien. Wie nach dem Räuchern im Haus am See empfand er eine neutrale Atmosphäre.

»Mach mal die Augen zu«, sagte Ego.

Marc schloss die Augen.

»Was hörst du?«, fragte Ego.

Marc lauschte in das Zimmer hinein. Die Fenster waren geschlossen, die Tür stand noch offen, doch im Turm war augenblicklich niemand unterwegs.

»Ich höre ein Rauschen und einige hohe Töne«, sagte Marc.

»Das ist ein Tinnitus«, sagte Ego.

»Rauschendes Blut«, hielt Marc entgegen.

»Niemand hört sein Blut rauschen«, sagte Ego.

»Was hörst du denn?«, fragte Marc.

»Bis auf die vielen Stimmen des Universums höre ich gar nichts«, antwortete Ego. »Also, um die Frage korrekt zu beantworten: Der physikalische Pegel ist null. Da ist Stille.«

»Ist ja auch ein Schweigekloster«, sagte Marc.

»Nur dass du etwas hörst, was außerhalb deiner selbst nicht da ist.«

»Ach, ein bisschen Ton ist immer«, bagatellisierte Marc seine Ohrgeräusche, hatte jedoch zugleich die Sorge, dass er sich darum kümmern musste. Er öffnete den Koffer und begann, seine Kleidung in den Schrank zu räumen.

Sollte Marc tatsächlich einen Tinnitus haben, würde er möglicherweise nie wieder Stille hören. Medizinisch galt Tinnitus nicht als therapierbar, nur als linderungsfähig.

Auf dem Weg zum Essen stoppten Marc und Ego noch mal kurz bei Pater Andreas an der Rezeption. Marc hatte Verständnis dafür, dass Hunde im Speisesaal verboten waren, nicht nur aus Gründen der Hygiene, sondern auch wegen des allgemeinen Schweigens. Auch wenn Ego niemanden störte – andere Hunde waren durchaus Geräuschquellen und unterbrachen die Stille.

»Für Ego haben wir einen Innenhof«, schlug Andreas vor. »Aktuell ist er der einzige Hund im Kloster, so hat er den Spielplatz für sich alleine.«

Ego stand eine große Freilauffläche zur Verfügung – ein quadratischer Innenhof von etwa 15 mal 15 Metern mit drei Hundehütten an einer Wand, mehreren Wassernäpfen und einem alten Brunnen in der Mitte. Der Brunnen war vergittert, sodass niemand hineinfallen konnte, doch das Gitter ließ sich hochklappen.

»Das ist der einzige Brunnen mit Eimer hier«, sagte Andreas, »die anderen Brunnen arbeiten mit elektrischen Pumpen. Die Hundehütten stehen immer im Schatten, egal zu welcher Tageszeit.«

Ego sah sich um. Er wedelte mit dem Schwanz. Marc klappte das Brunnengitter hoch und warf den an einem Seil befestigten Holzeimer in die Tiefe. Nach einer ganzen Weile im freien Fall platschte der Eimer auf eine Wasserfläche und das Geräusch wanderte über mehrere Echoeffekte nach oben.

»Vollmachen ist die Kunst«, sagte Andreas.

Marc rüttelte an dem Seil, damit sich der Eimer mit Wasser füllte. Als er ihn wieder hochgezogen hatte, war er immerhin zu einem Drittel gefüllt.

»Das nächste Mal legst du den Stein hier in den Eimer«, sagte Andreas und zeigte auf einen großen Pflasterstein, der auf dem Brunnenrand lag. »Dann taucht der Eimer ein.« Marc goss das Wasser in einen der Hundenäpfe.

Ego stupste Marc und Andreas zum Dank am Knie an und ging Wasser trinken. Marc versprach Ego, ihn nachher zu der Gartenarbeit wieder abzuholen.

»Hast du schon das Hundefutter für Egos Mittagessen dabei?«, fragte Andreas.

»Das ist noch im Zimmer«, sagte Marc. »Soll ich es kurz holen?«

»Das wäre gut«, antwortete Andreas. »Dann gibst du Ego jetzt Futter und der Hund kann in Ruhe fressen. Spirituell nimmt er ja an unserem Mittagessen teil.«

»Ganz schön durchgeplant hier«, stellte Marc fest.

»Struktur ist alles«, erwiderte Andreas. »Das ganze Leben ist Logistik. Gerade im Kloster.«

NICHT DER MENSCH LÄSST DIE SAAT AUFGEHEN

Marc tat, wie ihm aufgetragen war: Er ging den Turm hoch, bereitete in Zimmer 11 einen Napf mit Hundefutter zu und stellte Ego die Schüssel im Innenhof hin. Der Hund machte sich sofort darüber her.

»Also«, sagte Andreas, »nach dem Essen sehen wir uns im Garten.«

Marc folgte ihm zum Speisesaal. »Was gibt es denn zu essen?«, fragte er.

Andreas hob die Schultern und sagte: »Keine Ahnung. Solche Fragen bezüglich der Zukunft stellen wir hier nicht. Was Pater Wilfried und seine Brüder in der Küche zaubern, wird sicher gut sein.« Dann hielt er den ausgestreckten Zeigefinger vor den Mund. Er zeigte Marc seine Uhr am Handgelenk – es war acht Minuten vor zwölf. Aus allen Richtungen strömten Mönche und zahlreiche Klostergäste in ziviler Kleidung schweigend in Richtung Speisesaal. Marc fiel auf, dass es auch unter den Gästen keine Frauen gab. Die Flügeltüren des Saals standen weit offen und mit einigem Geraschel und Stühlegerumpel nahmen alle in aller Ruhe an einem großen Tisch Platz. Es dauerte eine ganze Weile, bis alle saßen, weil alle unfassbar höflich waren und einander den Vortritt ließen. Andreas und Marc fanden zwei benachbarte Plätze. Vor ihnen standen leere Suppenschüsseln mit Löffeln, dazu Tonbecher und Krüge, wie Marc sie in seinem Zimmer hatte. Außerdem waren mehrere riesige Brotlaibe auf Holzbrettern über den Tisch verteilt.

Die Kirchenglocken des Klosters läuteten Mittag. Nachdem sie verstummt waren, erhob sich ein Mönch und hielt eine kurze Ansprache.

»Liebe Brüder und liebe Gäste, bitte erlaubt mir, vor unserem Essen einen kleinen Gedanken zu formulieren. Wir leben hier im Kloster sehr saisonal und regional, auf Neudeutsch ›nachhaltig‹ genannt. Es gibt heute ein fleischloses Essen aus verschiedenen Wintergemüsen, die wir in unserem Garten angebaut haben. Selbst der Roggen und der Dinkel für unser Brot kommen von unserem Klosterfeld, das Brot aus der Klosterbäckerei von Bruder Georg. Seit Februar sind wir am Aussäen, jede Pflanze hat ihren Rhythmus. Heute wird Pater Andreas Spinat aussäen, Kopfsalat, Karotten, Rettich, Zwiebeln und vieles andere, was dann in einigen Wochen hier auf euren Tellern landen wird. Es ist ein Miteinander mit der Natur, die in Kreisläufen denkt und arbeitet, so, wie auch wir hier versuchen, in Kreisläufen zu denken und zu arbeiten. Auch das Bier, das in den Krügen auf dem Tisch vor euch steht, ist selbst gebraut. In allem steckt viel Arbeit und auch Liebe von uns Menschen. Wir Stammbewohner des Klosters hier freuen uns immer, wenn Gäste dieses Zutun erleben wollen. Nur eines können wir nicht leisten: Wir können nicht den Samen dazu bringen, zur Pflanze zu werden. Wir können die Sonne nicht heizen und nicht bewirken, dass der Regen den Garten und die Felder gießt. Das tut nur einer, dem wir jeden Tag dafür danken. Lieber Herrgott, ohne dich sind wir Menschen alle nichts. Amen.«

Fast alle sagten »Amen«. Viele in der Runde bekreuzigten sich wie der Redner, der sich dann setzte. Aus der Küche trugen Mönche große Suppenschüsseln heran und platzierten sie auf den Tischen. Es bildeten sich Gruppen, in denen jeweils ein Mönch mit der Suppenkelle jedem seiner Sitznachbarn einen heißen und würzig duftenden Gemüseeintopf in den Teller schaufelte. Als alle Teller gefüllt waren und alle Platz genommen hatten, betete die gesamte Gruppe im Chor das Tischgebet: »Aller Augen warten auf dich, o Herr, du gibst uns Speise zur rechten Zeit. Du öffnest deine Hand und erfüllst alles, was lebt, mit Segen. Herr, segne uns und diese Gaben, die wir von deiner Güte nun empfangen, durch Christus, unseren Herrn. Amen.«

Auch Marc sagte dieses Mal »Amen«.

Ohne ein Wort zu sprechen, aß die Gemeinschaft in dem riesigen Saal zu Mittag. Löffel klapperten, Münder schlürften, Bier wurde gegossen, Brot wurde geschnitten – der Klangteppich war beeindruckend. Pater Andreas nahm den Bierkrug, hob ihn in Marcs Richtung und schaute Marc an, Marc nickte und Pater Andreas goss ein. Anzustoßen war hier eher unüblich, doch das Bier war herrlich. Es war frisch vom Fass und genauso kühl, wie es sein sollte.

Marc dachte darüber nach, dass tatsächlich niemand Menschliches das Samenkorn zum Wachsen brachte. Es war die Frage nach der Seele der Dinge. War die Seele etwa Gott? Waren wir am Ende Gott, jedenfalls in unseren Seelen, in dem Teil des Menschen, der den Tod überlebte, wohin die Reise auch ging?

Marc aß und dachte nach. Durch das Schweigen gab es keinen Small Talk mit den anderen am Tisch, sondern alle waren ihren Gedanken überlassen. Die Gedanken in Marcs Kopf sprangen von einem Punkt zum nächsten. Unbewusst war er davon ausgegangen, dass es entweder ein Büfett zum Auswählen gab oder ein Menü wie im Seminarhotel, wahlweise mit Fisch, Fleisch oder vegetarisch, doch hier gab es nur ein einziges Essen, nämlich diesen spätwinterlichen Gemüseeintopf mit Wirsing, Schwarzwurzeln, Kartoffeln, Karotten und Sellerie. Mit ein wenig Nachdenken wurde Marc klar, dass es nur so und nicht anders sein konnte.

Dazu gab es dieses wunderbare grobe Brot, für das Marc nur das Eigenschaftswort »ordentlich« einfiel, ein rustikales, grobes Holzofenbrot, sicher Zwei- bis Drei-Kilogramm-Laibe. Der Gedanke an einen Holzofen führte Marc unweigerlich zur Pizza, und er fragte sich, ob es hier hin und wieder auch Pizza mit Scampi und Knoblauch gab. Fast hätte er seinen Tischnachbarn Pater Andreas gefragt. Da fiel ihm wieder ein, dass das hier ja eine Schweigeveranstaltung war in der Hoffnung, dass durch das Schweigen die wahre Relevanz zum Vorschein kam, ja vielleicht sogar ein Wort von dem, der das Samenkorn aufgehen ließ und der in unserer diffusen und chaotischen Welt nicht immer Gehör fand.

»Gehör finden« – die Formulierung wirkte auf Marc mit einem Mal merkwürdig. Er versuchte, seinen Tinnitus zu hören, doch es gelang ihm nicht, so laut war das Geklapper um ihn herum. Er freute sich schon auf sein Turmzimmer, um dort noch einmal genau nachzuhören, aus welchen Frequenzen der Tinnitus im Einzelnen bestand.

Marc bekam noch einmal Eintopf nachgeschenkt und verlor sich beim Essen in völlig wirren Assoziationsketten. Er hatte jede Menge Fragen und bekam keine Antworten. Was war das für ein Brot? Durfte er die Brauerei besichtigen? Sollte er die Fragen etwa aufschreiben? Zum Schreiben hatte er jetzt gerade nichts bei sich.

Marc beobachtete die Abläufe. Die Tische wurden nicht von Servicepersonal abgeräumt, sondern wer aufgegessen hatte und nichts mehr wollte, stellte seinen Teller samt Besteck auf einem der Servierwagen ab, die an der Wand standen. Ebenfalls von einem Servierwagen konnte sich jeder ein Dessert nehmen. Heute gab es Apfelstrudel mit Vanillesoße, und natürlich griff Marc zu, weil er die Qualität prüfen wollte. Dieser Apfelstrudel kam an manches Wiener Kaffeehaus heran.

In Marc stapelten sich immer mehr Fragen. Er wollte wissen, wie diese Gemeinschaft funktionierte, das Handling, das Prozessmanagement, die Küche. Doch er durfte diese Fragen nicht stellen, weil hier geschwiegen wurde. Übers Schriftliche zu kommunizieren und sich Zettelchen zuzuschieben, galt sicher auch als Foulspiel, mutmaßte Marc, ging es beim Schweigen doch nicht so sehr um die Akustik als vielmehr um die Information.

Nachdem alle gegessen und ihr Geschirr weggeräumt hatten, setzten sie sich noch einmal hin. Dann erhob sich der Mönch, der zuvor gesprochen hatte, und sagte: »Gesegnet sei der Tag.« Nach diesem kurzen Satz erhoben sich alle und gingen ihrer Wege.

Was zu tun war in dieser neuen Umgebung, war für Marc leicht zu erkennen: Er tat einfach, was die anderen taten. So wie Pater Andreas stellte auch er sein Geschirr auf den Servierwagen. Danach folgte er der Menge auf den Hof, auf dem sie sich in unterschiedlichste Richtungen verteilte, und suchte Ego im Innenhof auf.

»Kommst du kurz mit rauf oder soll ich dich hier gleich wieder abholen?«, fragte Marc.

»Hol mich ruhig nachher hier ab«, sagte Ego, der zufrieden im Gras lag und zwei Zitronenfaltern beim Flügelschlagen zusah. »Ich bin hier in einem Schweigekloster und schweige.«

In Zimmer 11 angekommen, schloss Marc die Tür und lauschte. Er hörte ein Rauschen und mehrere Töne unterschiedlicher Höhenlagen. Nicht wie Meeresbrandung, sondern eher wie eine falsch eingestellte Radiofrequenz.

Der Tinnitus, der muss weg, beschloss Marc. Er ging kurz ins Bad und zog sich dann eine seiner kurzen Sporthosen und ein T-Shirt an. Dann legte er sich aufs Bett und schloss die Augen. Irgendwie drehte sich die Welt. Eine halbe Stunde Pause. Wie sollte er das ertragen? Sollte er meditieren? Beten? In der Bibel lesen? Seine Fragen aufschreiben? Marc richtete sich auf und zog seine Turnschuhe an. Er sprang die Turmtreppe hinunter und joggte ganz langsam eine Runde ums Klostergelände. Ohne Ego, denn der wollte schweigen und fühlte sich wohl in seinem Hof. Ohne viel zu schwitzen, holte Marc Ego nach der kleinen Laufrunde ab.

IM GARTEN EDEN

Im Garten war Pater Andreas schon mit zwei Schubkarren vorgefahren, darin allerlei Geräte und auch Gartenhandschuhe für Marc. Der Mönch zeigte ihm mehrere Beete, die noch voller Wintergestrüpp waren. »Die Pflanzenreste ziehen wir raus und dann graben wir um«, sagte er und reichte Marc eine Grabegabel. »Kennst du dich aus?«

»Das haben wir früher auch ab und zu gemacht«, sagte Marc und flunkerte ein bisschen. Auf dem Campingplatz hatte es zwei oder drei Tomatenpflanzen unter dem Vordach gegeben, doch einen Garten hatte die Familie nicht angelegt.

»Wir nennen diesen Garten den Garten Eden«, sagte Pater Andreas. »Inoffiziell natürlich.«

»Warum nur inoffiziell? Ihr könntet doch ein Schild produzieren lassen und damit echt stark in die Vermarktung gehen«, schlug Marc vor. »Ein ›Garten Eden‹ in einem Kloster ist doch cool.«

Marc begann, mit der Gabel einige Pflanzen herauszuhebeln, die er in die Schubkarre warf. Pater Andreas tat das Gleiche einige Meter weiter. Ego legte sich in die Frühlingssonne und sah zu.

»Erstens«, sagte Andreas, »lassen wir nicht produzieren, sondern wir produzieren selbst. Wir haben eine hervorragende Holzwerkstatt. Und zweitens, denke ich, sollten wir als Kloster nicht mit einem ›Garten Eden‹ werben.«

»Schau mal«, sagte Marc und stützte sich auf die Gabel. »Ich verstehe das. Aus Sicht des Klosters, der Kirche, alles richtig. Nur könntet ihr damit sicher noch mehr Menschen anziehen.«

»Also, ich denke, dass unser Kloster die Menschen anzieht, die sich anziehen lassen wollen«, sagte Andreas. »Was griffige Titel angeht, hast du sicher recht, doch insgesamt halten sich die kirchlichen Bezeichnungen für kommerzielle Produkte schon etwas zurück. Also heißt ein Weihrauch aus dem Klosterladen vielleicht

›Vatikan‹ oder ›Balthasar‹. Einen Namen wie ›Heiliger Geist‹ wird er eher nicht tragen. Obwohl … wer weiß?«

»Auf jeden Fall hat mich die kurze Keynote vor dem Essen überzeugt«, sagte Marc.

»Überzeugt?«, fragte Pater Andreas.

»Ja«, sagte Marc. »Mir ist klar geworden, dass ich nichts von alldem, was ich tue, nur mir selbst verdanke.«

Andreas hielt kurz inne. Ego schickte ihm den Gedanken in den Kopf, dass das in Marcs Leben eine ungeheure Erkenntnis war. Auch wenn Andreas vielleicht die Wörter »Andacht« und »inspiriert« treffender gefunden hätte, hatte Marc mit »Keynote« und »überzeugt« schon das Passende gemeint. Mit einem merkwürdigen Gefühl warf er einen Blick zu Ego hinüber, der unschuldig die Augenbrauen hob. »Sag mal, dein Hund«, hob Andreas an und begann wieder zu graben, »kann der zaubern?«

»Ego? Ja, der kann zaubern«, gab Marc zurück. »Er ist meine Verbindung zur Welt der Seelen.«

»Interessant«, sagte Pater Andreas.

»Du bist der erste Mensch, der jemals danach gefragt hat«, sagte Marc, »und der erste Mensch, der davon erfährt.«

Pater Andreas grub weiter und bald hatten sie das erste Beet vom Unkraut befreit.

»Warum auch nicht?«, fügte Marc hinzu. »Du glaubst an die Heilige Dreifaltigkeit.«

»Ich sage doch gar nichts«, gab Pater Andreas zurück. »Wir sind hier, glaube ich, offen für alles, was gut ist.«

»Vor fünfhundert Jahren hätte mich dein Verein dafür auf dem Scheiterhaufen verbrannt«, sagte Marc.

»Der Verein hätte viele von uns verbrannt, die heute hier sind«, sagte Andreas.

»Jedenfalls ist das bisher kein Schweige-Retreat«, sagte Marc, »vom Wirsingeintopf mal abgesehen.«

»Du bist den ersten Tag hier«, sagte Andreas, »und zwar voll bis oben hin mit Gedanken und Gefühlen. Ich habe mir erlaubt, dich erst einmal abzuholen. Du hast ja zehn Tage vor dir. Das wird heftig, glaub mir. Ich würde mir wünschen, dass es dir etwas bringt und dich nicht frustriert, weil du das, was mental geschieht, vielleicht nicht sofort einordnen kannst. Es ist normal, dass wir vieles nicht sofort einordnen können, doch genau diesen Wunsch nach sofortiger Einordnung verspürst du.«

»Ja, das ist wohl so«, sagte Marc.

»Dabei denke ich auch an den Todesfall, den du erwähnt hattest. Den willst du auch sofort einordnen.«

Marc berichtete ihm von Rolands Tod und den vergangenen Wochen, die er in völliger Orientierungslosigkeit verbracht hatte.

»Wenn du willst«, bot Andreas an, »können wir uns zu den Gesprächszeiten treffen. An der Rezeption ist eine Liste zum Eintragen, so werden die Zeiten verteilt. Ansonsten sind wir hier alle eine Gemeinschaft und auch die anderen sind für dich da. Und du für sie. Jedenfalls in den Gesprächszeiten.«

»Verstanden«, sagte Marc.

»Wenn du also Fragen hast, dann stell sie jetzt«, regte Andreas an. »Bevor wir ins gemeinsame spirituelle Schweigen verfallen.«

»Gut«, antwortete Marc. »Wie funktioniert die Küche? Wer kocht da?«

»Ach, da haben wir ein paar großartige Leute«, antwortete Andreas. »Pater Georg hatte lange Zeit eine Bäckerei in München, keine Kette, alles Handarbeit, und er wollte dann dem weltlichen Leben Lebewohl sagen. Oder nimm Pater Wilfried, der die Küche leitet. Er war früher Chefkoch im Hilton.«

»Ach, wirklich?«

»Beide waren wie du für zehn Tage hier«, sagte Pater Andreas. »Burn-out, frustriert, überarbeitet – doch Moment, ich verstoße gerade gegen meine Schweigepflicht. Heilige Mutter Gottes, verzeih mir. Frag sie einfach selbst.«

»Und dann sind sie geblieben?«, fragte Marc.

»Ja«, sagte Andreas.

»Und du?«, fragte Marc.

»Ich bin auch dem Wahnsinn entflohen. Ich war bis vor fünfzehn Jahren Partner einer Rechtsanwaltskanzlei in Regensburg und bin jetzt hier.«

»Warum?«, fragte Marc.

GEDULD UND GEGENWÄRTIGKEIT

»Das ist eine direkte Frage«, sagte Pater Andreas. »Wir fragen hier eher: ›Willst du darüber sprechen?‹ Sie erlaubt dem anderen, nichts zu sagen.«

»Sorry«, sagte Marc. Er verstand, dass gute Kommunikation Möglichkeiten eröffnete und keinen Zwang ausübte.

»Schon gut«, sagte Pater Andreas. »Als mein jüngster Sohn Abitur gemacht hat, hat sich meine Frau von mir verabschiedet. Es gab eine ganze Menge Gründe, vor allem psychischer Natur. Ich habe danach eine enorme Leere erlebt, die Sinnfrage gestellt und plötzlich den Elan verloren, mit dem ich vorher für unsere Mandanten gekämpft hatte. Die Energie war plötzlich weg. Ich war immer ein Kämpfer. Vertragsrecht, Kleinigkeiten umdeuten, Schlupflöcher suchen – da war ich stark. Und dieser Wille zum Kampf war plötzlich verschwunden. Durch ein ganz einfaches Seelsorgegespräch mit unserem Priester in der Kirchengemeinde bin ich dann hierhergekommen und habe nach einer Weile entschieden, meine Anteile an der Kanzlei zu verkaufen und hierzubleiben.«

»Wow«, sagte Marc. »Beeindruckend.«

»Es gibt tatsächlich ein paar Mönche, die Kinder haben«, sagte Pater Andreas. »Das Geheimnis lautet: erst die Kinder zeugen, dann das Gelübde ablegen.«

»Andere Orden erlauben das nicht, oder?«

»Mal so und mal so«, sagte Pater Andreas. »Die gute alte Mutter Kirche ist in Bewegung, wie du ja auch schon festgestellt hast.«

Für Marc war es eine völlig andere Welt, wie in einem Museum. »Besuchen dich deine Kinder im Kloster?«, fragte er.

»Wenn ein Mensch unser Kloster besuchen will, weist ihn niemand ab«, antwortete Andreas. »Wir gehen dann aber meistens raus und essen irgendwo etwas im Städtchen.«

»Das ist ein schöner Gedanke«, sagte Marc, der an seinen Sohn Jannis dachte und daran, dass die Begegnungen zwischen ihnen beiden immer etwas Besonderes waren.

»Jetzt geht es hier allerdings nicht um mich, sondern um dich«, sagte Pater Andreas. »Was mich betrifft, hülle ich mich wieder in Schweigen, wenn du erlaubst.«

Marc war einverstanden und sah auch ein, dass er viele seiner Fragen nicht jetzt beantwortet haben musste.

Ego sandte ihm immer wieder die Gedanken »Geduld« und »Gegenwärtigkeit« in den Kopf. Er murmelte in Marcs Kopf: »Jetzt arbeitest du schon eine halbe Stunde in einem wundervollen Garten und bekommst gar nichts davon mit.« Bei Marc kam das Signal an, und er verfiel in ein kontemplatives Arbeiten, ein Beschäftigtsein mit einer sinnvollen Sache, die angesichts der vielen Beete etwas uferlos erschien – während es zugleich jedoch keinerlei Zeitdruck gab. Marc und Andreas würden diese Beete fertigstellen und dafür so lange brauchen, wie sie eben brauchten. Tags darauf hätte Pater Andreas sicher wieder Dienst an der Rezeption, doch das zu fragen, erschien Marc im Wortsinne »profan«, also weltlich – die Antwort auf die Frage würde sich schon rechtzeitig finden. Marc überlegte, warum er sofort antworten wollte auf so viele unwichtige Fragen, die sich von alleine beantworten würden.

Und so ließ sich Marc auf das Schweigen ein. Vieles blieb ungeklärt und klärte sich später. Was Marc erlebte, schweigend beim Graben im Garten und dann beim Aussäen von Samen und dem Anpflanzen kleiner Setzlinge, war erstmals seit langer Zeit das Loslassen. Es war wieder dieses Gottvertrauen da, wie er es angesichts von Nina Ruges »Alles wird gut« empfunden hatte, die Gewissheit oder das Vertrauen darauf, dass die Dinge sich zum Guten wenden würden und wir ohnehin nur wenige Möglichkeiten hatten, den Lauf der Dinge zu beeinflussen. Es war in Ordnung, spürte Marc, die Kontrolle loszulassen. Vielleicht war ihm Sex ja deswegen so wichtig, weil er ein kleiner Moment des Kontrollverlustes war, und zwar ohne dabei eine Chance zu verpassen. Und Marc dachte darüber nach, dass Andreas und er die Setzlinge nur in die Erde drückten – was am Ende daraus erwuchs, entschied jemand anders.

Das wirklich Erstaunliche war: Marc schwieg. Sogar Ego war verblüfft. Offensichtlich war die kleine Einführung durch Pater Andreas notwendig und wichtig gewesen, damit Marc sich auf das Experiment »Schweigen« einlassen konnte. Ein ebenbürtiger Mensch – und das war dieser Mönch in dem Augenblick für Marc, in dem er von seiner Karriere als Jurist erzählt hatte – hatte Marc deutlich machen müssen, dass die Erkenntnisse von alleine kommen würden und sich vor allem die Zeit nähmen, die sie brauchten. Dass Druck nicht half, ebenso wenig wie Kontrolle. Den Fluss des Lebens kümmerte es nicht, was wir dachten und taten.

Und so verstummte auch der sonst gewohnte Dialog zwischen Marc und Ego – auch weil Ego sich in seiner Funktion als spiritueller Berater zunehmend heraushielt. Marc begann, Egos Stimme immer mehr mitzudenken und selbst die vielen Stimmen des Universums zu hören. Er hatte nicht vor, Ego arbeitslos zu machen, doch die Trennlinie zwischen ihnen beiden verschwamm immer mehr.

In den ersten Tagen blieb das Gedankentheater in Marcs Kopf noch ungeordnet. Er dachte über Tage hinweg assoziativ und sprang von einem Gedanken zum anderen. Es war ein Chaos, das einen Menschen dazu bringen konnte, sich für verrückt zu halten. Marc dachte an Elvis auf dem Campingplatz und den Fischer, der nicht reich werden wollte, an frühere Beziehungen und Annika. Woran Marc immer weniger dachte, waren seine Projekte, seine Autos, sein Bankkonto, seine Uhren, seine exzentrischen Urlaubsvergnügen – stattdessen tauchte in seinen Gedanken immer wieder Roland auf, der ihm etwas sagen zu wollen schien und den er in seinem Wagen auf dem Fahrersitz sitzen sah, obwohl er in der Situation selbst nicht dabei gewesen war. Dann fiel Marc Weihnachten in den USA ein, das Improvisieren auf hohem Niveau, während andere Menschen in vergleichbaren Situationen aufgeschmissen waren und heißen Tee und Wärmedecken von Hilfsdiensten brauchten.

François hatte Marc von der Anderswelt erzählt, in der die Seelen zu Hause waren, die Seelen verstorbener und auch lebender Menschen. Roland war in dieser Anderswelt, davon war Marc überzeugt. Er hätte so gerne noch das eine oder andere Wort mit ihm gewechselt, auch weil er wissen wollte, wie Roland die Situation sah, dass er nicht mehr auf dieser Erde weilte. Und da war dieser besondere Gedanke, dass Roland etwas loswerden wollte. Jedes Mal, wenn Marc an ihn dachte, saß Roland auf seinem Fahrersitz im Auto und machte den Mund auf, um zu sprechen, doch Marc hörte nichts. Was wollte Roland ihm sagen?

Immer wieder übermannten ihn die Gefühle, doch nachdem er sich für seinen gesamten Aufenthalt für die Gartenarbeit eingetragen hatte, war er dabei oft auch alleine, sodass niemand außer Ego ihn weinen sehen konnte. Marc begann zu lernen, derartige Gefühlsregungen nicht zu unterdrücken, denn es war vom Universum nicht vorgesehen, dass Menschen die Kontrolle über alles ausübten, was auch aus der Anderswelt in ihr Bewusstsein schwappte. Marc grub und heulte, und es war ihm auch dann nicht peinlich, wenn Pater Andreas einmal vorbeischaute.

Während Marc schwieg und arbeitete, die Andachten besuchte und mit Dankbarkeit das einfache Essen im Kloster zu sich nahm, wurde ihm deutlich, was er doch für ein außergewöhnliches Leben führte – ein Leben, das wenige andere verstehen würden. Und gleichzeitig empfand er das einfache Zimmer im Turm und das einfache Essen mit den anderen zunehmend als Luxus. Die Gesprächszeiten nutzte Marc, um sich mit Pater Andreas auszutauschen und anzufreunden.

DEN TINNITUS OBJEKTIVIEREN

Eines Nachts lag Marc wach und konnte nicht einschlafen. Die Stille umgab ihn und er hörte seinen Tinnitus. Marc hatte begonnen, seinen Tinnitus anzunehmen. Er wehrte sich nicht mehr dagegen und dachte nicht länger, er müsse ihn möglichst schnell besiegen, sondern sah ein, dass er ihn hatte. Er ließ den Kampfgeist los, auch weil er wusste, dass es kein akuter Hörsturz war, auf den er sofort hätte reagieren müssen, sondern dass er diese Töne schon länger hörte, er hatte sie nur nicht ernst genommen. Es bestand also keine Eile, sich Infusionen geben zu lassen, sondern Marc hatte in den Nächten im Kloster beschlossen, den Tinnitus auf eine ganz natürliche und einfache Weise loszuwerden: Er würde ihn bitten zu gehen.

Er begann also, seinem Tinnitus genau zuzuhören. Mit der Zeit gelang es ihm im Kloster, den Zusammenklang verschiedener Frequenzen in »Stimmen« aufzuteilen. Marc nahm den Tinnitus an und materialisierte ihn im Geiste, um mit ihm umgehen zu können.

»Das nennt sich Akzeptanz«, hatte ihm Ego dazu gesagt.

Mit dem Bleistift und dem Block machte Marc sich Notizen und versuchte, den Tinnitus zu beschreiben. Er notierte sieben verschiedene Töne. Er schrieb keine Partitur, sondern notierte einfach Formulierungen wie: »hohes Piepen«, »mittelhohes Piepen« und »leises und tiefes verzerrtes Brummen«.

Danach warf er einen Blick zu Ego – der schlief auf seinem Hundebett. Marc hörte seine Töne und beschloss, sich nicht mehr auf sie zu konzentrieren. Menschen konnten wahnsinnig werden, wenn sie problemorientiert an solche Dinge herangingen. Marc stellte sich vor, dass ein Tinnitus so immer lauter werden konnte. Vielleicht bestand die Kunst darin, ihn wegzudenken. Doch zuvor wollte er wissen, womit er es zu tun hatte, er musste seinen Tinnitus also genau kennen.

Marc hatte für einen Moment Lust, sich wie bei einem Schullandheimaufenthalt in der Finsternis rauszuschleichen und heimlich zu rauchen. Tatsächlich hatte er ein paar Zigarren dabei, doch bisher hatte er während seiner Klosterzeit weder die Gelegenheit gehabt noch Lust verspürt zu rauchen. Manchmal hatte er sich in seinem Krug von unten Bier mitgebracht, das schien hier in irgendeiner Weise dem Seelenheil zu dienen, doch im Augenblick war der Krug leer. Marc verwarf den Gedanken, heimlich rauchen zu gehen, zumal er wusste, dass ein Tinnitus durch den Sauerstoffmangel nicht besser wurde, den das Zigarrerauchen hervorrief, selbst wenn er den Rauch nicht inhalierte.

Die Stimmen in Marc, die Ideen und Gedanken, waren von einer unglaublichen Mischung: Da war die Vernunft, nicht zu rauchen, auch die Faulheit, sich aufzuraffen, die Rücksicht gegenüber Ego, möglichst leise zu sein, die Reflexion der Gespräche mit Pater Andreas, die Gedanken an Annika und daran, dass er sich viel zu selten wirklich Zeit für sie nahm. Da war das tiefe Gespür für Zeit – nachdem schon das Smartphone im Auto lag, hatte Marc irgendwann auch die Armbanduhr abgelegt und sich rein auf die Kirchenglocken verlassen, die alle Viertelstunde die Zeit verkündeten. Kirchenglocken, das war, als würde man den Timer in seinem Smartphone alle fünfzehn Minuten klingeln lassen. Insofern war das Thema Zeit durchaus präsent im Kloster und machte allen Mönchen und Gästen klar, dass ihr Zollstock immer kürzer wurde, von Viertelstunde zu Viertelstunde.

Und dann war da der Luxus zu schlafen. Über Nacht schwieg der Turm, um sechs Uhr in der Früh ging das Gebimmel wieder los, und so rechnete Marc einfach zurück, wann er schlafen gehen musste, und kam auf spätestens dreiundzwanzig Uhr. Wenn er sofort einschlief, schlief er hervorragend. Ließ er sich zum Lesen oder Schreiben hinreißen, wurde er schlaflos, und seine Gedanken mäanderten zurück in die Schulzeit und zum heimlichen Rauchen. Trank er abends Bier, brauchte er eine Stunde mehr Schlaf. Zwei Mal fehlte er am Folgetag beim Frühstück. Doch nichts war schlimm, alles wurde verziehen, es ging um Marc und seinen Weg zu sich selbst.

Mit der Zeit lernte er auch, seine Ungeduld wie ein quengelndes Kind zu betrachten, das seinen Eltern an der Supermarktkasse so lange auf den Geist ging, bis sie ihm irgendeinen Süßkram kauften. Marc überlegte, ob er seiner quengelnden Ungeduld gehorchte oder ob sich die quengelnde Ungeduld gefälligst Marc unterzuordnen hatte. Welche Prioritäten waren für den Menschen Marc und sein Selbst wichtig? Welche Ereignisse gehörten zum irrelevanten Geschehen im Außen und waren im Grunde nur Lärm?

Marc begann, seine Ungeduld zu externalisieren, sie als eigenständige Größe zu betrachten, als Teil seines äußeren Ichs, das weltverbunden war und abhängig von Lob und Anerkennung und zugleich getrieben von in Seminaren immer wieder zitierten

Ängsten. Marc wusste, dass Arroganz ein Zeichen für Angst vor Verletzung war, Anbiederung ein Zeichen für Angst vor sozialer Zurückweisung und das ständige Streben nach Mehr ein Zeichen für Angst vor Mangel. Erstmals isolierte er in seinem Denken und auch Fühlen diese Motive und Ängste und wurde sich seiner selbst ein bisschen mehr bewusst – er erkannte ein Selbst, das mit diesen Motiven und Ängsten nichts zu tun hatte und eher von ihnen überlagert war. Der Marc, der um Roland trauerte, hatte keine Angst. Der trauerte einfach nur. Der trauernde Marc wollte auch nicht kämpfen.

Und so ging Marc schweigend zum Essen, brachte immer mehr Beete in Ordnung und säte aus, verrichtete ohne Murren auch mal den Küchendienst und ordnete sich unter, wie sich das Alphatier Marc sonst nie unterordnete. Vieles wurde dadurch leichter: Marc hatte die Regie nicht inne, er war nur verantwortlich für den kleinen Bereich vor ihm, das schmutzige Geschirr, das Spinatbeet, die Gießkanne, das Futter für den Hund. Durch das Schweigen konnte er die Kommandobrücke verlassen und fand mit einem Mal zu einem riesigen Kontingent an Zeit und Energie, um sich selbst zu ergründen.

Obwohl Marc die verbleibenden Tage durch schwieg und nur in manchen Gesprächsstunden mit Pater Andreas oder anderen Mönchen über Rolands Tod sprach und die Möglichkeiten, auf eine spirituell gesunde Weise damit umzugehen, bot die Zeit im Kloster ihm einen Überfluss an Informationen. Im Rückblick würde er sagen, dass das Gegenteil von Schweigen eingetreten war, nämlich jede Menge Kommunikation. Nur eben nicht in Gestalt sinnfreier Instagram-Postings und nichtssagender Gespräche über Nebensächlichkeiten, sondern eines tatsächlichen inneren Austausches.

Es ging nicht um die Stille an sich, hatte Marc begriffen, sondern um die Stille im Außen. Im Innen durfte reger Austausch stattfinden.

Bis auf einige Gespräche mit Mönchen und notwendigen Ansagen bei Gartenarbeit und Küchendienst hatte sich Marc im Kloster strikt ans Schweigegebot gehalten. Als er nach dem Auschecken und dem Abschied von Pater Andreas wieder im Auto saß, Ego auf der Rückbank, hatte er nicht das Gefühl, zehn Tage geschwiegen zu haben. Er fühlte sich eher wie nach einem sehr langen Kongress, bei dem er jeden Workshop besucht hatte. Nicht unbedingt ausgelaugt, eher überinspiriert. Marc war nach Pause zumute, obwohl er ja gerade für eine Auszeit ins Kloster gegangen war. Nur war dort das Kommunikationsgewitter in seinem Kopf und in seinem Herzen erst richtig losgegangen.

Zu Egos Erstaunen ließ Marc sein Smartphone auf dem Rückweg vom Kloster aus. Er hatte nach dem Frühstück kurz Annika angerufen und gesagt, er mache sich jetzt auf die Reise. Annika war mitten in einem Projektmeeting, sodass sie ohnehin nicht sprechen konnten. Doch das machte nichts, sie würden sich am Abend sehen. Marc hatte tatsächlich Geduld gewonnen. Er fuhr ohne Telefon, E-Mail und WhatsApp an einem Samstag durch Deutschland, an dem er sonst alle Partner sämtlicher laufender Projekte durchgeklingelt hätte, um sich auf den neuesten Stand bringen zu lassen.

Marc schwieg.

DIE LIEBE

Für Annika war es gar nicht so ungewöhnlich, zehn Tage nichts von ihrem Partner zu hören. Es war Marc erst nach seiner Reise aufgefallen: Annika hatte nicht ständig angerufen, um zu fragen, ob er noch am Leben sei. Annika war cool geblieben. Sie zog aus der Stille keine falschen Schlüsse.

Auch dass Marc und Ego in dieser Zeit nur wenig miteinander gesprochen hatten, war für beide in Ordnung – schließlich war Ego ein Teil von Marc, und auch an dem inneren Dialog, den Marc für sich alleine führte, war Ego natürlich beteiligt.

Am späten Nachmittag dann rollte er mit seinem Sportwagen am Haus am See vor und ließ erst mal Ego springen. Annika kam aus der Tür. Sie umarmten und küssten sich.

Marc wusste nicht, was er sagen sollte.

»Ich habe Pinsa vorbereitet«, sagte Annika. »Die muss nur noch in den Ofen.«

Normalerweise, wenn Marc von einer Reise zurückkam, verfiel er sofort in Aktion. Er schaute nach allem, ging an seinen Rechner, beantwortete E-Mails. Heute hatte er eine Langstrecke ohne Smartphone hinter sich und war so entspannt zu Hause angekommen, wie er es lange nicht oder vielleicht noch nie erlebt hatte. Er machte gar nichts, sondern war einfach nur bei Annika.

Es war, als würden sich zwei Menschen begegnen, die sie selbst waren. Marc war gegenwärtig.

»Pinsa ist großartig«, sagte Marc. »Toll von dir, danke.«

»Es gibt auch einen Salat dazu«, sagte Annika. »Und ich würde gerne den Tignanello aufmachen, den uns François geschenkt hat.«

»Schöne Idee«, sagte Marc. »Soll ich das machen?«

»Mach mal«, sagte Annika.

Marc ging in die Küche und zog den Korken aus der Flasche. Es war ein kühler Frühlingsnachmittag, doch Marc und Annika entschieden, draußen zu essen.

»Der Wein braucht noch ein bisschen Luft«, sagte Marc. »Und die Pinsa hat auch noch Zeit.«

Wenn zwei Menschen beieinander waren, die sich wirklich liebten, brauchten sie wenige Worte. Marc schloss nur den Wagen ab, Ego war inzwischen ins Haus und von dort auf die Terrasse gesprungen, wo er sich auf seinen Napf stürzte, den Annika schon vorbereitet hatte. Marc und Annika gingen ins Haus und ließen die Zeit auf eine Weise vergehen, wie es nur liebende Pärchen können: mit voller Aufmerksamkeit für den anderen, vollständiger Präsenz und innigster Hingabe. Ego stromerte durch die Terrassentür ins Haus, schaute überall nach dem Rechten und ging dann ins Wohnzimmer. Er legte sich auf seine große lila Hundematte und ließ die Zeit verschwimmen.

Liebe hatte sehr viel mit Zeit zu tun. Liebe war vielleicht nicht zeitlos, weil sie verschiedenen Entwicklungen unterworfen war, oft dauerte sie auch nicht bis zum Lebensende. Doch die Liebe half den Menschen, die Zeit zu vergessen, die sie so durchtaktete. Wer sich auf einen anderen Menschen einlässt und vollkommen gegenwärtig bei ihm ist, lässt das Außen tatsächlich los.

ROLAND WILL ETWAS SAGEN

Ego dachte an den Unterschied zwischen den griechischen Begriffen »chronos« und »kairos«: »chronos« im Sinne von »chronologisch« war der Zeitablauf, das waren die Zeitfenster, die planbar waren in Kalendern und Uhrzeiten – danach sollte der Mensch seine Zeit möglichst mit produktiven Tätigkeiten füllen und Zeit auf keinen Fall verschwenden. Die Logik war zwingend, dass danach die Zeit die einzige Ressource war, die wir alle kontinuierlich verloren, ganz gleich, wie reich wir waren.

»Kairos« dagegen war der Zeitpunkt, oft auch der »richtige« Zeitpunkt, bei dem es darum ging, das Entscheidende zu tun. Bei »chronos« ging es um ein quantitatives Verständnis von Zeit, bei »kairos« um »quality time«.

Irgendwann würde Ego Marc von diesem Konzept erzählen, denn Marc hatte sein bisheriges Leben nach dem Konzept »chronos« zugebracht, was ihn unweigerlich unter Strom setzte. Doch am Ende eines Lebens empfanden jene Menschen ihr Leben als erfüllter, die sich an die richtigen, guten, passenden und schönen Momente im Sinne von »kairos« erinnerten und nicht unbedingt an ihre abgehakten To-do-Listen im Sinne von »chronos«.

Nach ihrer Liebesbegegnung kamen Marc und Annika in Bademänteln aus dem Bad und Marc schaltete den Ofen an. Annika streute noch ein wenig Käse über die nicht vegane Hälfte der Pinsa, und als der Ofen heiß war, schob sie die Pinsa hinein. Marc deckte draußen den Tisch und schenkte Wein ein. Beide standen einander auf der Terrasse gegenüber und stießen an. »Auf uns«, sagte Annika und Marc antwortete: »Auf uns.«

Annika musste gar nicht sagen, dass Marc ruhiger geworden war. Er wusste, dass es so war und dass auch sie das wusste. Es hatte ihm gutgetan, durch das Schweigen im Außen mehr aus seinem Inneren hören zu können. Anfangs war er angesichts des

Durcheinanders an Gedanken und auch Träumen überfordert, doch bald konnte er seinen inneren Informationsfluss strukturieren und kanalisieren.

Marc und Annika aßen Pinsa und Salat, während Ego am See herumschnüffelte. Marc überlegte, wie er Egos Hinweis auf Annikas Fähigkeit zur Seelenkommunikation formulieren konnte.

»Ich würde gerne Roland treffen«, sagte er – ohne jede Angst, dass Annika ihn für bescheuert halten könnte.

»Das kann funktionieren«, sagte sie.

»Wie?«, fragte Marc.

»Vielleicht über eine schamanische Reise«, antwortete Annika.

»Hast du so was schon mal gemacht?«

»Sicher. Es ist die Basis für vieles, gerade wenn du mit Seelen kommunizierst.«

»Wie geht das?« Marc nahm sich ein weiteres Stück Pinsa von der nicht veganen Seite.

»Ich dachte bisher immer, dass du für solche Dinge nicht offen bist«, wandte Annika ein.

»Darf ich ein paar Fragen stellen, die dir vielleicht blöd vorkommen?«, fragte Marc.

»Klar.« Annika verzichtete darauf, ihm zu sagen, dass es nicht wesentlich war, was ihr vielleicht blöd vorkommen könnte.

»Wenn du eine schamanische Reise machst, könntest du dann Roland treffen?«, fragte Marc.

»Wenn Roland das will, dann ja«, antwortete Annika. »Und nicht nur ich könnte das, auch du könntest das.«

»Wir könnten Roland also fragen, wie es ihm geht und ob er mir etwas sagen will?«

»Sicher. Wie gesagt, wenn er das will.«

»Was ist, wenn er es nicht will?«, fragte Marc.

»Dann wird er vermutlich nicht erscheinen«, sagte Annika. »Wir können aber auch vorher fragen.«

»Wie meinst du das? Wie kannst du Roland fragen, ohne mit ihm Kontakt aufzunehmen?«

»Es ist, als wenn du an einer Haustür klingelst«, antwortete Annika. »Du kannst in die Anderswelt eintauchen und Roland fragen, ob er Kontakt möchte.«

»Ah, okay«, sagte Marc. »Und wie erfahre ich, ob er das will?«

»Solche Antworten sind meistens sehr klar«, sagte Annika.

»Wie erreicht einen so eine Antwort?«

»Du denkst die Antwort klar«, antwortete Annika. »Für den Anfang tun es auch Hilfsmittel, zum Beispiel eine Rute.«

»Wie bei Knecht Ruprecht?«

»Nein, eher wie beim Wünscheln.«

»Eine Wünschelrute?«

»Wenn du so willst.«

»Hast du so was?«

»Klar.«

»Zeigst du sie mir?«

»Gerne. Der Punkt ist nur: Wir trinken gerade Wein.«

»Ah, der stört?«

»Der Wein als solcher nicht, nur der Alkohol«, sagte Annika.

»Verstehe«, sagte Marc. »Dann machen wir das morgen?«

»Wenn du dir dazu Zeit nehmen kannst«, antwortete Annika. »Der Alkohol macht so etwas nicht unmöglich, doch für Anfänger ist es immer klüger, erst einmal alle Störfaktoren auszuschließen.«

Marc war sehr gespannt, wie das mit der Rute funktionierte und ob es wirklich gelang, Kontakt zu Roland aufzunehmen.

»Gegenwärtig bleiben«, flüsterte Ego.

Marc merkte schon, dass er wieder unruhig und ungeduldig wurde und sich unter Druck setzte, dass die Kontaktaufnahme unbedingt funktionierte.

»Du verlierst gerade den Kontakt zu Annika«, flüsterte Ego.

Marc wandte sich Annika wieder zu. »Was hast du gemacht, als ich im Kloster war?«

»Ich habe mir ein neues Audioschnittprogramm beigebracht.«

»Wow«, sagte Marc. Es beschämte ihn, dass er dann doch so viel nicht wusste, was Annika betraf.

»Und ich habe viel Gitarre gespielt«, sagte Annika.

»Und hast du dein Kundenprojekt fertig bekommen?«

»Das ist erledigt, abgegeben und freigegeben«, antwortete Annika.

»Wunderbar«, sagte Marc.

War er mit einem Projekt vorzeitig fertig, feierte er das, weil er dann früher mit dem nächsten Projekt beginnen konnte. Im Kloster dagegen hatte alles seine Zeit gehabt. Marc hatte nicht früher mit der Gartenarbeit weitergemacht, weil er beim Mittagessen Zeit gewonnen hatte. Dieser Gedanke, dass eben alles seine Zeit hat, wurde immer mehr zum Leitmotiv seines Denkens.

»Es ist schön gerade«, sagte Annika.

Marc spürte die Gegenwart. Er empfand alles um sich herum, Annika und Ego, den feinen Wein, die liebevoll belegte Pinsa, den Frühlingsabend, und alles sehr intensiv. »Das ist das Leben, oder?«, fragte er.

»Ich denke schon«, sagte Annika. »Ich finde es gut, dass du dir diese Auszeit genommen hast. Was wir beide miteinander vorhaben, gelingt nur im Hier und Jetzt.«

»Ich habe lange über Gegenwärtigkeit nachgedacht«, sagte Marc. »Und ich glaube jetzt, sie ist eine elementare Voraussetzung für Liebe. Ohne im Hier und Jetzt zu sein, funktioniert keine Liebe.«

»Ohne im Hier und Jetzt zu sein, funktioniert gar nichts«, sagte Annika.

»Wie hast du es bisher mit mir ausgehalten?«, fragte Marc.

»Ich liebe dich«, sagte Annika.

DER LIEBESBEWEIS

Liebe – vielleicht war sie der Sinn des Lebens. Konnte das sein? War es am Ende so einfach? Was liebte Annika denn an ihm? War er nicht viel zu sehr vom Außen getrieben, zumindest in der Vergangenheit?

»Was liebst du an mir?« Marc stellte Annika eine der schwersten Fragen, die jemand einem Menschen stellen konnte.

Sie überlegte einen Moment und zog es dann vor, zunächst einmal die Dinge aufzuzählen, derentwegen sie Marc nicht liebte. »Ich liebe dich nicht wegen deines Erfolges«, sagte sie. »Nicht wegen deiner finanziellen Freiheit, nicht wegen deiner Autos und nicht wegen dieses Grundstückes hier.«

»Da bin ich ja beruhigt«, sagte Marc.

»Es geht bei meiner Liebe zu dir überhaupt nicht um das Außen«, sagte Annika. »Und ich liebe dich auch nicht dafür, dass du meine Erwartungen erfüllst.«

»Sondern?«

»Der Mensch hinter der Schale ist ein weicher, verletzlicher Mensch, ein ehrlicher Mensch, ein verbindlicher Mensch, ein Mensch mit Werten und Idealen«, sagte Annika. »Den liebe ich, und zwar egal, welches Auto er fährt.«

Marc war beeindruckt. Annika hatte ihn offenbar schon immer gesehen, diesen Menschen.

»Es sind keine Leistungen, deretwegen ich dich liebe«, fuhr Annika fort. »Deine Umsetzungsstärke ist beeindruckend, du stellst die Dinge einfach auf die Beine.«

»Ist das das, was ich sonst als Getriebenheit empfinde?«, fragte Marc.

»Zum Teil«, antwortete Annika. »Jedenfalls ist ›Tatkraft‹ etwas Ähnliches und es klingt positiver als ›Getriebenheit‹. Ich kenne niemanden, der so schnell zu Entscheidungen kommt und aus Ideen und Worten Fakten macht.«

»Und das ist das Innen?«, fragte Marc.

»Es ist dein originärer Antrieb«, antwortete Annika. »Das färbt auch auf andere ab, zum Beispiel auf mich. Du reißt die Menschen mit und motivierst sie. Schon wenn du den Raum betrittst, wirkt deine Aura aktivierend, das ist nur bei ganz wenigen Menschen der Fall.«

Marc begann, über seine Getriebenheit neu nachzudenken.

»Und du siehst in anderen auch etwas«, fuhr Annika fort, »was dich dann natürlich auch enttäuschen kann, wenn du dich irrst und sich jemand als Loser herausstellt.«

Auch das schien zu stimmen: Marc ging immer mit Wohlwollen auf andere zu und sah in ihnen gern große Potenziale – eine Erwartung, die natürlich enttäuscht werden konnte wie jede andere Erwartung auch.

»Es ist eine Stärke, die sich zugleich als Schwäche auswirkt, und zugleich macht diese Schwäche dich auch stark«, sagte Annika. »Dich frustriert das immer wieder, doch ist es eben der Weg deiner Persönlichkeit, das Neue schaffen, immer wieder vertrauen, dann auch wieder enttäuscht werden und trotzdem nicht aufgeben.«

Marc war verwundert, wie gut Annika ihn kannte. Was die einfache Frage, was jemand an uns liebt, auslösen konnte!

»Und die Menschen, die ehrlich zu dir sind, schließt du in dein Herz«, ging Annikas Redefluss weiter. »Du bildest um dich herum eine Familie aus vertrauten, guten Menschen und bist auch zu Tieren liebevoll. Und du findest Lösungen mit den Menschen und für die Menschen, auf die vermutlich kein anderer gekommen wäre, weil du kreativ denkst und sogar die negative Atmosphäre in Räumen ins Gute wenden kannst. Weil du hervorragende Antennen hast, um Feinheiten zu spüren, und dann machst du auch immer wieder einen Strich drunter und fragst, worum es hier geht und was zu tun ist. Und dann packst du an. Und immer wieder entstehen dabei tolle Dinge.«

Marc war völlig baff. Ihm standen die Tränen in den Augen.

»Den anderen sehen, Marc, ist das, worum es geht«, sagte Annika. »Und ich sehe dich.«

»Ist Liebe die Kunst, den anderen zu sehen?«, fragte Marc.

»Das ist es«, antwortete Annika. »Ohne den anderen zu verändern.«

Marc überlegte, ob er Annika ändern wollte, und kam zu dem Ergebnis, dass er sie ebenso bedingungslos liebte wie sie ihn.

»Es geht also tatsächlich um etwas wie Loyalität«, merkte er an.

»Sicher«, fuhr Annika fort. »Und du bist nicht nur dir selbst treu, sondern auch anderen, ihren Ideen und Persönlichkeiten, du bist loyal, deinen Visionen gegenüber und den Visionen anderer, es geht dir um eine bessere Welt und ein besseres Leben, direkt und herzlich, ehrlich und klar.«

»Wow«, sagte Marc. In seinem gesamten Leben hatte er noch nie eine solche Dusche von Komplimenten bekommen.

»Ich schaue dir bei alledem einfach gerne zu«, sagte Annika. »Wenn ich sehe, wie dir das Herz aufgeht, dann geht auch mein Herz auf, und ich empfinde die gleiche Freude.«

Marc, der so sehr an sich zweifelte, bekam Zuspruch. Annika war kein Teenager, der ein Idol anhimmelte, sondern sie war eine erwachsene und kluge Frau, die selbst in der jüngeren Vergangenheit einen starken Weg hingelegt hatte und zu einer beeindruckenden Souveränität gefunden hatte, weg vom Klammern hin zu einem gelassenen und liebevollen Beobachten der Welt. Es war nicht so, dass es zwischen Marc und Annika keine Konflikte gab, doch die Verbindung zwischen beider Wesen in ihrem Selbst war viel stärker geworden.

Für Marc war Annikas damaliges Bedürfnis nach Verbindung mit seinem Freiheitsmotiv kollidiert. Doch aus heutiger Sicht und mit seinen Erkenntnissen aus dem Kloster hatten sich beide inzwischen enorm entwickelt. Wie schade das doch war: So viele Beziehungen scheiterten, weil Menschen das Wesen des anderen nicht sahen. Dabei ging es einfach nur um die drei Fragen: Wer bist du? Was fühlst du? Was brauchst du?

»Das Loslassen«, sagte Annika, »habe auch ich erst lernen müssen. Ich musste begreifen, dass Loslassen nicht bedeutet, dass wir etwas verlieren. Auch wenn das paradox klingt.«

Marc überlegte, dass er diesen Gedanken vor seinem Klosteraufenthalt nicht hätte annehmen können. Im Kloster hatte er das Festhalten an der sofortigen Klärung der Dinge losgelassen. Jetzt konnte er den Gedanken nachvollziehen und hielt ihn auch für richtig. Um etwas zu bekommen, mussten wir es erst loslassen.

»Und das Wort ›sein‹«, ergänzte Annika, »besteht aus denselben Buchstaben wie das Wort ›eins‹. Dabei geht es auch immer um die Gegenwart. Wir sollten nicht vorhaben zu sein, sondern wir sollten das Sein in dem Augenblick erleben, in dem das Leben es uns schenkt. Es geht nicht um Spaß oder Aktivität, sondern einfach nur um das Sein. Ich will den Kern deines Seins erleben, das ich liebe.«

»Das will ich auch«, sagte Marc. »Ich will dir mein Selbst zeigen und dein Selbst sehen.«

»Wir sind auf einem guten Weg«, sagte Annika. »Manchmal denke ich, da ist noch ein Schleier, der dein Selbst verdeckt. Im gleichen Augenblick, in dem ich das denke, mache ich mir bewusst, dass wir das können, unser Selbst entdecken.«

EIN GLÜCKLICHER TAG

Marc hatte sich bisher als rationalen Menschen gesehen, auch wenn es ihm zunehmend gelang, sein Herz zu öffnen für die Dinge zwischen Himmel und Erde, die gemäß dem berühmten Zitat Shakespeares aus dem *Hamlet* nicht mit der Schulweisheit zu erklären waren. Ihm war bewusst geworden, dass die Liebe zwischen Annika und ihm etwas Besonderes war, nicht wie ein Projekt oder eine Affäre, sondern es ging um etwas Entscheidendes, weil hier zwei Menschen aufeinandergetroffen waren, die einander auf existenzieller Ebene etwas zu sagen hatten.

Und jetzt fand Marc zu sich durch ein Schweige-Retreat im Kloster. Auch auf das Rutenexperiment am folgenden Tag freute er sich. Der Verstand, der das fühlbare Bewusstsein nicht erfassen konnte, hielt sich immer mehr zurück.

Der Abend verlief sehr ruhig, Marc strahlte keinerlei Aktionismus oder Stress aus. Er fragte Annika nach den Ergebnissen, die sie für den Kunden zusammengestellt hatte, und sie zeigte ihm an ihrem neuen Rechner in ihrem Zimmer das Projekt. Marc war beeindruckt, mit welcher Leichtigkeit sie den Cursor über die Oberfläche fliegen ließ und wie zielsicher und gekonnt sie auch die verrücktesten Funktionen ansteuerte. Er hatte nie die Geduld gehabt, sich in solche Dinge hineinzudenken, und derartige Aufgaben daher immer ausgelagert.

Als beide so vor Annikas Rechner saßen, wurde Marc sich seines Tinnitus wieder bewusst und fragte sich, ob er sie darüber informieren sollte – aber warum auch nicht? Es gab gar keinen Grund, weshalb eine solche Sache ein Geheimnis bleiben sollte. Also verriet er ihr, dass er jetzt, da im Grunde nichts zu hören war, in seinem Ohr diese Kombination aus verschiedenen Frequenzen wahrnahm.

»Tinnitus?«, fragte Annika und fügte gleich hinzu: »Im Grunde kein Wunder.«

Marc zog den Zettel mit seinen Notizen zu den Tinnitus-Tönen aus der Tasche und sagte: »Meine Überlegung ist, dass ich ihn genau beschreiben muss, damit ich überhaupt weiß, was sich da in meinem Ohr eingenistet hat.«

Annika sah auf den Zettel und dann Marc ins Gesicht. »Das ist gut. Das ist sehr gut.« Sie schaute sich die Notizen an und dachte nach. »Ich habe mal irgendwo gelesen, dass … warte mal …« Annika öffnete an ihrem Rechner den Browser und gab ein paar Suchbegriffe in die Suchmaschine ein.

»Hier, ich hab's«, sagte sie. »Tinnitus-Matching.«

Marc sah ihr über die Schulter. Auf dieser Seite konnte er offenbar per Kopfhörer seinen Tinnitus analysieren. Annika gab ihm den Kopfhörer und er klickte sich durch den Test. Immer wieder wurde er aufgefordert, an einem Schieberegler die Lautstärke verschiedener Frequenzen einzustellen. Er konnte die Töne so leise stellen, dass er sie gerade nicht mehr hören konnte, weil sein Tinnitus die Frequenz ohnehin produzierte. Als er damit fertig war, meldete die Oberfläche, der Test sei nicht erfolgreich gewesen, weil der Tinnitus möglicherweise nicht nur aus einem Ton bestand.

»Das hätte ich denen auch früher sagen können«, sagte Marc.

»Dann bau den Tinnitus doch im Studio nach«, sagte Annika.

»Gute Idee«, sagte Marc verblüfft. »Claude kann bestimmt ein Tool programmieren.«

»Wenn es das nicht schon gibt«, sagte Annika. »Die Idee dieser Therapie ist es jedenfalls, dass du aus deiner Lieblingsmusik die Tinnitus-Frequenzen rausfilterst und damit auf Dauer diese Frequenzen quasi wieder heilst.«

»Beeindruckend«, sagte Marc.

»Es gibt Apps gegen Tinnitus, die sogar die Kasse bezahlt«, sagte Annika.

»Ich sehe schon, da sollte ich mich mal einarbeiten.«

»Eigentlich brauchst du nur einen Synthesizer.«

»Ich bitte Claude, sich zu kümmern«, sagte Marc.

Annika und Marc sprachen direkt von Mensch zu Mensch – nicht, dass sie das nicht schon vorher getan hätten nach Marcs bisherigem Verständnis, doch die Gespräche begannen, eine neue Qualität anzunehmen. Auch Marc verstand nun, was die Formulierung »von Mensch zu Mensch« bedeutete – es war mehr, als einfach nur miteinander zu reden.

Nun war es wiederum auch nicht so, dass zwei Menschen sofort alles besprechen mussten, und ganz der Überlegung folgend, dass wir Dinge gewinnen, indem wir sie loslassen, verabschiedete sich Annika relativ früh zum Schlafen. Sie war müde und es gehörte zum neuen Miteinander zwischen Marc und Annika, die Bedürfnisse des anderen zu respektieren. Es bedeutete nichts, dass Annika schlafen ging. Wenn sie allein sein wollte, beinhaltete das keine Aussage über ihr Verhältnis zu Marc.

Marc schnappte sich ein weiteres Glas Wein, eine Zigarre und seinen Hund und ging zum Steg, um dort mit Ego diesen wundersamen Tag zu Ende gehen zu lassen. Er hatte einen wahrhaft glücklichen Tag erlebt, und das ohne großen Aufwand, weil es bei Glück nicht um Aufwand ging.

»Es ist schön, dir zuzusehen«, sagte Ego.

»Es ist eine neue Welt für mich«, erwiderte Marc. »Ist das nur ein Strohfeuer? Lässt das wieder nach?«

»Wie fühlt es sich denn an?«, fragte Ego.

»Gut«, antwortete Marc. »Es geht in die Richtung, die ich mir wünsche.«

»Na, dann erzwinge es nicht und lebe einfach immer wieder darauf zu«, empfahl Ego. »Den Weg musst du nicht mehr suchen, er legt sich automatisch vor dich.«

»Das ist das mit dem Loslassen, richtig?«

»Genau. Wenn das Universum einmal weiß, was du dir wünschst, einfach und klar, ohne diffuse Ablenkungen und ohne Selbstbetrug, dann tut es, was es kann. Du trinkst kein Salzwasser mehr.«

»Danke übrigens für deinen Tipp mit der Seelenkommunikation mit Annika«, sagte Marc.

»Gehört zum Service«, antwortete Ego. »Du könntest das auch selbst, doch es erscheint mir ratsamer, wenn du dich darin erst einmal begleiten lässt.«

»Coaching für schamanische Reisen wäre eine coole Geschäftsidee«, sagte Marc.

»Gibt es zuhauf«, antwortete Ego.

DIE GRUNDMOTIVE IM LEBEN

»Es bedeutet, dass du dich fallen lässt«, sagte Ego. »Es bedeutet vollkommenes Vertrauen, in diesem Fall zu Annika. Du überlässt ihr die Kontrolle über das Geschehen.«

»Stört es nicht, dass wir in einer Liebesbeziehung sind?«, fragte Marc.

»Nein, überhaupt nicht«, antwortete Ego. »Es stört nicht und es hilft nicht. Es geht bei der schamanischen Reise nicht um eure Beziehung, sondern Annika fährt sozusagen nur das Taxi.«

»Du immer mit deinen Vergleichen.«

»Doch, es stimmt«, beharrte Ego. »Annika ist so etwas wie die Reiseführerin. Sie zeigt dir morgen einen vereinfachten Zugang zu deinem Inneren und zum Universum, und wenn alles gut läuft, macht ihr die schamanische Reise.«

»Ich bin sehr gespannt.«

»Roland ist inzwischen auch so weit, dass er dich treffen kann, denke ich.«

Marc sah Ego ins Gesicht. »Ach, wirklich?«

»Mit der Rute könnt ihr die Bereitschaft für ein Treffen morgen ja sondieren.«

»Das klingt ja wie in der Politik«, entfuhr es Marc.

»So ähnlich ist das auch«, sagte Ego. »Seelen sind verletzlich. Das sind sie in diesem Leben, wenn sie in dem Körper eines Menschen oder Hundes oder einer Katze durch die Welt wandeln, und das sind sie auch losgelöst von jeder Körperlichkeit. Da spielt Diplomatie eine große Rolle.«

Mit der Diplomatie hatte es Marc bisher nie so richtig gehabt. Durch seine Vorstellungen von Ehrlichkeit und Klarheit war er immer davon ausgegangen, dass Menschen stets ihre Meinung sagen sollten. Dass es dadurch zu Konflikten kam, war normal und vorauszusehen. Das nahm Marc in Kauf. Doch allmählich formte sich in seinem Denken die Vorstellung, dass Menschen nicht nur rein sachliche Wesen waren, sondern dass in allen, selbst in den übelsten Verbrechern, etwas Himmlisches schlummerte, auch wenn es möglicherweise unter einem Haufen Ballast und Müll zugeschüttet war. An diese Seele heranzukommen, ging nicht ohne Weiteres mit klaren Ansagen ohne Rücksicht auf die Verletzlichkeit des Gegenübers. Oft reagierten Menschen ja auf Verletzungen, ohne überhaupt zu begreifen, weshalb sie verletzt waren – ein Zeichen dafür, dass etwas in ihrem Seelenwesen berührt war, zu dem sie noch nicht vorgedrungen waren.

»Hast du eigentlich Angst vor morgen?«, fragte Ego.

Marc dachte nach und sagte dann: »Nein, eigentlich nicht.«

»Das ist gut«, sagte Ego. »Und ich denke auch, ich weiß, warum.«

»Was meinst du?«, fragte Marc.

»Lass mich dazu was fragen«, antwortete Ego. »Was ist das Gegenteil von Liebe?«

»Das Gegenteil von Liebe? Hass natürlich«, sagte Marc.

»So sehen es die meisten«, entgegnete Ego. »Ich denke, es ist die Angst.«

»Die Angst?«, fragte Marc verwundert.

»Ja, die Angst«, wiederholte Ego. »Das, was die meisten für das Gegenteil von Mut halten. Zum Beispiel die Angst vor dem Loslassen. In vielerlei Hinsicht verhindert Angst Liebe.«

»Das lässt sich so sehen«, sagte Marc.

»Brauchst du Mut, um dich morgen auf die schamanische Reise mit Annika einzulassen?«, fragte Ego.

»Nein«, antwortete Marc.

»Das ist gut. Das ist so, weil du Annika vertraust, und das tust du, weil du sie liebst.«

»Könnte sein«, sagte Marc.

»Und Liebe und Angst sind eben zwei grundsätzliche Handlungsmotive. Du hast früher aus Angst agiert und heute agierst du möglicherweise aus Liebe.«

Marc ließ den Gedanken sacken.

»Es sind zwei Modi des Lebens«, fügte Ego an. »Die meisten Menschen sind durch Angst motiviert. Sie jagen dem Geld nach, sie wollen gut dastehen, sie inszenieren sich. Das tun sie, weil sie am Ende Angst vor Verelendung und vor sozialer Ächtung haben. Und nur wenige Menschen sind motiviert durch die Liebe. Diese Menschen haben keine Angst vor Verelendung oder sozialer Ächtung. Sie handeln einfach aus ihrem positiven Gefühl heraus, aus ihrer positiven Haltung zum Leben.«

»Das erinnert mich an den Selbstwert-Baum«, sagte Marc.

»Das passt auch«, antwortete Ego. »Du kannst dich im Außen positionieren mit einer stolzen Baumkrone aus einem Selbstbewusstsein, das keinerlei Wurzeln hat, und dich ohne jeden Selbstwert durch die Welt bewegen. Dann bist du eine Schablone, eine Form ohne Inhalt. Die Grundmotivation ist dabei die Angst. Oder du kannst aus deinen Wurzeln, aus einem starken Selbstwert heraus handeln, weil die Liebe dein Motiv ist. Es ist ein riesiger Unterschied.«

»Und was ich die ganze Zeit suche, diesen Zugang zu meinem Innen, das ist die Suche nach Liebe?«, fragte Marc.

»Ja, es ist die Suche nach deinem Selbstwert, nach dem Wert deiner selbst, und da geht es ums Annehmen, um die Akzeptanz deiner selbst und damit um Selbstliebe«, antwortete Ego. »Ohne Selbstliebe ist es so gut wie unmöglich, andere zu lieben.«

»Da habe ich ja viel vor«, sagte Marc.

»Das kannst du laut sagen«, gab Ego zurück. »Du warst im Schweigekloster und machst eine schamanische Reise.«

»Das ist eine ganze Menge.«

»Und du sprichst außerdem noch mit deinem Hund, das solltest du auch nicht vergessen«, sagte Ego.

»Natürlich nicht«, erwiderte Marc und überlegte einen Moment. »Ist das alles richtig? Also hat es Sinn? Ist es die richtige Reihenfolge?«

»Du wirst sehen, dass sich diese Fragen nach Zeit und Reihenfolge von selbst erübrigen«, antwortete Ego. »Der Fluss des Lebens ist der, der er ist, also nimm ihn an.«

Es war in der Tat eine eigene Welt mit den vielen Zusammenhängen von Gedanken und Gefühlen, mit dem Universum und den vielen unterschiedlichen sinnlichen und übersinnlichen Erfahrungen. Liebe, Angst, Freude, Vertrauen, Zuneigung, Loslassen – nach Marcs bisherigem Verständnis musste alles definiert sein, bevor jemand darüber sprach. So, wie er auch seinen Tinnitus vergegenständlichen wollte, um mit ihm umgehen zu können. Die Überlegung, dass Angst das Gegenteil von Liebe sein sollte, leuchtete Marc jedenfalls ein.

»Ich bin gespannt, wie das wird morgen«, sagte Marc.

»Darf ich dir was empfehlen?«, fragte Ego.

»Sicher.«

»Erwarte nichts.«

Selbstwert . Baum

DER MENSCH

Marc und Annika hatten den Tag so begonnen, dass möglichst keine Störfaktoren das Rutenexperiment und die schamanische Reise gefährden konnten. Statt Kaffee gab es nach dem Aufstehen eine Tasse Wasser, erwärmt auf 57 Grad, also wie ein Tee, den Menschen als heiß und zugleich trinkbar empfanden. Die Präzision gelang mithilfe eines Metallbechers, wie ihn Sam zu Weihnachten bekommen hatte. Zum Frühstück gab es Obst und Nüsse. Annika ging mit Ego eine Runde laufen und begrüßte wie immer die Pferde, Kühe und Schafe der Umgebung. Marc räumte ein wenig auf, breitete auf dem gläsernen Wohnzimmertisch eine weiße Tischdecke aus und legte die Papprolle mit der Rute bereit, die Annika ihm gegeben hatte. »Tensor« hieß das Gerät, wie er der Beschriftung des Pappzylinders entnahm.

»Was machst du mit dem Ding denn üblicherweise?«, fragte Marc.

»Ich verschaffe mir Orientierung und Klarheit«, sagte Annika. »Der Tensor antwortet mir auf Fragen.« Sie öffnete den Zylinder und zog eine seltsame Konstruktion heraus: ein Korkgriff, aus dem ein etwa 25 Zentimeter langer Draht herausragte, an dessen Ende ein kleiner Holzring mit einem Durchmesser von etwa drei Zentimetern befestigt war. Annika gab Marc den Tensor in die Hand. Ego war dazugekommen, setzte sich auf den Boden und schaute aufmerksam zu.

»Wo ist dein Handy?«, fragte Annika.

»Im Büro«, sagte Marc.

»Gut«, sagte Annika. »Als Erstes setzen wir uns so hin, dass wir möglichst geerdet sind. Also mit den Fußsohlen auf dem Boden.«

Marc sah, dass Annika barfuß war, und so zog er seine Sneaker und seine Socken aus. Sie setzten sich auf die Kante des Sofas, das eigentlich zum Herumlümmeln gebaut war, doch es funktionierte auch als einfache Sitzgelegenheit.

»Kein Yogasitz?«, fragte Marc.

»Kein Yogasitz«, antwortete Annika. Natürlich wusste auch sie, dass die Menschen auf esoterischen Websites in dieser Haltung zu sehen waren, gerne zu mehreren im Kreis. Für Annika war das ein Klischee, denn zum Meditieren brauchte niemand einen Yogasitz.

FRAGEN ANS UNIVERSUM

»Jetzt kalibrieren wir die Rute«, sagte Annika.

Kalibrieren – dieses Wort klang für Marc ungewöhnlich technisch im Kontext einer spirituellen Zeremonie. Doch er ließ sich darauf ein.

»Wir definieren, wie die Zeichen der Rute zu deuten sind«, erklärte Annika. »Du hältst sie jetzt erst mal in der Hand, ohne den Arm oder den Ellenbogen irgendwo abzustützen.«

Marc hielt die Rute und versuchte, den Holzring ruhig zu halten.

»Dazu musst du einfach nur nichts tun«, erklärte Annika. »Du musst nichts ausgleichen, sondern einfach die Rute halten. Ganz locker halten, nicht krampfig. Sodass der Holzring waagerecht in der Luft liegt.«

Marc erkannte, dass es nichts mit Festhalten in dem Sinne zu tun hatte. Der Griff der Rute ruhte auf Marcs Handfläche, alle Finger umfassten locker den Kork. Der feine Draht bog sich durch die Schwerkraft des Holzrings nur wenig nach unten, sodass Marc den

Griff gar nicht sehr steil halten musste, damit der Holzring waagerecht in der Luft lag.

Marc spürte, welchen enormen Effekt bereits diese simple Übung hatte. Er fixierte einen Holzring, der einfach nicht zur Ruhe kommen wollte.

»Alle Bewegungen des Holzrings kommen aus dir«, sagte Annika. »Versuch erst mal, den Holzring zum Stillstand zu bekommen, und lass dir dabei Zeit. Es geht nicht darum, etwas zu gewinnen.«

Marc saß aufrecht auf der Kante des Sofas und hielt den Korkgriff des Tensors. In manchen Momenten schien es, als wolle er stillstehen, und dann vollzog er wieder eine leichte Bewegung. Mal nach oben, mal zur Seite, mal nach unten.

Das verdammte Ding will nicht stillhalten, dachte Marc.

»Nicht denken«, flüsterte Ego. »Einfach stillhalten.«

Marc konzentrierte sich darauf, ruhig zu sein. Er suchte in seiner Hand und in seinem Arm nach den Quellen der Unruhe und der Bewegung, und je mehr er sich darauf konzentrierte, desto ruhiger wurde der Holzring. Marc hatte den Eindruck, dass der Holzring sich minimal in einem Takt bewegte, und fand heraus, dass es sein Herzschlag war, der sich über seine Hand auf den Griff, den Draht und so auf den Holzring übertrug.

»Der Ring kann ja gar nicht ruhig sein, wenn mein Herz …«, hob Marc an.

»Nicht denken«, unterbrach ihn Annika. »Einfach stillhalten.«

Offenbar waren Ego und Annika im Austausch.

»Stimmt«, flüsterte Ego.

Nach einigen Minuten, die Marc als sehr anstrengend empfand, schwebte der Holzring tatsächlich einigermaßen still in der Luft. Es ging nicht um Perfektion, und absoluten Stillstand gab es ohnehin nicht, doch er war jetzt ausreichend konzentriert, um den »Tensor« zu »kalibrieren«, wie Annika es nannte.

»Diesen Zustand definieren wir jetzt als ›neutral‹«, sagte Annika. »Der Holzring steht still, die Rute sagt nichts, sie reagiert weder positiv noch negativ.«

»Abgespeichert«, antwortete Marc.

»Gut«, sagte Annika. »Dann definieren wir ›Ja‹. Denk bitte ein Ja. Dazu wird die Rute senkrecht schwingen, also rauf und runter.«

Marc dachte ein Ja. Am Ring tat sich nichts.

»Einfach ein Ja denken«, sagte Annika.

Der Holzring begann langsam, sich auf und ab zu bewegen.

»Irre«, sagte Marc. »Ich mache gar nichts. Ich halte nur still.«

»Sehr schön«, sagte Annika. »Jetzt denk wieder ›neutral‹. Bevor wir einen anderen Zustand definieren, müssen wir immer auf ›N‹ gehen, wenn du so willst.«

Die Analogie zum Automatikgetriebe war für Marc einleuchtend. In keinem Auto der Welt konntest du von Vorwärts auf Rückwärts schalten, ohne dass das Auto nicht mindestens für einen kurzen Moment stillstand.

»Denk ›neutral‹«, wiederholte Annika.

Marc dachte »neutral«.

Der Holzring beruhigte sich.

»Das machst du gut«, sagte Annika. »Jetzt definieren wir Nein und beim Nein soll die Rute flach horizontal seitwärts schwingen. Denk ›nein‹.«

Marc dachte »nein«, doch der Holzring gehorchte nicht. Er hielt still. Dann bewegte er sich auf und ab. Dann hielt er wieder still. Annika bat Marc, erneut »neutral« zu denken, um den Holzring erst wieder in seine Ausgangsposition zu bringen. Beim nächsten Versuch kreiste der Holzring und wieder sollte Marc erst auf »N« zurückgehen. Doch nach einigen Anläufen, bei denen Marc immer wieder konsequent vom neutralen Stillstand ausging, bewegte sich der Ring tatsächlich horizontal.

»Du bekommst gleich eine Pause«, sagte Annika. »Erst definieren wir noch ›unklar‹.«

Marc verstand – auch das Universum konnte nicht alles wissen. Auch eine Seele war vielleicht einmal unentschlossen. Also war auch der Zustand der Unklarheit zu definieren. »Unklar ist der Holzring, wenn er kreist.«

»Egal, in welche Richtung?«, fragte Marc.

»Ich würde eine Richtung festlegen«, antwortete Annika. »Damit du später nichts umdefinieren musst. Später kannst du auch das diagonale Schwingen noch mit Bedeutungen belegen. Wir definieren ›egal‹ jetzt mit dem Kreisen im Uhrzeigersinn.«

»Okay«, sagte Marc. »Ich denke jetzt erst mal so was wie ›egal‹?«

»Genau«, sagte Annika. Und tatsächlich begann der Tensor nach einer Weile im Uhrzeigersinn zu kreisen. Dann sollte Marc die Bewegung wieder anhalten und die Kreisbewegung gegen den Uhrzeigersinn als »weiß ich nicht« definieren.

DEN WILLEN AUSSCHALTEN

Nach dieser Sitzung, die insgesamt etwa eine halbe Stunde gedauert hatte, durfte Marc die Rute auf den Tisch legen und eine Pause machen. Annika brachte Wasser.

»Das Wichtige ist, dass du deinen Willen ausschaltest«, sagte sie.

»Das habe ich gemacht«, sagte Marc. »Spannende Erfahrung.«

»Ja, schon das Kalibrieren kann helfen, zu seinem inneren Wesen vorzudringen. Wenn du Ja und Nein definierst, ist das ein Akt ohne alle Vorstellungen und Erwartungen.«

Nachdem sie Wasser getrunken hatten, sollte sich Marc mithilfe der Rute einfache Fragen beantworten lassen. Annika wies noch einmal darauf hin, dass nicht die Rute selbst die Antworten gab, sondern sie nur sichtbar machte. »Die Antworten kommen alle aus dir, indem du die Antworten unbewusst gibst und auf die Rute überträgst.«

»Heißt das, ich weiß schon alles?«

»Die spirituelle Erklärung lautet, dass wir alle eins sind, das Universum, alle Seelen, und dass darum das gesamte Weltwissen in uns allen angelegt ist«, erklärte Annika. »Du kannst es auch so sehen, dass du das Medium bist, durch das das Universum spricht.«

»Spannend«, sagte Marc.

»Anfänger sollten möglichst nicht zu viele Antwortoptionen definieren«, sagte Annika. »Am einfachsten ist es, mit ›Ja‹, ›Nein‹ und ›Unklar‹ anzufangen. Es gibt also nur Entscheidungsfragen und keine Fragen, die mit ›Warum‹ oder so beginnen.«

»Ist klar«, sagte Marc.

»Wobei ›Unklar‹ alles heißen kann, was weder ›Ja‹ noch ›Nein‹ ist.«

»Und mit der Zeit kommen dann die komplizierteren Antworten dazu«, sagte Marc.

»Genau«, sagte Annika. »Wie beim Vokabelnlernen. Oder wie beim kleinen Einmaleins.«

Marc liebte das Prinzip – es entsprach der Art, wie er am liebsten lernte und sich neue Methoden aneignete.

ZUERST BANALE FRAGEN …

»Wir beginnen mit einfachen und banalen Fragen«, sagte Annika. »Nicht darüber lustig machen, es geht einfach nur darum, die Kalibrierung noch einmal zu bestätigen, und darum zu schauen, ob die Rute unsere Definitionen korrekt übernommen hat.«

»Die Rute? Eher mein Unterbewusstsein, oder?«, fragte Marc.

»Ja, genau«, sagte Annika. »Üblich ist eben die Formulierung, dass die Rute antwortet. Obwohl im Grunde du die Antworten gibst oder das Universum. Das ist eine Unschärfe.«

»Verstanden«, sagte Marc und nahm den Rutengriff wieder in die Hand. Er schaute, dass er mit beiden Füßen Bodenkontakt hatte, und streckte den Rücken.

»Jede Aktion«, sagte Annika, »alles, was du machst, beginnst du aus der Ruhe heraus, in der Neutralstellung. Wenn irgendetwas nicht stimmt, gehst du immer erst auf ›neutral‹ zurück und versuchst es dann noch mal. Und du konzentrierst dich immer nur auf eine einzige Frage, sonst wird es Murks.«

»Passt«, sagte Marc. Er konzentrierte sich, brachte den Holzring zum Stillstand und dachte tatsächlich nichts. Er dachte vielleicht etwas wie das Wort »neutral«, doch inhaltlich dachte er nichts. Er dachte nicht einmal, dass es ungewöhnlich war, dass er nichts dachte. Als Annika sah, dass er im »Neutral«-Zustand war, sagte sie: »Meine Fragen hörst du bitte einfach nur, nicht bewerten.«

»Okay«, sagte Marc.

Annika stellte die erste Frage.

»Ist Ego ein guter Hund?«

Ego blickte Annika ein wenig empört an. Weshalb sollte er kein guter Hund sein? Doch natürlich wusste er, dass es hier um eine der banalen Fragen ging, und der Holzring am Ende von Marcs Rute schwang sofort senkrecht auf und ab. Ego war ein guter Hund.

»Jetzt wieder ›neutral‹«, sagte Annika. Es dauerte einige Sekunden und der Holzring stand wieder still. Nachdem der Holzring sicher stillstand und Marc also wieder im »Neutral«-Zustand war, sagte Annika: »Wir prüfen die Antwort jetzt durch eine Gegenfrage. Ist es richtig, dass Ego kein guter Hund ist?«

Marc fixierte den Ring und sehr schnell wedelte die Rute entschlossen in der Horizontalen hin und her.

»Gut«, sagte Annika. »Jetzt wieder ›neutral‹ und dann weiter.«

Marc dachte an »neutral« und der Ring kam zum Stillstand. Von Annika kam die zweite Frage.

»Sollten wir jeden Abend zwei Flaschen Wein trinken?«

Marcs Rute verhielt sich zuerst ein wenig indifferent und begann zu kreisen, doch nach einigen Sekunden zeigte sie eine deutliche horizontale Bewegung seitwärts. Das Universum hatte die Frage mit »Nein« beantwortet.

»Jetzt wieder ›neutral‹«, sagte Annika und wartete auf den »Neutral«-Zustand. Dann formulierte sie die dritte Frage.

»Hat Anneliese eine heimliche Affäre?«

Marc dachte an Anneliese und merkte, dass er über Anneliese im Grunde nicht viel wusste. Der Holzring wurde sofort unruhig und bewegte sich in verschiedenste Richtungen, sodass Annika Marc bat, erneut erst »neutral« zu denken und sich dann auf die Frage zu konzentrieren.

»Hat Anneliese eine heimliche Affäre?«

Marc konzentrierte sich. Nach einigen Sekunden stand der Holzring still und bewegte sich nicht. Er formulierte im Geiste die Frage, und langsam ging der Holzring in eine diagonale Schwingung über und dann in ein deutliches Kreisen im Uhrzeigersinn. »Egal«, war also die Ansicht des Universums zu dieser Problematik.

»Jetzt wieder ›neutral‹«, sagte Annika und Marc brachte den Holzring zum Stillstand. »Und jetzt Pause.«

Erschöpft legte Marc den Tensor auf den Wohnzimmertisch.

»Anstrengend«, sagte er.

»Das Ding zu halten?«

»Nein, im Kopf.«

»Ja, das ist Fokus«, sagte Annika. »Und hat dich jetzt irgendwas verwundert oder erstaunt?«

»Nein, es war alles okay.«

»Auch dass es egal ist, ob Anneliese eine Affäre hat?«

»Auch das«, antwortete Marc. »Offenbar bewahrt auch das Universum Geheimnisse und erlaubt es uns nicht, Dinge zu ermitteln, die uns nichts angehen.«

»Gut analysiert«, erwiderte Annika.

»Oder ich wusste es einfach nicht und konnte darum keine Antwort auf die Rute übertragen.«

»Na ja«, sagte Annika. »Die Kreisbewegung verlief im Uhrzeigersinn und das bedeutet eindeutig ›egal‹.«

Marc sah Annika an und schlug vor, es noch einmal zu probieren. Sie taten das, was für Anfänger in so einer Situation klug war: In den folgenden Minuten definierten und prüften sie erneut die neutrale Stellung, »Ja« und »Nein« sowie »Egal« und »Weiß nicht«. Dann wiederholten sie die Frage, und erneut meldete das Universum, es sei egal, ob Anneliese eine Affäre habe.

… DANN ERNSTE FRAGEN

»Dann ist das so«, sagte Annika. »Bist du bereit für eine wichtigere Frage?«

»Ja«, sagte Marc. »Ich bin gespannt.« Er setzte sich wieder aufrecht hin, umfasste den Rutengriff erneut mit der ganzen Hand und brachte den Holzring zum Stehen.

Dann stellte Annika die Frage. »Will Roland Kontakt?«

Marc traf fast der Schlag. In seinem Kopf ging es wild hin und her. Der Holzring versetzte sich in entsprechend wilde Bewegungen.

»Alles in Ordnung«, sagte Annika. »Das ist noch keine Antwort, das ist deine Reaktion. Konzentriere dich auf die Frage.«

Wollte Roland Kontakt? Auf diese Frage sollte sich Marc konzentrieren.

»Es geht nicht darum, dass du diese Frage beantwortest«, sagte Annika. »Stell die Frage dem Universum. Wie die vorigen Fragen.«

»Will Roland Kontakt?«, dachte Marc und versuchte, alle anderen Gedanken abzustreifen. Wollte Roland Kontakt? Wollte er, dass Marc in einer schamanischen Reise auf ihn zuging?

»Ruhig«, sagte Annika. »Stell nur diese eine Frage. Sonst keine.«

Marc brachte sich und damit den Holzring wieder in die Ruhestellung. Er hörte auf zu denken in dem Sinne, dass er überlegte, was Roland denken und fühlen oder auch antworten konnte. Er schaute einfach auf den ruhenden Holzring und dachte dann die Frage: »Will Roland Kontakt?«

Der Holzring stand still. Über lange Sekunden hinweg tat sich gar nichts.

»Gut«, sagte Annika. »Wenn nicht sofort eine Antwort kommt, kommt nicht sofort eine Antwort.«

Marc tat überhaupt gar nichts. Er hielt nur den Rutengriff in der Hand. Er dachte einfach nur die Frage, ob Roland Kontakt wollte, was ihn einige Konzentration und Energie kostete. Der Holzring begann, diagonal zu schwingen, von links oben nach rechts unten. Marc und Annika beobachteten die Rute genau. Nach einigen diagonalen Bewegungen beruhigte sich der Holzring und kam wieder zum Stillstand. Dann begann er mit einer leichten Auf-und-ab-Bewegung, erst im Millimeterbereich und dann im Zentimeterbereich. Schließlich schwang der Holzring so stark auf und ab, dass die Bewegung nur als klares Ja zu deuten war. Marc und Annika schauten einander an. Marc war so etwas wie glücklich.

»Und ›neutral‹ und Pause«, sagte Annika.

Als der Holzring wieder zur Ruhe gebracht war, ließ Marc ihn noch einige Sekunden ruhig in der Luft stehen und legte die Rute dann auf den Tisch. Sie tranken Wasser.

»Wie interpretierst du das diagonale Schwingen?«, fragte Marc.

»Das warst du«, antwortete Annika. »Das war deine Angst, dass Roland Kontakt haben wollte, obwohl du es dir wünschst.«

Annika war unglaublich. Für Marc öffnete sich in Sachen Menschenkenntnis eine ganz neue Welt. Sie lag goldrichtig: Marc wollte Kontakt zu Roland und wollte es gleichzeitig nicht. Er dachte erneut daran, dass Liebe und Angst die beiden wichtigsten Motivatoren im Leben waren und dass er offenbar doch etwas Angst hatte, was die Rute zu einer indifferenten Antwort gebracht hatte. Dann hatte Marc sich konzentriert, seine Bedenken losgelassen und dem Universum ermöglicht, Roland antworten zu lassen. Wieder einmal ging es ums Loslassen. Ums Loslassen der eigenen Bedenken und Gedanken.

Annika musste zur Toilette. Marc sagte, er gehe dann mit Ego kurz zum See, und wenn sie wolle, könnten sie sich ja nachher am Steg treffen.

»Wie geht es dir?«, fragte Ego.

»Durcheinander und geordnet gleichzeitig«, sagte Marc.

»Wie geht es dir, wenn du deine Gedanken loslässt und dich einfach nur auf diese Rute konzentrierst?«

»Das ist das, was ich bei den vielen Meditationen immer versucht habe zu erreichen«, sagte Marc. »Und ich will nie mehr aus Angst entscheiden. Nur noch aus Liebe.«

»In dem Augenblick«, sagte Ego, »in dem du deine Angst vor einer Begegnung mit Roland losgelassen hast, warst du in deinem Innen. Du hast deine Erwartungen abgestreift und warst einfach offen. Hast du das gespürt?«

»Ja«, sagte Marc. »Es fühlt sich ganz anders an, als ich erwartet hatte.«

Ego schmunzelte. »Erwartungen halt.«

Annika kam die Wiese herunter, mit der Rutenpapprolle in der Hand, und trat auf den Steg. Marc und Annika nahmen einander in den Arm und küssten sich.

»Danke, Annika, dass du mir das alles zeigst«, sagte Marc.

»Du machst das erstaunlich gut«, sagte Annika. »Viele andere Menschen üben wochenlang, bis das klappt.«

DIE TRANCE

Annika löste sich aus der Umarmung und sah sich um. »Ist das hier so etwas wie ein vertrauter Ort für dich?«

»Ja, das ist einer meiner Lieblingsorte«, sagte Marc.

»Gibt es noch andere Orte, die dir vertrauter sind?«

»Ich dachte an den Campingplatz«, sagte Marc.

Annika fragte, zu welchem Ort Marcs Bezug stärker war. »Es geht dabei um die Gegenwart«, sagte sie. Sie öffnete die Papprolle und gab Marc die Rute. »Frag das Universum.«

»Jetzt, hier? Einfach so?«

»Wenn du dich in den neutralen Zustand versetzen kannst, geht das überall«, sagte Annika. »Ich lass dich das jetzt mal alleine machen.« Sie setzte sich auf die Holzbank und rief Ego zu sich. Der setzte sich vor sie und beobachtete mit ihr Marc.

Marc hielt die Rute vor sich in Richtung See und brachte den Holzring zum Stillstand. Er kalibrierte die Rute erneut mit »Ja« und »Nein«, brachte den Holzring wieder zur Ruhe und fragte dann: »Ist der See ein besserer Ort als der Campingplatz?«

Nach wenigen Sekunden schwang der Holzring in einer nicht zu leugnenden vertikalen Bewegung rauf und runter. Marc brachte den Holzring wieder zur Ruhe und ging rüber zu Annika und Ego.

»Es ist der See hier«, sagte er.

»Prima«, sagte Annika. Der Vormittag war fortgeschritten, die Sonne schien auf die Wiese und wärmte schon ein bisschen. »Dann ist das hier dein Ort und das Wetter stimmt auch. Wir brauchen jetzt eine Decke und die USB-Musikbox.«

»Die Musikbox?«, fragte Marc.

»Genau die«, sagte Annika. »Komm, wir holen die Sachen.«

Kurze Zeit später lag Marcs gute alte Picknickdecke ausgebreitet auf der Wiese und Annikas USB-Box lag daneben. Ego lag gespannt dabei. Außerdem hatte Annika die Schale mitgebracht, die Mary ihr zu Weihnachten geschenkt hatte und in der sie an Silvester ihre Zettelchen verbrannt hatten. Annika entzündete darin ein Stück Kohle und legte etwas Weihrauch darauf, der schnell zu dampfen und zu duften begann. Marc und Annika legten sich auf die Decke. Die Rute war wieder in ihrer Hülle und lag bei Ego.

»Du brauchst den gleichen Zustand wie vorhin«, sagte Annika, »den Neutral-Zustand.«

In den konnte Marc sich nach den bisherigen Übungen mit der Rute gut versetzen.

»Ich schalte gleich die Musik ein, das ist ein Trancestück«, sagte Annika. »Sie bringt dein Gehirn in die passenden Schwingungen, damit wir Roland treffen können.«

Es war nicht leicht für Marc, sich darauf einzulassen.

»Kannst du die Angst ausschalten?«, fragte Annika.

»Ich arbeite daran«, sagte Marc.

»Wir treffen Roland sicher nicht sofort«, sagte Annika. »Erst muss ich dir die Anderswelt zeigen. Und Roland lässt sich bestimmt nur blicken, wenn alle Energien positiv sind.«

Annika wollte mit Marc in die Anderswelt abtauchen? Obwohl keine Raunacht war?

»Sobald du so weit bist, legst du dich einfach bequem auf den Rücken und schließt die Augen«, sagte Annika. Nach einigen Minuten, in denen Marc schwieg und auf den See schaute, legte er sich hin und schloss die Augen.

Annika betätigte ihr Handy und aus der Musikbox erklang ein rhythmisches Rasseln. Dazu gesellten sich bald Trommelgeräusche, doch alles blieb im Takt. Der Takt war nicht mathematisch genau und steril, sondern mit Instrumenten erzeugt, die von Menschen gespielt wurden. Marc hörte zu. Die Vögel, die die ganze Zeit herumgezwitschert hatten, wurden leiser und leiser, und bald ging Marc in den Klängen auf.

»Irgendwo hier gibt es einen Eingang in die Erde«, sagte Annika. »Das kann eine Höhle sein, vielleicht auch eine Tür, die du bisher nicht gesehen hast.«

Marc hörte Annika zu und glaubte einfach, was sie sagte. Alles, was Annika tat, war von Liebe motiviert, da war keinerlei Angst. Die Rasseln und die Trommeln setzten ihren Takt immer weiter fort.

»Denk mal an das Märchen von Frau Holle«, sagte Annika. »Da fällt Marie in einen Brunnen, und da unten tut sich eine Welt auf, mit einer Wiese, ›wo die Sonne schien und viele tausend Blumen standen‹. Das ist die Anderswelt. Da gibt es Apfelbäume und Backöfen wie im Märchen oder eben auch das, was du siehst. Findest du den Eingang?«

DIE SCHAMANISCHE REISE

Marc versank in der Trance der Rassel- und Trommelgeräusche und ließ die Kontrolle über seine Gedanken los. Ihn übermannte ein Assoziationsgewitter wie bei seinen ersten Versuchen, bei der Gartenarbeit im Kloster an nichts zu denken. Er versuchte, sich das Märchen von Frau Holle zu vergegenwärtigen, in dem beide Töchter gleich hießen, nämlich Marie. Weshalb hießen zwei Töchter gleich? Waren sie am Ende eine Person? Die Rassel rasselte, die Trommel trommelte, vor Marcs geistigem Auge begannen Indianer, um ein Feuer herumzutanzen, sie waren kurz bei Elvis auf dem Campingplatz, doch dann war die Szene doch wieder hier, am See, die Indianer tanzten um Marcs Feuerstelle herum. Unter ihnen waren plötzlich auch Sam und Pater Andreas, sie tanzten mit.

Marc schnupperte den Weihrauch und dachte an den Kölner Dom und den Weihrauchduft dort – war nicht jede Krypta ein Eingang in die Anderswelt? Dann tanzten Sam und Pater

Andreas und die Indianer lautlos im Kölner Dom zu der Rassel und der Trommel, wonach die Szene wieder zum See und zum Ufer wechselte. Pater Andreas kam auf Marc zu und bat ihn mitzukommen.

Jetzt geschah etwas wirklich Ungewöhnliches: Marc spürte, wie er sich schwerelos erhob, er schwebte über der Picknickdecke, mit geschlossenen Augen, und Pater Andreas bat ihn, ihn einige Meter zu begleiten zu der großen Eiche mit der stolzen Krone, dem starken Außen, dem Selbstbewusstsein. Dort war im Stamm ein kleines Loch, in dem wohl Vögel nisteten, doch Pater Andreas meinte, es würde die Vögel nicht stören, wenn sie kurz an ihnen vorbeikletterten in das Innere des Baumes, und so folgte Marc Pater Andreas und schwebte im Inneren des Baumes den Stamm hinab durch ein starkes Wurzelwerk und kam dann auf einer Wiese zum Stehen, wie sie das Märchen von Frau Holle beschrieb.

Pater Andreas war mit einem Mal nicht mehr da, dafür hörte Marc Annika fragen, was er sehe, und er begann, sich umzusehen, halb wach und halb in Trance durch die Rassel und die Trommel. Ego kam auf ihn zu, er wedelte mit dem Schwanz, Marc streichelte ihn, er ging in die Knie, um Ego zu umarmen, und Ego schmiegte sich an ihn. Gemeinsam mit Ego suchte Marc auf der Wiese eine Richtung, und plötzlich merkte er, dass er in der rechten Hand die Rute trug, und so ließ er die Rute entscheiden, die durch ihr Nicken sagen sollte, welche Richtung die richtige wäre. Als sich Marc mehrmals um seine Längsachse gedreht und die ganze Landschaft gesehen hatte, nickte die Rute deutlich in eine bestimmte Richtung, in der Marc weit weg eine Figur sah. Marc und Ego gingen auf diese Figur zu, zugleich schwebte ihnen die Figur entgegen, und Marc erkannte Roland.

»Hast du Angst?«, fragte Roland.

»Ein bisschen«, sagte Marc.

»Das musst du nicht«, sagte Roland und schwebte weiter auf Marc und Ego zu, während auch Marc und Ego weiter auf ihn zugingen, bis sie beieinanderstanden.

»Gut, dich zu sehen«, sagte Roland.

»Hey, was machst du denn für Sachen?«, fragte Marc.

»Eine ganze Menge verschiedener Ursachen«, sagte Roland.

»Ist es hier besser?«, fragte Marc.

»Anders«, sagte Roland.

Na klar, dachte sich Marc, es hieß ja nicht umsonst »Anderswelt«.

»Ich weiß nicht, wie viel Zeit du hast«, sagte Roland, »und ich will dich auch nicht überbeanspruchen.«

»Das tust du nicht, Mann! Ich freue mich doch, dich zu sehen!«

»Das geht mir genauso, Marc«, sagte Roland. »Trotzdem will ich mich ein bisschen beeilen, weil ich nicht weiß, wie stabil du bist. Nicht, dass du hier gleich wieder weg bist.«

Marc war fasziniert. Wie in einem luziden Traum, in dem er wusste, dass er träumte, wusste er in diesem mentalen Zustand, dass es ein bestimmter mentaler Zustand war.

»Drei Dinge will ich dir sagen«, sagte Roland. »Zwei sind sehr wichtig, das andere eine Nebensache. Was willst du zuerst hören?«

»Die Nebensache«, sagte Marc.

»Gut«, sagte Roland. »Unser Misserfolg mit den Provisionen war nicht unser Fehler.«

»Das weiß ich doch«, sagte Marc.

»Wenn du wieder oben bist, lies Nachrichten«, sagte Roland. »Der Anbieter hat jetzt mehrere Betrugsverfahren am Hals wegen überhöhter Rechnungen.«

»Ach, ist ja interessant«, sagte Marc.

»Es ist nicht wirklich eine kriminelle Struktur«, sagte Roland, »eher eine Mischung aus Inkompetenz und Überheblichkeit.

Jedenfalls sind es dieselben Leute, die damals die Verträge haben anbrennen lassen.«

»Denkst du, das Gericht würde die Sache jetzt anders entscheiden?«

»Möglicherweise«, sagte Roland.

»Mist«, sagte Marc.

»Hast du noch Fragen zu der Vertriebsgeschichte oder soll ich zu den beiden wichtigen Sachen übergehen?«, fragte Roland. Marc war fasziniert, wie klar Roland inzwischen kommunizierte – er behandelte jeden Gedanken differenziert und tief. Und er ging über nichts hinweg, sondern fragte Marc, der ja nun gerade eine außergewöhnliche Erfahrung machte, ob er sich in diesem Gespräch orientierte.

»Du kannst gerne zu den wichtigen Dingen kommen«, antwortete Marc.

»Gut«, sagte Roland. »Ich sage dir jetzt zwei elementare Dinge.«

Marc war gespannt.

»Erstens«, hob Roland an, »was du gerade machst, ist genau das Richtige. Du bist jetzt auf einem wirklich guten Weg. Du wirst vielleicht nicht sofort alle Fragen beantwortet bekommen, doch das geht auch anderen so. Das macht nichts, weil alles im Kommen ist. Es entwickelt sich von alleine.«

»Ich gebe einfach nur die Kontrolle ab«, sagte Marc.

»Jetzt mach es nicht kleiner, als es ist«, erwiderte Roland. »Wenn ich dir sage, dass du auf einem guten Weg bist und dass genau diese Entwicklung gut und richtig ist, dann darfst du das annehmen. Du musst nicht kleinmachen, was ich sage.«

»Entschuldige bitte«, sagte Marc.

»Auch das gehört zur Akzeptanz«, erwiderte Roland. »Dass wir Gutes annehmen.«

»Okay, danke«, sagte Marc.

»Jedenfalls ist wichtig, dass du weißt, dass du in diesem Leben vielleicht nicht auf alle deine Fragen eine Antwort bekommst. Es gibt das perfekte Leben nicht, an dessen Ende du alle Erkenntnisse dieses Universums hast.«

Marc schluckte kurz – er war ein wenig enttäuscht, denn diese vollendete Erkenntnis war ja nun sein Ziel gewesen.

»Kannst du dich damit abfinden?«, fragte Roland.

»Ich werde es versuchen«, antwortete Marc.

»Du wirst sehen«, fuhr Roland fort, »es ist ein hilfreicher Gedanke. Denn wenn du dich damit abfindest, in diesem Leben sowieso nicht alles zu erfahren, lässt auch der Stress nach, den du dir ständig machst. Und du vertraust dem Fluss des Lebens.«

»Loslassen ist ein Thema von mir«, sagte Marc. »Das habe ich jetzt schon öfter gehört.«

»Von Ego vor allem«, sagte Roland. »Ich finde es ja wirklich faszinierend, dass du mit deinem Hund sprichst und dass dein Hund eine solche spirituelle Funktion übernimmt. Das hätte ich zu Lebzeiten echt nicht gedacht. Ihr beide haltet das auch gut geheim.«

»Ja«, sagte Marc. »Ego ist ein guter Hund.«

»Er ist deine innere Stimme«, ergänzte Roland. »Er ist dein Zugang zum Universum. Und wenn du sagst, er ist ein guter Hund, sagst du damit eigentlich über dich selbst, dass du gut bist.«

»Das wird wohl so sein«, erwiderte Marc.

»Pass gut auf Ego auf«, riet Roland. »Indem du Ego sorgsam behandelst, gehst du mit dir selbst sorgsam um. Das kam in den vergangenen Jahren und Jahrzehnten ein wenig zu kurz.«

»Ich weiß«, sagte Marc.

»Bist du bereit für die zweite, wichtige Botschaft?«, fragte Roland.

»Ja«, sagte Marc und befürchtete insgeheim einen Tadel.

»Keine Sorge, es kommt kein Tadel«, sagte Roland. »Was ich dir jetzt sage, ist das Wichtigste. Vergegenwärtige dir jetzt einmal die Situation, in der wir gerade sind. Du und ich im Gespräch. Ich habe Botschaften für dich und du hörst mir zu. Bist du gerade voll da? In dieser Situation? Gegenwärtig?«

»Ja«, sagte Marc.

»Gut«, sagte Roland. »Dann lass es mich dir sagen: Genau so, wie du jetzt bist, bist du der Mensch, der du bist.«

»Aha«, sagte Marc ein wenig zögerlich.

»Spüre, was du spürst, und du erkennst, wer du bist. Das, jetzt, hier, das bist du.«

Marc schloss die Augen und spürte in sich hinein. Er fühlte sich als er selbst.

»Danke«, sagte Marc.

»Es ist das Wertvollste, was ein Mensch haben kann«, fuhr Marc fort. »Die Verbindung zu sich selbst.«

»Ja, das begreife ich inzwischen auch so allmählich«, sagte Marc.

»Und das ist entscheidend«, ergänzte Roland. »Denn es ist alles nur geliehen. Alles, was du hast. Am Ende, wenn du abtrittst, gibst du das alles ab.«

»Das zu erfahren, gehört wohl auch zu den wichtigen Erkenntnissen«, sagte Marc.

»Absolut«, sagte Roland. »Schau mal, ich habe hier unten nicht einmal einen Personalausweis.«

Marc musste lächeln.

»Und deswegen sind diese vielen Dinge im Außen im Grunde auch schon im realen Leben nicht wichtig«, sagte Roland.

»Wie einen auch dieser ganze Besitz vom Wesentlichen ablenkt«, entfuhr es Marc. »Es ist, als würde das viele Eigentum den Menschen vom Blick auf sich selbst abhalten.«

»Ja, so ist das«, sagte Roland. »Wahrer Reichtum siedelt sich im Innen an, nicht im Außen.«

»Gewusst habe ich das im Grunde schon immer«, sagte Marc.

»Das schon«, ergänzte Roland, »nur hattest du es noch nicht begriffen. Menschen wissen vieles, was sie nicht begreifen. Und das Begreifen ist eine Aufgabe und die braucht Zeit.«

»Wieder Loslassen«, sagte Marc.

»Genau«, antwortete Roland. »Es ist deine Aufgabe, jetzt das Beste daraus zu machen. Das kann gelingen oder auch misslingen. Und egal, wie es ausgeht, es war dann dein Leben. Und als solches war es gut.«

Marc schluckte. Diese Worte würde er noch ein wenig verdauen müssen. Was auch immer Marc in seinem Leben noch tun würde, welche Auswahl er aus dem Strauß an Möglichkeiten traf – es würde gut sein.

»Du wirkst auf jeden Fall verändert«, sagte Marc zu Roland. »So weise warst du nie.«

»Tja«, antwortete Roland. »Ein bisschen Weisheit mitzubekommen, bleibt bei einer solchen existenziellen Veränderung nicht aus. Ich sehe einige Dinge jetzt klarer, als ich sie oben gesehen habe.« Er warf Marc einen Blick zu. »Nicht, dass du jetzt auf dumme Gedanken kommst.«

»Nein, keine Sorge«, beruhigte Marc ihn. »Wie ist das, tot zu sein? Weißt du jetzt alles? Hast du hier Zugang zu allen Informationen und siehst es, wenn ich heimlich in den Puff gehe?«

»Nein«, antwortete Roland. »Gehst du denn heimlich in den Puff?«

»Natürlich nicht«, sagte Marc erbost.

»Wenn wir die Rute befragen würden, käme wahrscheinlich ein ›Egal‹ dabei heraus«, gab Roland zu bedenken. »Das Universum verletzt keine Persönlichkeitsrechte.«

Marc war in gewisser Weise beruhigt.

»Wir können uns gerne immer wieder sehen«, sagte Roland. »Du kennst ja jetzt den Weg. Hast du noch Fragen? Ich bin müde und muss mich ein wenig hinlegen.«

»Nein«, antwortete Marc, obwohl ihm eigentlich so viele Fragen hätten einfallen müssen. »Ich danke dir.«

»Dann geh jetzt wieder rauf«, sagte Roland. »Und vergiss Ego nicht.«

»Niemals würde ich Ego vergessen«, antwortete Marc.

DIE BILANZ

Marc öffnete die Augen und lag auf der Picknickdecke. Annika hatte die Klangdatei gestoppt. Er blickte nach oben und sah direkt in den Sonnenschirm. Annika musste ihn unbemerkt aufgestellt haben, weil die Sonne inzwischen hoch am Himmel stand. Marc merkte, dass Ego direkt neben ihm lag und ihn interessiert anschaute. Annika kniete auf der Decke neben ihrer Musikbox.

»Wie lange war ich weg?«, fragte Marc.

»Zwei Stunden«, sagte Annika.

»Wow.«

»Wie geht es dir?«

»Gut«, sagte Marc.

»Ist dir ein Tier begegnet?«

»Kaum war ich unten, ist mir Ego vor die Nase gesprungen«, antwortete Marc.

»Das ist dein Krafttier«, sagte Annika. »Die Tiere, die uns Kraft geben, laufen uns meistens als Erste über den Weg.«

Marc tätschelte Ego. »Wusste ich doch längst, dass du mein Krafttier bist.« Er empfand es als Privileg, sich jeden Tag mit seinem Krafttier austauschen zu können, während andere Menschen dazu schamanische Reisen machen mussten.

»Wie sieht es mit der Energie aus?«, fragte Annika.

»Hunger«, antwortete Marc.

»Dann machen wir für heute Feierabend«, sagte Annika, »und essen gleich einen schönen Salat.«

Merkwürdigerweise war Marc überhaupt nicht nach einem Steak. Ihm war nach Gemüse, Obst und Nüssen. Mit Annikas Salatidee war er einverstanden. »Es ging ganz leicht, hatte ich den Eindruck«, sagte er.

»Ja, das schien so«, erwiderte Annika. »Oft klappt so etwas erst nach mehreren Anläufen.«

»Dass das zwei Stunden waren, hätte ich nicht gedacht.«

»Die einen erleben es so, die anderen so.«

»Willst du gar nicht wissen, ob ich Roland getroffen habe?«

»Wenn du es mir sagen willst, wirst du es mir sagen«, sagte Annika.

»Er sagt, ich sei auf dem richtigen Weg und sei der Mensch, der ich sei.«

»Wow«, sagte Annika. »Was für ein schönes Kompliment. Kannst du es annehmen?«

»Ich denke schon«, sagte Marc.

Sie packten die Sachen zusammen und machten sich mit Ego auf den Weg zum Haus. Unterwegs grübelte Marc darüber nach, ob er diese Frage nun stellen sollte oder nicht. Er stellte sie. »Und war das alles jetzt echt?«

»Wie hast du es denn wahrgenommen?«, fragte Annika.

»Echt.«

»Na also.«

»Das heißt, Roland lebt, nur eben woanders?«

Annika blieb stehen und schaute Marc an. »Niemand weiß das, Marc. Es sind Erfahrungen und Empfindungen. Es sind Eindrücke und Gedanken. Wenn du Wissenschaftler mit dem Tensor konfrontierst, werden die dir was husten und dir erklären, es gebe keinerlei evidenzbasierte Erkenntnisse darüber, dass wir vom Universum Informationen bekommen könnten.«

»Also wissen wir im Grunde gar nichts«, sagte Marc. »Obwohl es so klar ist.«

»Aus einer rein naturwissenschaftlichen Warte hast du dir nur in einem Trancezustand Gedanken gemacht und dir etwas zusammenfantasiert«, sagte Annika.

»Die Verbindung war erstaunlich stabil«, sagte Marc. »Roland hat sogar von ›oben‹ und ›unten‹ gesprochen.«

»Das ist wirklich erstaunlich«, sagte Annika. »Bei vielen Anfängern ist das der Moment, in dem sie aus der Trance zurückkommen und aufwachen.«

»Ich muss Nachrichten lesen«, sagte Marc plötzlich.

»Warum?«, fragte Annika.

»Roland hat da so eine Andeutung gemacht.«

»Na, dann los.«

Während Annika in der Küche beschäftigt war, holte Marc sein Smartphone aus dem Arbeitszimmer. »Hier. Da ist es.«

»Was?«, fragte Annika.

»Unser feiner Geschäftspartner von damals hat eine Betrugsaffäre am Hals.«

»Und das hat dir Roland auf deiner Reise in die Anderswelt gesagt?«

»Hat er. Und hier steht es.«

Für Marc war es so etwas wie ein Beweis, auch wenn uns das Unterbewusstsein natürlich auch täuschen konnte. Wie war das noch mal mit den Déjà-vus? Die erklärten sich aus wissenschaftlicher Sicht auch damit, dass das Gehirn zahlreiche Möglichkeiten bereits unbewusst durchgespielt hatte und dann eben einen Match meldete, wenn einmal etwas zutraf.

Beim Essen hatte auch Annika noch eine wichtige Information für Marc. In einem Augenblick vollkommener Bewusstheit sagte sie ihm: »Ich finde es wundervoll, dass du dich dieser Seite in mir geöffnet hast. Wir sind jetzt viel enger zusammen als vorher.«

DER DEAKTIVIERTE VERSTAND

In den Wochen nach seiner Reise zu Roland schwebte Marc mehr oder weniger durch Zeit und Raum. Er war verträglicher geworden, nahm feiner wahr, sah die Bedürfnisse anderer deutlicher als jemals zuvor. Ihm war klar, dass es bei allem um seine Verbindung zu sich selbst ging und dass Dinge wie das Schweigen in einem Kloster oder eine schamanische Reise Werkzeuge waren, Mittel zum Zweck. Er hatte aufgehört, sich über spirituelle Menschen lustig zu machen.

Es war Claude tatsächlich gelungen, Marcs Tinnitus als Audiodatei zu komponieren und abzuspeichern. Marc konnte jetzt seinen Tinnitus in die Tasche stecken und sich auf seinem Smartphone anhören.

Das Ganze hatte ein wenig gedauert, weil Marc einen umfangreichen Hörtest machen musste. Anhand seiner Notizen aus dem Kloster wusste Claude ungefähr, welche Frequenzen er testen musste. Marc hatte den Kopfhörer aufgehabt und Schritt für Schritt hatte Claude eine Frequenz nach der anderen hochgedreht. Marc hatte sich in dem Moment gemeldet, in dem eine Frequenz leise hörbar wurde. Dann regelte Claude die Frequenz wieder ein wenig leiser, bis Marc sie nicht mehr hören konnte, und speicherte die Frequenz in Kilohertz mit ihrer Lautstärke in Prozent ab. So setzte er Ton neben Ton, den einen lauter, den anderen leiser, wieder andere mit ein wenig Verzerrer. Am Ende hatte Claude ein Klangspektrum arrangiert, mit dem auch Annika Marcs Tinnitus hören konnte.

Marc ließ die Datei über die große Anlage im Wohnzimmer laufen. Das Rauschen und Pfeifen war so laut, dass er selbst es problemlos hören konnte, quasi extern. Dann regelte er die Lautstärke leiser, bis er keinen Ton von außen mehr hörte, sondern nur noch seinen Tinnitus von innen. Auf dieser Lautstärke ließ er die Audiodatei weiterlaufen und sagte: »Das höre ich die ganze Zeit.«

Annika war betroffen, denn so leise war dieser Tinnitus gar nicht. Parallel dazu hatte Marc die App gekauft, mit der er seinen Tinnitus von seiner Lieblingsmusik abziehen konnte, um damit entspannter Musik zu hören als vorher. Das Prinzip war ähnlich jenem, wie Menschen zu sich selbst vordringen konnten: Was unwesentlich war, mussten wir rausfiltern.

DEMUT VOR DEM UNIVERSUM

Es war für Marc ein wenig enttäuschend gewesen, als Annika ihm einige Tage nach der Reise zu Roland erklärt hatte, er habe quasi eine schamanische Reise »light« erlebt und müsse auch das schamanische Reisen noch trainieren. Es war gut gewesen, dass Marc sich fallen lassen konnte, das hatte ihm diese Light-Variante ermöglicht, und Annika legte auch Wert darauf zu sagen, dass dies keinerlei Einschränkung bezüglich der Äußerungen Rolands bedeutete oder auch Zweifel daran, ob Marc Roland überhaupt begegnet war. »Das Entscheidende findet in dir statt«, sagte Annika und versprach Marc, mit ihm weitere schamanische Reisen zu machen und das Ganze zu erweitern.

Marc selbst spürte bei allem eine deutliche Ehrfurcht. Ihm war klar, dass die Rute kein Spielzeug war, und er hatte große Demut gegenüber existenziellen Fragen. Marc wusste, dass er die Rute nicht nebenbei befragen sollte, und schon gar nicht wollte er Fragen stellen, deren Antworten möglicherweise negative Folgen für andere haben konnten. Schon eine Frage wie »Kann ich diesem oder jenem Menschen vertrauen?« konnte sich fatal auswirken. Was, wenn die Rute sich irrte? War Marc dann im Sinne eines Primings oder Vorurteils diesem Menschen gegenüber ungerechtfertigt negativ eingestellt?

Tatsächlich meditierte Marc jetzt jeden Tag und arbeitete an einem stabilen mentalen Fundament – nur ohne die Erwartung, dass dieses Fundament jemals fertig werden würde. Dank der vielen neuen Erfahrungen, vom Besuch bei Sam über das Kloster bis zu seiner Reise zu Roland, hatte Marc vor allem eines erkannt: Nur weil ein Mensch spirituelle Erfahrungen machte, wurde er nicht Gott und nicht allwissend. Keine Seele war perfekt, sie alle waren in Bewegung.

Und es ging um die Rolle des Verstandes, der alles und jeden sehr schnell einordnete und rational zu verstehen versuchte, obwohl der größte Teil des Lebens womöglich niemals durch den Verstand erfassbar sein würde.

WENN DER GEIST VOLL IST

»Erinnerst du dich an den Film *2012*?«, fragte Ego, als beide wieder einmal Zeit füreinander hatten und auf dem Steg saßen.

»Den von Roland Emmerich?«

»Genau den«, sagte Ego. »Darin geht die Welt unter, weil das Erdinnere überkocht. Und irgendwann überflutet ein Tsunami den Mount Everest.«

»Hab's vor mir«, sagte Marc. »Roland Emmerich hat schon immer groß gedacht.«

»Da ist die Szene mit dem Mönchsschüler im Himalaja, dem der Meister Tee einschenkt. Der Junge kommt mit der Warnung, dass die Welt untergeht. Der Meister schenkt so viel Tee in die

Tasse, dass der Tee überläuft. Der Schüler sagt dem Meister, er solle aufhören, die Tasse sei voll. Der Meister erklärt daraufhin, dass die Tasse der Geist des Schülers sei und dass dieser Geist leer sein müsse, wenn der Junge etwas Neues lernen wolle.«

Marc dachte ein wenig nach und konnte sich die Szene vergegenwärtigen. »Auch irgendwie unfair«, sagte er, »denn am Schluss wird ja wahr, wovor der Junge gewarnt hat.«

»Das Leben ist nicht fair«, sagte Ego. »Und auch Meister liegen mal falsch.«

»Schon klar.«

»In jedem Fall sind die Tassen vieler Menschen randvoll«, sagte Ego. »Botschaften verhallen ungehört, weil im Geist dieser Menschen kein Platz ist. Vor allem Botschaften des Universums. Diese Menschen haben eine Intuition, nur hören sie sie nicht.«

»Mein Geist war bis vor Kurzem auch noch voll und ich habe meine Intuition nicht gehört«, sagte Marc.

»Ich denke, dein neuer Weg kann dir dabei helfen, die Tasse vollständig zu leeren.«

Marc dachte nach. Tatsächlich hatte er bei seinem Besuch in der Anderswelt bei Roland seinen Verstand in gewisser Weise mitgenommen. Das Abtauchen in die meditative Trance hatte nicht zur Folge, dass Marcs Außen völlig verschwunden gewesen wäre. Sie hatten ja sogar über Berufliches gesprochen.

»Der Punkt ist wohl«, hob Ego an, »dass du das klare Denken mitgenommen hast und auch die Logik. Du hast den Verstand so genutzt, wie es wirklich klug ist – ohne die ständigen Einordnungen und Verurteilungen. Stattdessen hat dein Verstand getan, wofür er da ist und was auch sein Name sagt: Er hat verstanden.«

Die Wortverwandtschaft war Marc noch nie aufgefallen. Tatsächlich hatte er mit seinem Verstand nachvollziehen können, was Roland ihm mitgeteilt hatte, er hatte es nicht nur auf einer emotionalen Ebene wahrgenommen.

»Und Verstehen und Urteilen sind nun einmal verschiedene Dinge«, fügte Ego hinzu.

Marc überlegte.

»Kann es sein, dass an der Anderswelt letztlich gar nichts mystisch ist?«

»Als mystisch bezeichnen Menschen manche Dinge, die sie sich nicht erklären können«, antwortete Ego. »Es ist ein Etikett.«

»Wie beim Unterschied zwischen Spiritualität und Esoterik?«, fragte Marc.

Ego war erstaunt. »Genau«, sagte er freudig. »Schön, dass du den Zusammenhang siehst.«

»Bei der Spiritualität geht es um dich, dein Wesen und seine Verbindung zum Universum und in der Esoterik geht es um Verschwörungstheorien«, erklärte Marc.

»Vereinfacht gesagt«, ergänzte Ego. »Nicht alle Esoteriker glauben an Verschwörungstheorien. Und manche esoterischen Elemente sind auch einfach schön, beispielsweise Heilsteine oder Klangschalen.«

»Das heißt dann doch«, fuhr Marc fort, »dass wir hier gar nichts Obskures oder Okkultes machen. Selbst mit der Reise zu Roland nicht.«

»Natürlich nicht«, antwortete Ego. »Deine Verbindung zu dir selbst ist nichts Okkultes. Und die Welt, in der Roland sich bewegt, auch nicht.«

»Das erinnert mich an Christoph Kolumbus«, sagte Marc.

»Inwiefern?«

»Na ja, der Legende nach hat er Amerika mehr oder weniger zufällig entdeckt. Es lag im Weg. Kolumbus wollte nach Indien und landete erst mal in Amerika.«

»Ja, stimmt«, erinnerte sich Ego. »Es ging darum zu prüfen, ob die Erde denn nun eine Scheibe war oder ob die Seeleute um sie herum fahren konnten.«

»Genau. Und solange dieser Beweis nicht erbracht war, galt die Fahrt an die Kante der Welt als enormes Risiko«, sagte Marc. »Und selbst als Amerika dann entdeckt war, galt es erst mal als obskur und dubios.«

DER FALLENDE GROSCHEN

»Wie ein fremdes, neues Land eben«, kommentierte Ego.

»Doch nur, weil wir etwas nicht kennen, bedeutet das nicht, dass es nicht gewöhnlich sein könnte. Auch etwas Unbekanntes kann am Ende fürchterlich banal sein.«

»Du hast es verstanden«, sagte Ego. »Das freut mich, weil du dich so ohne jeden Budenzauber mit Spiritualität befassen kannst.«

»Sam wird der Gedanke gar nicht gefallen, dass Amerika einfach nur im Weg war«, witzelte Marc.

»Ich denke, er kommt damit klar.«

»Da fällt mir ein völlig irrer Gedanke ein«, sagte Marc.

»Na, da bin ich jetzt mal gespannt«, gab Ego zurück.

»Wenn mein Verstand bei dem Besuch bei Roland nur verstanden hat und nicht geurteilt, warum mache ich das nicht auch hier? Also in der realen Welt? Ich könnte doch auch hier einfach die Teile des Verstandes nutzen, die klug und sinnvoll sind, und die weniger hilfreichen Teile ausblenden.«

Ego schaute Marc ins Gesicht. Marc blickte zurück. Beide sahen einander eine ganze Weile schweigend an, Marc erwartungsvoll, Ego zunehmend lächelnd.

»Mir scheint, der Groschen ist gefallen«, sagte Ego.

»Das Ganze ist gar kein Hokuspokus«, fügte Marc hinzu.

»Ist es nicht«, bestätigte Ego.

»Und vielleicht bedarf es gar keiner Meditation und keiner Trance, um den Verstand genau so einzusetzen«, fuhr Marc fort.

»Vielleicht«, gab Ego zurück.

»Wobei ich jetzt nichts gegen das Meditieren habe, im Gegenteil, es bringt mich runter, ich besinne mich aufs Wesentliche ...«

»Nur um das Urteilen abzustellen, musst du in der Tat nicht meditieren«, sagte Ego.

»Faszinierend«, entfuhr es Marc.

»Die Trance ist vielleicht nötig, um Roland zu besuchen«, ergänzte Ego. »Doch wer weiß? Vielleicht ist deine Intuition irgendwann so geschult, dass du auch schneller und direkter Kontakt zu ihm aufnehmen kannst.«

Es war etwas viel für Marc. Er schlug Ego vor, ein bisschen am Ufer entlangzuschlendern und zu schauen, wie weit die Biber mit ihrer Burg waren. Nach einigem Schweigen und Schnuppern meldete sich Ego zu Wort.

»Darf ich dich etwas fragen?«

»Nur zu.«

»Was ist aus deinem Kampf geworden? Aus deiner Neigung, der Erste und Beste sein zu wollen?«

Marc dachte nach. »Es hat sich ein wenig gelegt, denke ich.«

»Willst du aufhören zu kämpfen oder den Kampf in bestimmte Richtungen kanalisieren?«, fragte ihn Ego.

»Was meinst du damit?«, fragte Marc.

»Na ja«, begann Ego seine Antwort. »Du kannst aufhören zu kämpfen oder entscheiden, nur noch in bestimmten Zusammenhängen zu kämpfen.«

»Ah, verstehe«, erwiderte Marc. »Ich denke, ich werde das Kämpfen kanalisieren.«

»Wie?«, fragte Ego.

»Im Job hilft mir das Kämpferische. Es ist wichtig, weil du sonst nicht weiterkommst«, sagte Marc. »Es war einfach ein Fehler, das Konzept auf alle anderen Lebensbereiche zu übertragen.«

»›Fehler‹ ist ja auch so ein hartes Wort«, entgegnete Ego. »Es war doch einfach bisheriges Verhalten, oder?«

»Lass es mich gerne ›Fehler‹ nennen«, gab Marc zurück, »dann bin ich in meinen gewohnten Denkkategorien.«

»Natürlich«, sagte Ego.

»Es ist halt einfach eine Frage der Fokussierung«, sagte Marc. »Ein Konzept wie Kampf ist ja nur in manchen Belangen sinnvoll, in anderen nicht.«

»Manchmal brauchst du einen Hammer, manchmal eine Zange«, sagte Ego.

Marc fand den Anschluss nach wenigen Sekunden – Ego spielte auf das Bonmot an, wonach für manche Menschen der Hammer immer als das richtige Werkzeug erschien, egal, was handwerklich zu tun war, einfach, weil sie gelernt hatten, einen Hammer anzuwenden.

»Und wie geht es deinem Tinnitus?«, fragte Ego.

Marc hörte in die Luft.

»Er ist leiser geworden. Ich höre ihn fast nicht mehr.«

»Gut«, sagte Ego. »Dann möchte ich dich für heute nur noch eine Sache fragen. Darf ich?«

»Sicher«, sagte Marc.

»Was in deinem Leben war oder ist für dein Wurzelwerk Gift? Also für den Selbstwert, der dich stabilisiert und aus dem heraus ein gesundes Selbstbewusstsein erwächst?«

Marc dachte einen Moment lang nach. Mann und Hund schritten am Seeufer entlang.

»Ich denke, das ist der Grundgedanke, dass ich es allen beweisen muss.«

»Okay«, sagte Ego. »Woraus dann auch so viele sinnlose Kämpfe resultiert sind.«

»Genau«, sagte Marc.

»Wo liegt da die Ursache?«, fragte Ego. »Wie kommt es dazu, dass du denkst oder gedacht hast, du müsstest es allen beweisen?«

»Das waren Denkmuster«, antwortete Marc, ohne nachzudenken. »Die erscheinen mir manchmal wie Dämonen.«

»Wie Dämonen?«, fragte Ego.

»Ja, ich meine nicht gefährliche böse Geister, sondern einfach so gemeine kleine Kekse, die dich immer wieder piesacken.«

»Verstehe. Und was sagen diese Kekse?«

»Sie sagen: ›Das schaffst du nie‹, ›Du doch nicht‹, ›Jetzt zeig mal, dass du es wirklich draufhast‹.«

»Und woher diese dämonischen Kekse kommen, weißt du nicht, oder?«, fragte Ego.

»Nein, im Augenblick nicht. Keine Ahnung.«

Ego dachte nach und blickte Marc dann an.

»Dann mach doch die nächste schamanische Reise zu dir selbst.«

»Daran habe ich auch schon gedacht«, antwortete Marc.

»Vielleicht kannst du in einer meditativen Trance herausfinden, wer dir diese Sätze eingetrichtert hat und warum du dich auch heute noch davon leiten lässt.«

»Gute Idee«, sagte Marc. »Darum werden wir uns dann mal kümmern. Nur alles zu seiner Zeit.«

»Natürlich«, sagte Ego.

»Denn Eile besteht ja nicht.«

»Natürlich nicht.«

DIE REISE ZUM DU

Für Marc ging eine spannende Zeit zu Ende, die zugleich auch ein Anfang war. Marc war bewusst geworden, dass er selbst steuerte, wann er sich welche Erkenntnis erschloss. Er hatte verstanden: Das Leben war die Reise des Menschen zu sich selbst. Darum ging es. Manche kamen an, andere nicht, doch es war kein Wettrennen.

Es gab keine Ziele, der Weg war der Sinn. Der Sinn des Lebens war in gewisser Weise die Suche nach der eigenen Berufung, danach zu handeln und sich vor allem seiner selbst gewahr und bewusst zu werden. Daher war es so wichtig, sein Selbst zu kennen – das hatte Marc jetzt begriffen.

Außerdem hatte Marc das Konzept vom Innen und Außen verstanden: Im Außen ging es um Planung und Aktion, im Innen eher um die Übereinstimmung des eigenen Wesens mit dem Tun. Und in beiden Sphären konnte er seinen Verstand regulieren und entscheiden, ob der Verstand nur verstand oder auch urteilte.

Am Abend saßen Marc, Annika und Ego auf der Terrasse am See. Ego legte seine Schnauze auf Marcs Oberschenkel.

»Es gibt da noch einen Schlüssel, der vielleicht wichtig ist«, sagte Annika. »Wenn wir unser Selbst entdeckt haben durch eine Reise ins Innen.«

Marc und Ego waren gespannt. Annika wollte einen Schlüssel verraten, also eine Methode, mit der Menschen durch verschlossene Türen kamen. Es ging nicht um einen Hebel, um eine Wirkung zu verstärken, sondern um einen Schlüssel, ohne den gar nichts ging.

»Sag mal«, sagte Marc.

»Es ist schon richtig, dass wir Wurzeln brauchen und dadurch erst eine stolze Baumkrone bekommen«, sagte Annika. »Wir brauchen Informationen über den Weg, auf dem wir unterwegs sind, über unsere Berufung und unsere Aufgabe. Doch es gibt da noch etwas ganz Einfaches, was dem Leben den Sinn verleiht.«

»Und was ist das?«, fragte Marc.

»Es ist das Du.«

NACHWORT

Ob diese Geschichte so passiert ist, wie du sie hier gelesen hast, weiß ich nicht. Die Geschichte entspringt verschiedensten Quellen, von denen die seriöse Wissenschaft so manche nicht ernst nimmt. Es war eine Geschichte, die ich dir erzählen wollte, bei der es um den großen Bogen in Marcs Entwicklung ging.

Annika hat natürlich recht, wenn sie sagt, dass Marcs Begegnung mit Roland aus wissenschaftlicher Sicht ein Hirngespinst war. Nur hat diese Begegnung eben dennoch etwas in Marc bewirkt. Marc hat durch sein Gespräch mit Roland – wo und wie auch immer Rolands Gedanken entstanden sein mögen – etwas Grundlegendes für sein Leben erfahren und wendet es jetzt im Hier und Jetzt an.

Marcs Reise zu seinem Ich ist jetzt eine Weile her und mit ein wenig Abstand schreibe ich dieses Nachwort. Lass mich dir sagen: Marc ist wohlauf. Er ist auf seinem Weg zu sich selbst noch ein gutes Stück weitergekommen.

Schamanische Reisen unternimmt Marc hier und da, jedoch stets mit der nötigen Ehrfurcht vor den Seelen, denen er möglicherweise begegnet. Auf einer dieser Reisen tauchte er in seine Kindheit ein und erfuhr, dass es tatsächlich ein familiärer Einfluss war, der ihm eingeredet hatte, er sei nicht gut genug. Aus diesem Urteil heraus war Marc zeit seines bisherigen Lebens immer damit beschäftigt gewesen, allen anderen zu demonstrieren, wie gut er war – auch wenn die anderen Marcs Kompetenzen gar nicht infrage stellten. Er konnte den Knoten lösen und seinen Verstand auch dazu bringen, ihn selbst nicht mehr zu verurteilen. Marc war gut, wie er war.

Auch hat Marc dabei immer wieder Roland getroffen. Die beiden haben noch vieles geklärt und konnten irgendwann wirklich Abschied nehmen.

Und auch Annika durfte auf so mancher gemeinsamen schamanischen Reise neue Erkenntnisse über sich und die Beziehung zu Marc mitnehmen.

In jedem Fall ist Marc kein Esoteriksüchtiger geworden. Er hat, wie ich finde, einen sinnvollen Weg gefunden, um zwischen den Welten zu wandeln. Er hat die Anderswelt respektiert und auch die Grenze zwischen Spiritualität und Esoterik immer fein beachtet. Marc und Annika räuchern nach wie vor Salbei und Weihrauch und hören ihre Meditations-Playlists und ebenso gibt es Klangschalen und Buddhastatuen im Haus. Nur ist es eben ein normales Haus geblieben und keine esoterische Kultstätte geworden. Die Atmosphäre hat nichts Okkultes. Das Haus ist voller positiver Energie und Geister nisten sich immer seltener ein.

Nach wie vor isst Marc Fleisch und trinkt seinen Gin, hin und wieder raucht er eine Zigarre. Marc, Annika und Ego leben ein Leben nach dem aristotelischen und auch buddhistischen Prinzip des »rechten Maßes«. Wer sich daran hält, richtet sich nach einem einfachen und praktikablen Konzept, das den Zugang zum eigenen Wesen und zum Wesen anderer sehr erleichtert.

Vor allem ist Marc im Außen ruhiger geworden. Marc kämpft keine Kämpfe mehr, nur weil er zu spüren glaubt, ihn zwinge jemand dazu. Marc weiß, dass er seinem Naturell gemäß in Bewegung ist, denn Entwicklung ist sein Drang. Er interpretiert die Energie jetzt als Tatkraft. Der kleine Junge, der es allen zeigen musste, muss jetzt nicht mehr kämpfen, er muss niemandem mehr etwas beweisen. Und so ist Marc jetzt bei sich und hat Reichtum im Innen gewonnen. Weil er weiß, wer er ist.

Das bedeutet übrigens auch, dass Marc seine feste Vorstellung von einer Vaterfigur als Vorbild überdacht hat. Im Außen empfindet er die Idee nach wie vor als wichtig, doch fürs Innen scheint es ihm jetzt wichtiger, dass der Mensch sich selbst findet. Vater und Mütter üben Einflüsse aus, etwa indem sie Denkmuster und Glaubenssätze hinterlassen, an denen manche Menschen ihr ganzes Leben lang knabbern, weil sie nicht dahinterkommen. Fürs Innen, das hat Marc jetzt jedenfalls für sich erkannt, ist es wichtig, dass er sich selbst kennengelernt hat, ohne dabei das Abbild eines Vorbildes zu sein. Er hat nichts gegen Vorbilder und Mentoren, doch am Ende entscheiden wir selbst, was richtig ist und was nicht.

Das einfache Meditieren, ohne in eine Anderswelt abzutauchen, bei dem es einfach nur um das Wesentliche geht und sonst nichts, ist für Marc immer normaler geworden. So ist Marcs Seele so etwas wie ein Globetrotter geworden. Dadurch ist Marc vollkommen bei sich und wach, sein Geist ist ungetrübt von Ärger und Stress und ganz in Ruhe konzentriert er sich auf das Wesentliche.

Da das Innen auf diese Weise auf das Außen abstrahlt, ist Marc heute ein viel ruhigerer Mensch als noch vor seinen Gesprächen mit Ego. Sein Charisma hat enorm zugenommen.

Und du? Wie geht es mit dir weiter und deiner Reise zu deinem Selbst? Ich weiß nicht, wo du spirituell stehst und was du schon unternommen hast, um zu dir selbst und zum Sinn deines Lebens zu finden. Du wirst es sicherlich so machen, wie es richtig ist. Wichtig ist, glaube ich, dass du dir das selbst zutraust. Auch Marc hatte sich das am Anfang nicht zugetraut.

Sei bitte nicht enttäuscht, wenn deine Arbeit mit der Rute vielleicht nicht auf Anhieb so leicht gelingt wie bei Marc. Oder das Eintauchen in die Anderswelt. Es war wie gesagt eine Geschichte. Es ist an dir, was du daraus machst.

Überleg mal, was deine Homebase ist, wo du herkommst. Was dein Kraftort ist. Vielleicht findest du ja bei einer schamanischen Reise dein Krafttier. Und schau auch im Außen, dass du einen Sam hast und eine Mary, eine Annika und einen Elvis, einen Ego und einen Pater Andreas. Diese Seelen sind wichtig. Jeder einzelne Mensch in deiner Umgebung hat eine konkrete Bedeutung für dich. Alle stehen in irgendeiner Beziehung zu dir und erfüllen irgendeine spirituelle Aufgabe für dich. Es ist deine Aufgabe, das herauszufinden.

Übrigens hat sich auch Marcs Freundeskreis verändert. Nicht, dass er Kevin in den Wind geschossen hätte, Kevin gehört nach wie vor zum inneren Kreis. Doch infolge von Marcs organischer und ungezwungener Entwicklung ohne jedes »Fake it till you make it« veränderte sich der Durchschnitt seines Freundeskreises in Sachen Spiritualität und Selbsterkenntnis deutlich – denn nun gehört auch Pater Andreas zum inneren Kreis. Und auch Pater Andreas liebt die Steaks, die Marc in seinem Beefer zubereitet.

Vieles hat sich bei Marc zum Guten verändert. Und das kann auch bei dir so sein. Alles, was du erleben wirst, hat einen Sinn. Auch wenn du es noch nicht in dem Moment weißt, in dem es geschieht. Dir mögen schöne Dinge widerfahren oder auch Schlimmes, und wie sehr du im konkreten Moment auch leidest und dir wünschst, woanders zu sein – glaube mir: Es hat alles einen Sinn. Im Rückblick erschließt sich der Sinn von manchem, nicht von allem, doch die Gewissheit, dass es einen Sinn gibt, die darfst du haben. Alles ergibt am Ende einen Sinn.

Und eines will ich dir noch mitgeben, was Marc mir vorhin erst gesagt hat, mit einigem Abstand zu seinem Schweigen und der schamanischen Reise. Im Rückblick ist für Marc etwas ganz Besonderes wichtig gewesen: der Abschied von der Perfektion. Anfangs hatte er gedacht, er müsse der perfekte spirituelle Mensch werden. Doch weil er jetzt weiß, dass er das nicht werden muss, gelingt ihm sein persönlicher spiritueller Zugang.

Es ist kein Wettbewerb. Wir alle, du, Marc und ich, Annika, Elvis und auch die Seele Rolands – wir alle können spirituell sein und unsere individuellen Wege zu uns selbst finden. Das Maß bist alleine du. Niemand sonst. Alle können diese Reise zu sich selbst erleben, und es ist dabei egal, ob sie räuchern oder nicht. Finde deinen Weg. Denn das ist ebenfalls im Sinne des Du, das Annika ins Spiel gebracht hat. Du entscheidest, welchen Weg du gehst und wie du ihn gehst. Niemand sonst.

Dein Martin